新时代文秘类专业新形态系列教材

总主编◎向　阳　　总主审◎李　忠

商务秘书实务

第4版

主　编◎吴良勤　王　曦
副主编◎容　苑　刘广富　向英婷
参　编◎郝　凯　彭燕娃　李浩源

重庆大学出版社

内容提要

本书以商务秘书工作场景为主线,遵循商务秘书成长规律,围绕职业认知、生涯规划、"三办"工作等内容,设置了5个模块,共18个项目49个具体任务,通过任务描述、任务分析、任务准备、任务提示、任务实训、秘书灯塔等,构筑了一个系统而全面的商务秘书知识架构。本书是"岗课赛证"融通教材,是"商务秘书专业证书"考试推荐使用教材,第2版系"十二五"职业教育国家规划教材,可作为职业教育本专科相关专业课程教学使用,可用于全国商务秘书职业技能大赛备赛参考,也可供一线秘书工作人员"充电"使用。

图书在版编目(CIP)数据

商务秘书实务 / 吴良勤,王曦主编. -- 4 版.

重庆:重庆大学出版社, 2025.6. -- ISBN 978-7-5689-5190-6

Ⅰ. F715

中国国家版本馆 CIP 数据核字第 2025U2Y119 号

商务秘书实务(第 4 版)

SHANGWU MISHU SHIWU

主　编:吴良勤　王　曦

策划编辑:唐启秀

责任编辑:黄菊香　　版式设计:唐启秀

责任校对:谢　芳　　责任印制:张　策

*

重庆大学出版社出版发行

出版人:陈晓阳

社址:重庆市沙坪坝区大学城西路 21 号

邮编:401331

电话:(023)88617190　88617185(中小学)

传真:(023)88617186　88617166

网址:http://www.cqup.com.cn

邮箱:fxk@cqup.com.cn(营销中心)

全国新华书店经销

重庆华林天美印务有限公司印刷

*

开本:787mm×1092mm　1/16　印张:16　字数:378 千

2025 年 6 月第 4 版　　2025 年 6 月第 1 次印刷(总第 10 次印刷)

ISBN 978-7-5689-5190-6　定价:48.00 元

丛书编委会

总主审　李　忠

总主编　向　阳

编委会　肖云林　　向　阳　　王锦坤
　　　　韩开绯　　孔雪燕　　赵雪莲
　　　　金常德　　吴良勤　　王　曦

在习近平新时代中国特色社会主义思想的指导下,中国职业教育迎来了空前的发展。各职业院校在深入贯彻党的二十大精神的同时,始终坚持党的领导,坚持正确办学方向,坚持立德树人,优化类型定位,深入推进育人方式、办学模式、管理体制、保障机制改革。职业院校的教师们以建设技能型社会、弘扬工匠精神为指南,培养了大批大国工匠、能工巧匠、高技能人才,为全面建设社会主义现代化国家、赋能新质生产力、助力人才强国,提供了有力的人才和技能支撑。

现代文秘专业在职业教育改革的大潮中锚定目标,厚积薄发,积极地与新经济、新产业、新业态融合,对标现代服务业,坚持产教融合、校企合作,推动形成产教良性互动、校企优势互补的发展格局,释放出文秘类专业职业教育的新空间、新活力,取得了一系列令人瞩目的教学、科研、实践的成果。本系列教材正是在这样的形势下开始策划和推动的。随着时代的不断发展,信息技术的迭代更新,文秘工作已经不仅仅是简单的文字处理和事务管理,它要求从业人员具备更加出色的政治素养、全面的职业素质、精湛的专业技能和敏锐的时代触觉。这套新形态教材的编写出版,旨在为文秘类专业的学生和相关从业者提供一个全新的学习平台,帮助他们更好地适应未来职业发展的需求。

在教育部职业院校教育类专业教学指导委员会文秘专业委员会的直接指导下,在重庆大学出版社的大力支持下,我们以国家《现代文秘专业标准》为依据,集合了全国多所职业院校文秘类专业的专业带头人和优秀老师,共同编写了这套符合"立德树人"整体要求、凸显校企融通思路的新形态教材。这套教材的编写,紧密结合了企事业单位对文秘人才的现实需求,充分吸收了最新的智慧办公、数字行政方面的成果,力求在传授专业知识的同时,培养学生的实践能力和创新精神。我们遵循职业教育的规律,以人才培养为核心,以行业需求为导向,以提升学生的综合素质和职业技能为目标,努力打造一套既符合高职教育特点,又具有鲜明时代特色的文秘类专业系列教材。

在编写过程中,我们坚持"为党育人,为国育才"的基本出发点,将课程思政贯穿每一本教材的始终。通过深入分析当前企事业单位对文秘人才的需求趋势,结合职业教育的特点和人才培养模式,我们力求在教材中融入最新的教育理念和教学方法,使之既符合教育规律,又能有效提升学生的职业技能和综合素质。在内容的选择上,我们力求精练、实用,避免空洞的理论阐述，而是更多地关注实际操作和应用，力求使每一章节、每一个知识点都能紧密联系实际，服务于学生的未来职业发展；在版式设计上，我们采用了大量的图表、案例和实训练习，使学生在学习过程中能够更直观地理解知识点，更好地掌握实际操作技能。同时，我们还配套了大量的多媒体教学资源，包括视频教程、在线测试、模拟实训等，旨在为学生提供一个更加丰富、多元的学习环境。通过对这些资源的使用，学生可以随时随地进行自主学习和实践操作，进一步提升学习效果和职业技能。

我们坚信，这套文秘类专业新形态教材的出版，必将对推动新时代文秘类专业教育的发展产生积极而深远的影响。我们期待它能够成为广大师生教学、学习的得力助手，为我国文秘人才的培养贡献智慧和力量。

在此，我们要再次感谢重庆大学出版社对这套教材的编写和出版的全力支持。他们的专业团队在内容策划、编辑校对、版式设计等方面都给予了我们宝贵的建议和帮助，使这套教材能够更加完善、更加符合读者的需求。

展望未来，我们将继续关注文秘行业的最新发展动态，不断更新和完善教材内容，确保其始终与时俱进、紧跟时代步伐。由于编者来自不同的省市和院校，水平也有限，教材中难免存在一些不足，我们也希望广大师生能够积极使用这套教材，提出宝贵的意见和建议，共同推动文秘类专业教育的不断发展和进步。

让我们携手努力，共同书写文秘类专业教育的新篇章！

丛书编者

2024 年 3 月

党的十八大以来,以习近平同志为核心的党中央高度重视教材工作,从治国理政的战略高度,强调教材建设体现国家意志,明确其作为国家事权的重要地位。落实教材建设作为国家事权的要求,加强教材建设和管理,是推进实施科教兴国战略、人才强国战略、创新驱动发展战略的基础性、战略性举措。

《商务秘书实务》教材自第1版出版以来,已经过三次系统修订,并被遴选为"十二五"职业教育国家规划教材。这一次出版社组织的第四次修订,对于我们所有编写人员来说是机遇更是挑战。参编人员可以通过教材修订不断学习相关知识,但是国家对教材建设的要求越来越高,如课程思政建设的新要求,职业教育产教融合、科教融汇的新特点,活页式、工作手册式、数字化教材建设的新期待等,这些对参编人员无疑是一个极大的挑战。

教材修订时,在保留第3版教材体例特色、相关内容的基础上,编写组积极尝试,力求创新,在以下几个方面做了努力。

一是组织理论学习,提高政治认识。编写组通过集体学习和自学相结合的形式,认真学习习近平总书记关于教育的重要论述、关于职业教育工作的重要指示和重要讲话精神,学习《职业院校教材管理办法》和加强课程思政建设的相关文件精神,进一步统一思想、提高认识,为教材修订打下理论基础。

二是优化教材结构,促进深度学习。本次教材修订在保持第3版教材结构总体不变的情况下,进行了进一步优化,每个项目增加了知识目标、能力目标和素质目标,让学生能够了解项目任务的重要程度,有利于促进深度学习。

三是丰富教材内容,突出思政元素。在教材大纲制定、内容编写过程中,除了秘书相关知识,我们还增加了人工智能、新质生产力等相关知识,更重要的是结合秘书专业发展历程和岗位现实需求,明确了本课程及具体项目或任务的思政育人目标,把党的最新理论成果和导向正确、积极向上的传统文化、工匠精神、劳模精神等融入教材。教材中的相关案例均为编者根据课程需要所编写,人名和公司名称等皆为虚构。

四是充实编写队伍,凸显产教融合。为了进一步凸显校企合作、产教融合,增强教材的实用性和针对性,在修订过程中,编写组走访了国内知名的秘书学专家、知名企业的负责人、人事经理、总裁秘书等,邀请了企业一线行业专家参与教材修订工作,并采纳了诸多宝贵建议和意见。

参与本次教材修订的编写人员均为来自秘书专业的骨干教师、秘书工作一线的从业人员,具有丰富的理论和实践经验。本书由吴良勤(南京城市职业学院)、王曦(湖南司法警官职业学院)担任主编,容苑(阿坝师范学院)、刘广富(湖南司法警官职业学院)、向英婷（湖南司法警官职业学院）担任副主编，郝凯（湖南司法警官职业学院）、彭燕娃（邵阳职业技术学院）、李浩源[前锦网络信息技术（上海）有限公司]等参与了修订和编写。

在教材的修订过程中，重庆大学出版社的唐启秀老师给予了很大的支持；全国知名的秘书学专家黄月琼教授、杨群欢教授、陈学广教授、金常德教授等，给予了精心的指导与帮助；魏红女士几次通读书稿，对书稿格式、文字等提出了很好的建议。教材的修订借鉴、参考了秘书学界前辈的研究成果，在此对所有帮助和支持本书编写的领导、同事、家人表示衷心的感谢。需要特别说明的是，由于时间原因，许多参与教材第1版、第2版、第3版编写的老师调换了工作单位或岗位，不再从事秘书及相关专业教学研究，因此在此次修订时，我们对编写人员进行了一些调整，在此向参与第1版、第2版、第3版编写的各位老师表达深深的歉意和谢意。

教材是"岗课赛证"融通教材，是"商务秘书专业证书"考试推荐用书，既可作为职业教育本专科现代文秘及相关专业"秘书实务"课程教学用书，也可作为全国商务秘书职业技能大赛备考参考教材。读者可以到出版社官方平台搜索本书，获取跟考试相关的部分资料。

囿于编写人员学识疏浅，再加上时间紧迫，教材中错漏肯定犹存，真诚地希望秘书学界的前辈、专家、学者，以及使用教材的秘书专业的教师、学生，对教材提出宝贵意见，以便在日后修订时更加完善。

吴良勤

2024年6月28日

模块一　商务秘书的职业认知

项目一
商务秘书概述

知识目标：

- 掌握秘书与商务秘书的基本理论知识。
- 了解秘书的职业特征。
- 了解企业商务秘书的选聘标准。

能力目标：

- 能运用思维导图等工具对商务秘书的必备能力进行梳理。
- 培养良好的团队合作能力。

素质目标：

- 培养正确的商务秘书角色意识。
- 深化对商务秘书岗位的认知。

任务一　了解秘书与商务秘书

任务描述

　　××机械有限公司是一家专门生产、销售环保设备的公司,近期招聘了9名商务秘书。为了使这一批商务秘书能够尽早进入角色,以较好的状态参加工作,公司决定让总经理秘书小尹为招聘的9名商务秘书进行系列培训。培训的主要内容:让新招聘的商务秘书了解什么是秘书和商务秘书、秘书的职业特征、秘书的分类等等。

任务分析

　　要想做好商务秘书工作,首先必须了解什么是秘书和商务秘书、秘书的职业特征、秘书的分类等等。

任务准备

(一)秘书与商务秘书

　　关于秘书的定义,秘书学界尚无一个统一的说法。商务秘书一般是指在各类工商企业中从事秘书工作的一类人员的总称。从广义上讲,为工商企业中的领导班子乃至某些个人服务的,或辅助领导决策,或从事文字工作,或从事行政和日常事务工作,或集多项工作于一身的,均可视为从事商务秘书工作;从狭义上讲,商务秘书就是一种职务名称。除有特别说明外,本书所指秘书皆为商务秘书。

(二)秘书的职业特征

　　与其他职业相比,秘书有着自己的特征。

1.直接性和依存性

　　秘书工作的直接性和依存性体现在以下三个方面:一是秘书工作的内容与领导的工作内容是一致的,即领导做什么,秘书就也做什么;二是秘书工作几乎都是领导指派或直接安排的,秘书也是直接向领导请示、汇报的;三是秘书工作是直接对领导负责的,其完成情况与领导有直接的关系。

2.服务的稳定性和全面性

　　很多职业的服务都有其"业缘性"和"偶然性"。比如营业员与顾客之间,一次商品交易完成后,他们的关系就结束了。而秘书与其服务对象之间的关系却有相对的稳定性,短则数月,长则几年甚至几十年。秘书服务的这种稳定性,加上秘书与领导全面合作、朝夕相处,使秘书与其服务对象在"业缘关系"之外,往往还有着更深的人情关系,因此,秘

书服务还具有全面性。

3.知识化

秘书的工作既要为领导的决策和管理起到参谋和助手的作用,还要协调各方关系,使领导的决策得以正确执行。秘书的工作性质要求秘书具有一定的文化知识和专业知识。随着秘书工作的进一步完善和规范,对秘书的知识化要求会越来越高。

4.年轻化

从世界范围来看,秘书队伍比较年轻,发达国家的秘书年龄一般为20~35岁。秘书岗位被看作是从操作层通向管理层的最好阶梯。因为在秘书岗位上工作三五年或七八年就能升到主管位置或独立工作,而该岗位留下的空缺又会被更年轻的秘书顶替。

5.女性化

就历史情况来说,我国的男性秘书仍占大多数。但近20年来,女性秘书有明显增加的趋势,这主要是由女性的心理素质所决定的。由于大多数女性乐于做程序性、重复性的工作,且女性的身体特征适合做体力较轻而技术要求规范、单纯的工作。秘书工作尤其是初、中级秘书的工作正具有这种性质,所以西方国家的初、中级秘书中女性的人数占总数的比率达到了90%。

(三)秘书的分类

秘书学界有一种通俗的说法:高级秘书是动脑子、出点子的,中级秘书是动手、摇笔杆子的,初级秘书是跑腿办事的。这形象地反映了人们对秘书工作性质和所起作用的层次划分。

(1)按服务对象划分,秘书分为公务秘书和私务秘书。

(2)按从事行业和职能划分,秘书分为业务秘书、一般秘书、法律秘书、医学秘书、教务秘书、广告秘书、工程秘书、演艺秘书等等。

(3)按工作内容划分,秘书分为文字秘书、机要秘书、信访秘书、通信秘书、事务秘书、生活秘书等等。

(4)按层次、级别划分,秘书分为高级(如办公室主任、董事会秘书)秘书、中级秘书(如秘书科长、部门经理秘书)、初级秘书(如科员、前台文员)。

任务提示

(1)将班级同学分成若干小组,每个小组分别进行资料收集。

(2)举行一次信息交流会,各小组互相交流收集的成果。

(3)对各小组收集的成果进行汇总、分析、鉴别,选择适当的内容作为培训内容。

任务实训

1.实训目标

通过实训,学生需要掌握秘书和商务秘书的概念、职业特征等基础理论知识。

2.实训背景

亚华在常发公司担任商务秘书已达5年,在工作中积累了很多实践经验。为了把自己的实践经验转化为理论成果,并和广大秘书界同行交流,她准备撰写一篇有关商务秘书内涵和特征的论文发表在秘书专业杂志上。

3.实训内容

如果你是亚华,请根据实训背景收集资料,拟出写作提纲,并整理出一篇理论文章。

秘书灯塔

1955年,国际专业秘书协会正式设立"国际秘书节",以肯定秘书在职场上的贡献,并鼓励年轻人投入秘书领域发展。国际专业秘书协会将"国际秘书周"定于每年4月最后一个完整的星期,其中的星期三就是"国际秘书节"。

任务二 商务秘书必备的知识、能力和素养

任务描述

××机械有限公司和一家通信辅助设备制造公司有着业务往来,双方一直密切合作,且合作前景良好。这天,总经理与该公司老总约好晚上一起吃饭。下午,总经理就晚上见面的事与秘书小尹商量。

"听朋友说,移动公司大老板的酒量很大,今天得有人陪他喝酒才能尽兴。我原准备让研发部经理刘奇一起去,但他太书生气,不会喝酒。除了销售部经理王涛,你看还让谁去比较合适?"总经理兴致盎然地问小尹。

"我不知道呀,您定吧!"小尹诚恳而有礼貌地回答。

听小尹这么一说,总经理兴致陡降。接着,他指着移动公司的宣传样本问:"这个上面写的'sp'(内容提供商)是什么意思?"

"对不起,我是学中文的,也不懂'sp'是什么意思。"小尹实事求是地回答道。

"好吧,你出去忙吧!"总经理明显很不高兴。

回到办公室,小尹闷闷不乐,她一直在思考,自己应该怎么回答总经理的问题,才能让他满意。

任务分析

任务中,总经理就有关问题向小尹咨询意见,但小尹并没有提出参考意见,这样导致了总经理情绪低落。针对总经理的第二问,小尹的回答同样让总经理很不满意。虽然小

尹的回答都是实事求是的,但并没有取得积极的效果。事实上,如果小尹换一种幽默风趣的回答方式,可能会有更好的效果。从这个案例中,我们可以看出,秘书除了要认真、缜密、诚实、谦逊,还要具备很多优秀品质和一定的能力,才能在工作中立于不败之地。

任务准备

(一)商务秘书的必备知识

(1)政治、哲学、文化基础类知识。这是从事秘书工作的基础。一般在大学毕业前,商务秘书就应该掌握了这些方面的基础知识。但是,基础知识是需要不断更新和扩展的。

(2)法律政策知识。秘书工作的政策性很强。商务秘书只有具备较高的法律政策方面的知识修养,才能更好地为领导服务。因此,商务秘书学习和掌握必要的法律政策知识尤为重要。法律政策知识的重点有两个:一个是同秘书工作有关的法律、法规、规章、政策;另一个是同业务工作有关的法律、法规、规章、政策。

(3)专业知识。专业知识是指商务秘书在工作职责内应掌握的知识,包括文书写作知识、档案管理知识、信息管理知识、公共关系知识,以及办公自动化知识等。这部分知识既是秘书知识结构体系中的核心部分,也是秘书知识结构区别于其他专业人才知识结构的标志。只有精通并能熟练运用秘书学科的专业知识,才能成为合格的秘书人才。

(4)其他辅助知识。其他辅助知识对商务秘书的作用在于能丰富头脑、开阔视野、开拓思路并提高工作效率。其他辅助知识包括两个方面的内容:一是商务秘书所在部门的业务知识。商务秘书所服务的单位都有其特定的业务活动范围,只有了解这些知识,才能使商务秘书写材料不说外行话,提建议不当门外汉,使自己的工作更具有针对性和科学性。二是管理学、公共关系学、心理学、经济学、统计学、新闻学等方面的知识。商务秘书只有扩大自己的知识面,才能在工作中更加得心应手,当好领导的参谋和助手。

(二)商务秘书的必备能力

能力是指能够胜任某项工作任务的主观条件,它直接影响工作的质量和效率。从事商务秘书工作,就需要相应的能力。对商务秘书的能力要求主要取决于其工作范围、程序和方法的一些特殊性,商务秘书所需的能力和素质是多方面的,既需具备扎实的写作能力,也需拥有出色的办事能力,这包括良好的口头表达能力、听知能力、阅读概括能力、社交能力、协调能力等等。

1.写作能力

写作能力是指撰写各种应用文书的能力。商务秘书要写好应用文,既应具有语法、修辞、逻辑方面的知识,掌握大量的词汇和不同的句式,还应具有文体知识,能熟练使用常用汉字,掌握标点符号的用法,并通过长期实践,将这些知识综合起来转化为写作能力。

2.口头表达能力

商务秘书要会说一口标准流利的普通话,口齿要清晰,与领导交流的语言要简明扼要,对同事讲话切忌啰唆。商务秘书要想说话有条有理,就要多思考,说话前先打腹稿,既不能信口开河、滔滔不绝,也不能沉默寡言、问一句答一句。

3.听知能力

商务秘书要善于耐心倾听和正确理解别人的发言,要能从别人冗长、反复的发言中找出要领,或是从众人的争论中抓住重点,并能转化为清晰简明的语言加以复述。听知能力还意味着商务秘书应努力掌握方言、民族语言和多门外语。商务秘书多懂一种方言、一种民族语言和一门外语,就多了一种交际工具,多了一条信息渠道。

4.阅读概括能力

商务秘书要善于阅读,既要善于精读,又要善于快读和泛读。此外,商务秘书还应具备精准提炼信息、高效总结归纳的能力。

5.社交能力

商务秘书要经常参加各种社会活动,如外出联系工作,调查情况,收集信息,进行协调,参加各种会议、会谈或宴会,甚至有参加外事活动的机会。因此,商务秘书必须具有一定的社交能力,懂得各种场合的礼仪、礼节,善于待人接物,善于处理复杂的人际关系。

6.协调能力

商务秘书要善于发现工作中的矛盾和不平衡,善于发现人与人之间的误解和性格不合,并及时进行沟通、协调。

7.观察分析能力

商务秘书在工作中要时时、事事、处处做有心人,既要善于观察,做好拾遗补阙工作,还要善于分析问题,提出解决问题的办法供领导选择。

8.应变能力

在特殊的时间、地点、条件下,在遇到意想不到的情况时,商务秘书要有遇急不慌、临危不惧、处事冷静的应变能力。商务秘书在处理问题时既要符合原则,又要有一定的机动性和灵活性。

9.现代化办公设备操作能力

商务秘书要会熟练操作计算机、照相机、摄像机、复印机、电话机、传真机、碎纸机、扫描仪等现代化办公设备,以及OA、线上会议软件等网络办公平台。

(三)商务秘书的必备素养

商务秘书的日常工作虽然是帮领导"打杂",但同时又肩负着"公司形象代言人"的重任。商务秘书给外人的印象不仅关系着领导的形象,也关系着整个公司的形象。所以,优秀的商务秘书一定要在工作中有意识地培养自己的素养。

1.认真、缜密

认真是秘书工作最起码的要求。但是,要想做到"认真"二字并不简单。商务秘书不仅要遵守单位的规章制度,还要比一般工作人员做得更好。因为你在领导身边工作,人们对你的要求自然更严,标准更高;人们不可能容忍你工作毛手毛脚、大大咧咧或办事拖拖拉拉。

此外,商务秘书在工作中必须缜密周到,养成做事留有余地的习惯,能将工作中可能出现的各种意外状况考虑在内，这样事情的结果往往会在自己的意料之中。如果商务秘书养成了这种办事习惯，领导和同事就会对你另眼相看，觉得你是一个办事稳重、值得信赖的人。

2. 诚实、谦逊

诚实就是说老实话、办老实事、做老实人，这一点对商务秘书来说尤其重要。不管经验多么丰富，商务秘书在繁杂忙乱的工作中多少会出这样或那样的差错。出了错，马上道歉，这就是诚实。有些商务秘书不诚实，为了自己或朋友的私利，故意隐瞒事实真相，不及时向领导汇报，从而导致领导的决策出现失误。所以，对于商务秘书来说，诚实是最重要的品质，只有诚实，才能换取领导和同事的信任。

与其他部门的人相比，商务秘书的确有一种"近水楼台先得月"的优势，容易得到各种信息，听到各种机密，这是秘书工作本身决定的。由于商务秘书容易得到这种"上层信息"，所以常常引起一些人的羡慕或嫉妒。如果商务秘书没有谦逊的品质，职务上的优越感就会让其滋生出骄横跋扈的不良习惯。因此，为了搞好与各方面的关系，商务秘书无论何时何地都要把自己当作公司的普通员工，绝对不允许自己滋生出"高人一等"的感觉。

3. 宽厚、合群

商务秘书应该性情温和，待人友好。出于部门利益、价值观念等方面的原因，同事之间对一些具体问题的看法出现分歧是很正常的。因此，商务秘书在工作中遇到沟通上的障碍时，应学会换位思考，从对方的角度看问题，理解对方。不管双方的分歧有多大，商务秘书首先要在人格上尊重对方，不以权势压人，强迫对方接受自己的意见，或者如果对方不接受你的意见，就找机会刁难对方，给对方"穿小鞋"。

秘书部门是一个单位的神经中枢，从收集信息到给领导安排工作日程，商务秘书的每项工作几乎都需要各部门的协助配合。如果一个商务秘书不合群，不是离群索居，就是孤芳自赏，那么他就很难有亲和力，导致公司里的同事对他敬而远之。

4. 自信、稳重

秘书工作的一个特点就是面对的突发性事件较多。商务秘书应当以高度的自信心和能力来处理突发性事件，否则容易造成局面失控。当然，商务秘书的自信一般不会挂在嘴上、表现在脸上，他们的自信更多地化作了行动。商务秘书办事稳重，并不表明胆怯；为人宽容，但不表现懦弱。事实上，商务秘书只有自信，才能赢得领导和同事的信赖。

5. 机智、幽默

商务秘书在工作中应该冷静，处理问题应小心谨慎。但是，久而久之，这可能会给人一种机械且呆板的印象，从而对秘书维持良好的人际关系产生不利影响。商务秘书不仅要搞好自己的人际关系，还有责任协助领导处理好各方面的人际关系，因此，秘书必须既机智又幽默。所谓机智，就是商务秘书不墨守成规，要将原则性和灵活性融为一体。所谓幽默，就是商务秘书的言谈举止要风趣得体。但是，商务秘书不能一味追求机智、幽默，而忽视了沟通交流的尺度和分寸，否则就会给人留下一种只会耍嘴皮子的印象。

任务提示

（1）把全班同学分成两大组,再把两大组细分为若干小组。第一大组为理论经验收集组,负责通过网络、报刊、书籍等收集有关商务秘书品质与能力的理论文章。第二大组为实践经验收集组,负责通过线上、线下等途径,向商务秘书请教其在工作中积累起来的经验。

（2）两大组分别对收集到的素材进行汇总分析,各整理出一份经验汇总材料,并制作成思维导图。

（3）在班级举行一次有关商务秘书的必备知识、能力、素养的经验交流会,两大组分别汇报自己的成果。

（4）对两大组收集的理论经验和实践经验进行比较、分析,整理出一份更加符合实际的思维导图,在全班同学中传阅。

任务实训

1.案例分析1

某天下午上班不久,大华公司的张经理打电话来找总经理,总经理恰巧外出参加一个行业会议,秘书小尹接了电话。张经理和总经理是大学同学,两人私交不错。电话里张经理对小尹说,他们大学辅导员的夫人昨晚去世了,他想约总经理明早一起去看看辅导员。

"你们总经理回来后,请你马上告诉他,让他给我回个话。"张经理说,"另外,看辅导员的时候,多少得送点钱,以表达心意。我俩最好送一样多,你问问你们总经理,看他打算送多少,到时候告诉我。"

直到当天下午7时许,总经理才回办公室,小尹马上把张经理的意思向总经理做了汇报。"你说送多少钱比较合适?明天还要带些什么东西去?"不知是因为累了一天总经理懒于费神,还是因为总经理对这类人情往来没有什么经验,总经理向小尹征询意见。对此毫无准备的小尹只好摇头。那一刻,她从总经理的眼里读出了不满。

请问小尹的问题出在哪里?她该怎么做才能赢得总经理的赞赏?

2.案例分析2

这天,秘书小华一边在前台值班,一边修改总裁的讲话稿。当小华正给一位新来的客人沏茶时,总裁办公室主任过来说总裁要看发言稿。小华说还有一点没有改完,如果总裁急着要,那么就请主任帮忙把把关再送给总裁。办公室主任说没什么。到中午的时候,办公室主任对小华大发脾气,说总裁对讲话稿很不满意。

面对办公室主任的批评,秘书小华应该怎样说?下面有几种选择:

A.由于当时太忙,没有仔细检查,我下次一定注意。

B.我当时就说还没有改完,你应该改完之后再交给总裁呀!

C.实在不好意思,我今后一定注意。

D.头儿，别太在意，就是总裁自己不也经常出点小差错吗？

E.总裁也是鸡蛋里面挑骨头，一点小毛病自己随手改了不就完了嘛！

对于以上几种选择，你认为哪种选择最合适？请说明理由，并对其他几种选择进行评析。

秘书灯塔

"仁、智、礼、义、信"是中华民族的传统优良美德，是儒家提倡的做人标准，也是现代人应具备的素养。优秀的商务秘书，应善于从中华优秀的传统文化中汲取精神养分。

任务三 现代企业秘书的选聘标准

任务描述

随着公司的不断发展壮大，原有的人员已不能满足日益增加的业务量，秘书小尹天天忙得团团转，常常一个人当几个人用，加班成了家常便饭。总经理看到这种情况，决定为公司招聘一名秘书，让小尹起草一个秘书招聘标准，以便向社会发布。

任务分析

在现实工作中，不同的企业对秘书的要求不一样，但也有一些普遍的要求和标准。小尹要做的就是把对秘书的一般要求与自己公司的实际结合起来，制订出选聘秘书的标准，提供给总经理参考。

任务准备

现代企业选聘秘书，一般从以下三个大的方面考虑。

（一）看起来舒心

企业领导人在选择自己的秘书时，一般都有自己的偏好。有的喜欢性格开朗的，有的喜欢美貌的，有的喜欢勤快的，有的喜欢沉稳的……尽管选择的标准各不相同，但最终对"好"秘书的看法都基本相似：秘书必须容貌端庄，让领导看着舒服。这个看着"舒服"，并不一定是特别漂亮的，它还要求衣着打扮和言谈举止都非常得体，有气质。

秘书给领导的第一印象很重要。在这个第一印象中，除了容貌，还包括秘书说话的音调和口齿是否清晰等因素，它们都有可能影响领导对秘书的第一印象。尽管一个秘书的价值和他的外表没有什么直接关系,但遗憾的是,即使秘书的内在品质非常优秀,他给领导的第一印象仍往往是由他的外表决定的。领导决定是否选择他做秘书常常取决于对他的第一印象。当然,如果仅仅给领导留下好感,还不足以让他放心地把工作交给秘书。

(二)带在身边放心

光看着舒服,领导还是不会真正信任秘书。他还要继续考察秘书是否忠诚老实、为人稳重。秘书只有让领导信得过,让他带在身边感到放心,才能算是真正的秘书,否则,就只能算一个普通文员。

为什么秘书一定要让领导感到放心呢? 因为秘书经常要直接或间接地接触关于公司的一些重大决策的信息,甚至有可能参与对这些信息的处理,如果领导对秘书不放心,就不会让秘书接触这些机密。这一点也是秘书与普通文员的根本区别。因此,秘书职业的第一条准则就是保守秘密。有些年轻的秘书泄密,并不是他们有意这么做,很多时候是他们的疏忽造成的,如被人盗走机密,或对方通过对秘书的行为进行推测得到机密。因此,秘书要谨言慎行。另外,如果一个人情绪不稳定,感情上有点什么波折都会挂在脸上,那么这样的人也很难让领导放心让他做自己的秘书。

(三)用起来省心

只有当领导对秘书感到放心之后,他才会根据秘书的能力来安排其工作。而秘书也只有通过充分发挥自己的能力,才能让领导对自己的工作满意,成为名副其实的领导的助手。那么,秘书需要具备什么条件才能让领导省心呢,以下是一些可供参考的条件:

第一条就是经验丰富。一个有经验的秘书,在工作中会有如下特征:先决定工作的优先顺序,再着手开始工作;做好必要的准备工作后再开始工作;恰到好处地整理好办公环境,以减少疲劳;文件存放从不将就,按规定存放一步到位,这样寻找文件时方便省时;在不是特别强调优先顺序的情况下,从难到易开始工作;对于那些特别耗时间的工作,在处理过程中随时向领导反映,听取领导的指示。

第二条就是身心健康。身心健康是从事秘书工作的先决条件。要做到身心健康,就应该做到生活有规律,保持适度的运动与休息,注意饮食的平衡。只有保持身心健康,才能够在工作中保持相当的耐力和爆发力,出色地完成自己的工作。这是秘书需要具备的基本条件。

任务提示

(1)把全班同学分成两大组:第一组为选聘信息收集组,负责收集商务秘书选聘、招聘信息,从中概括、提炼出选聘商务秘书的标准;第二组为企业选聘标准收集组,负责前往一些企业,对其选聘商务秘书的标准进行调查和收集。

(2)两组分别对收集到的选聘信息进行汇总、提炼,各整理出一份选聘标准,并对这两份标准进行比较。

(3)邀请企业人力资源部门的负责人,召开一次商务秘书选聘标准研讨会,就有关问题进行深入研讨。最后,根据研讨结果,整理出一份商务秘书选聘标准。

任务实训

1.案例分析

张作霖在一次题词时,把"张作霖手墨"的"墨"字写成了"黑"字,有人说:"大帅,缺个土。"正当张作霖一脸窘相时,身边的一个秘书却大喝一声:"混蛋,你懂什么!这叫'寸土不让'!大帅能轻而易举地将'土'拱手送给别人吗?"此人后来成了张作霖离不了的得力助手。

分析案例中的秘书何以得到重用,张作霖在这里选用秘书的标准是什么。

2.课后探究

商务秘书的选聘不同于一般秘书,有特殊的要求和标准。因为各企业的具体情况不同,所以具体的选聘标准也不同。

秘书灯塔

正所谓"人靠衣装,佛靠金装""三分长相,七分打扮",细节决定成败。

任务四　培养商务秘书正确的角色意识

任务描述

小尹在公司打拼了多年,现在终于熬出头了,从办公室秘书转变为总经理专职秘书。自转为总经理秘书后,小尹好像变了一个人似的,人前人后都炫耀自己是总经理秘书,对待以前办公室的同事也是一副趾高气扬、盛气凌人的架势,也正因为这样,同事们慢慢疏远了小尹。有一次,小尹家中有急事需要处理,正好遇上她要在单位值班,这时候,她想到请办公室其他秘书代为值班,打了一圈电话后,居然没有一个人愿意帮她值班。面对这种情况,小尹百思不得其解。小尹的问题出在哪里?如果你是小尹,你会怎么做?

任务分析

小尹之所以会出现这样的问题,主要是因为她没有弄清楚自己在公司中所担任的角色,对自己的定位不准确,以"二当家"自居,引起了同事们的不满。小尹只有摆正自己的位置,准确定位,和同事和谐相处,才能和同事们打成一片。

任务准备

(一)商务秘书的角色定位

商务秘书的角色定位是指秘书对自己在社会组织中所扮演的角色、所处的地位的衡量和确定。秘书的职业角色具有多样性,这是由秘书职责的多样性决定的。商务秘书应当具有角色转换的思维方式,从实际需要出发,自觉地转换好不断变化的角色,更好地发挥角色职能,胜任秘书工作。

1.助手角色

秘书工作的性质决定了商务秘书首先是组织或者领导的助手,在上传下达、沟通左右、衔接内外、联系各方等方面起着不可或缺的纽带作用。

2.写手角色

写作是秘书工作的一项极其重要的内容,写作能力也往往被视为商务秘书的看家本领。写作各类讲话稿、草拟各种文书甚至撰写新闻稿件,这些都是商务秘书的"家常便饭"。

3.公关角色

商务秘书在组织中扮演着重要的公关角色。商务秘书的形象不仅代表其个人,还代表领导的形象和整个组织的形象。商务秘书在工作中应该努力为本组织广结良缘,以形成有利于组织发展的广泛的社会关系网络和环境。

4.保密角色

商务秘书处于组织的中枢位置,知密早、涉密多、交际广,保密就成了商务秘书的天职。商务秘书必须具备高度的保密意识,严守保密纪律,自觉履行保密职责,做一个特殊的保密员。

(二)商务秘书的角色条件

商务秘书的角色条件是由其工作特点决定的,总的来说包括生理条件、心理条件、社会条件,其中生理条件是心理条件的必要前提,而心理条件的产生还取决于角色个体的社会条件。有些内容在后面章节中还会从其他角度涉及,这里仅谈谈商务秘书角色的年龄、性别、健康、文化程度等一般条件。

1.年龄条件

社会角色不同,对年龄条件的要求也不同。有些社会角色对年龄条件的要求规定得比较明确,有些社会角色对年龄条件的要求规定得不十分明确。目前,我国对秘书从业者的年龄并没有明确的规定,但是从职业化的趋势来看,整体上呈现年轻化的特征。

但是,我们不能绝对地说秘书就是年轻人的职业,具体情况还是要结合具体的岗位要求来定。这也给年轻秘书带来了有益的启示:提高自身素质才是关键,所谓"秘书吃的是青春饭"的观点只是一种片面的认识。

2.性别条件

社会角色不同,对性别条件的要求也不一样。有些社会角色对性别的要求规定得比较明确,有些社会角色对性别的要求规定得不十分明确。从职业化的角度来看,秘书职业呈现女性化的特征,在许多国家和地区,秘书职业就被认为是"女性的一统天下"。

在我国,改革开放以前,秘书几乎是男性的天下。改革开放后,"三资"企业大量出现,发达国家先进的管理思想和方法被引进,包括秘书女性化这一被发达国家普遍认同的管理模式。所以,今天从职业化的角度来考察,女性秘书已经成为我国秘书职业阶层的主体。

3. 健康条件

各种社会角色对健康的要求基本上是一致的,即要求身心健康。商务秘书角色的健康条件也不例外:一要生理健康,二要心理健康。二者既相互联系又相互制约,生理健康是心理健康的自然条件,而心理健康又影响着生理健康。一个人如果只有生理健康,而缺乏心理健康的条件,也很难胜任角色任务。

4. 文化程度

文化程度即受教育程度,是商务秘书角色条件中不可或缺的条件之一。商务秘书要从事文字性、智能性工作,没有一定的文化程度是难以胜任秘书工作的。文化程度可以从两个方面来理解:一是以学历层次作为评判标准,二是以知识结构作为评判标准。

(三)商务秘书的角色意识

商务秘书的角色意识是指秘书对所担任角色的社会地位及由社会地位所规定的职责的知觉、理解和体验。商务秘书的角色意识是做好秘书工作的关键。商务秘书能否形成鲜明强烈的角色意识,是其能否干好工作并且发挥主观能动性的基础,不能形成正确的角色意识,就很难成为优秀的商务秘书。

1. 商务秘书角色知觉的误区

(1)商务秘书是"高级保姆"。这种角色知觉的错误在于把商务秘书角色完全置于受领导雇用的地位,不符合我国秘书职业的现状。这种观点认为商务秘书为领导服务没有界限,从日常工作到家庭事务都要为领导提供服务,是一种不需要什么专长,只需察言观色就行的角色。显然,这是对秘书职业和秘书工作的一种误解。虽然商务秘书为领导服务是一种角色规定,但是这种服务应该是在职责范围内的服务,否则就不属于商务秘书角色分内的事。如果商务秘书与领导关系密切,私人关系很好,在生活中相互关心和帮助也是正常的,但它属于非商务秘书角色的一种个人关系。

(2)商务秘书是"漂亮宝贝"。这种角色知觉的错误在于极端贬低了秘书职业的作用,严重扭曲了秘书职业形象。随着我国秘书职业女性化特征的日趋明显,受各种复杂社会因素的影响,一些人认为商务秘书只要年轻漂亮就可以,将其视为好看的花瓶,做一些接待、应酬工作,更有甚者将女秘书的职业形象与社会不良现象画等号。这里面有残余封建陈腐观念的影响,有某些文学影视作品的商业渲染的影响,也有极少数人不良行为的现实误导的影响,其危害是相当大的。这种观点事实上败坏了秘书职业的声誉,阻碍了秘书职业的健康发展。

(3)商务秘书是"领导的附庸"。这种角色知觉的错误在于抹杀了秘书职业和秘书工作的真实状态,矮化了商务秘书的人格形象。过去,有些电影、小说等出于塑造人物的需要,常把商务秘书角色描绘成在领导面前点头哈腰、唯唯诺诺、狐假虎威的不光彩形象,甚至有"奴化"倾向,实际上是把少数人的个别行为进行了抽象概括,却使人们尤其是对秘书工作实际缺乏了解的人们对秘书工作产生了误解。商务秘书作为一种特定的社会角色有其无可替代的工作内容,更有其独立的人格。商务秘书与领导之间在工作上是上下级关系,但是在人格上是完全平等的,不存在人身依附关系。

(4)商务秘书是"领导的高参"。这种角色知觉的错误在于过高估计了商务秘书角色所发挥的参谋作用,过分夸大了商务秘书角色的作用。我们提倡商务秘书在很好地完成自己的各项事务性工作的前提下,尽可能地发挥自己的聪明才智,多为领导提供一些可供选择的优化方案或者有用信息,以便适当合理地发挥参谋作用。但是,这绝不意味着将工作本末倒置,忽视办事职能,过分强调参谋作用,专门为领导出主意、想办法。秘书工作的基本任务是辅助管理,把领导从繁杂的事务中解脱出来。把商务秘书角色说成是领导的专职高参,甚至说成"智囊团""思想库",是非常有害的。

2.商务秘书角色错位的表现

进入职场,商务秘书必须时刻清醒地定位自己的角色,把握好角色的分寸,恰如其分地经营好自己的职业生涯。但是,在实际工作中,不少商务秘书做不到这一点,经常自觉不自觉地表现出不符合角色定位的过分行为,致使角色错位,给自身形象及职业生涯带来不良影响乃至损失,应当引以为戒。常见的商务秘书角色错位表现如下:

(1)关系越位。商务秘书与领导的关系在组织上是一种上下级关系,在工作上是一种主辅关系。在工作中,有的商务秘书不能把握好这种关系,以领导的角色或者假借领导名义越俎代庖,发号施令,甚至以"领导"自居,颐指气使,造成关系越位。

(2)工作越位。商务秘书和领导在工作中必须各司其职,各负其责,在各自的职责范围内开展工作,不能相互代替。在工作中,有的商务秘书出于把工作做好之心,抢着去做本应由领导出面处理的事,结果给领导帮倒忙,造成工作越位。也有的商务秘书为出风头而造成工作越位。

(3)表态越位。表态与个人的身份或者权力有着直接的关系。有些商务秘书在未经领导授权或者授意的情况下,擅自对某些问题作出决定性表态,给领导的工作带来不必要的困扰,甚至产生不良影响,造成表态越位。

(4)社交越位。商务秘书经常陪同领导参加一些社交活动,有些商务秘书不能够自觉地甘当配角,不注意突出领导,造成社交越位。

商务秘书角色错位的表现还有许多。总的来说,商务秘书角色错位的原因在于对商务秘书角色的认识与理解不正确,对商务秘书角色与领导角色的关系把握不准确,再加之一些人从业动机不纯,个人主义意识强烈,过分看重自己的利益,给商务秘书角色人为地赋予了某种以权谋私的色彩,其消极影响不可低估,对组织、对领导、对自身都会带来损害。

3.商务秘书角色意识的培养

鲜明而正确的角色意识是从事秘书职业的灵魂所在,没有正确的角色意识,商务秘书就不能在工作中积极发挥主观能动性,就不会形成乐业、敬业的精神,甚至还会偏离职业轨道。要想成为一名合格的、优秀的商务秘书,就必须培养正确的角色意识。

（1）责任意识。商务秘书常在领导身边，直接为领导服务，在工作中负有重要责任。商务秘书必须培养高度的责任意识和强烈的社会责任感，才能在为领导服务中实现自己的角色价值。责任意识是商务秘书角色意识之本。

（2）服务意识。商务秘书必须把服务作为基本职能，认识到服务是商务秘书的本职工作，理解服务的崇高，树立自觉服务的意识，甘当配角、乐于奉献。

（3）服从意识。服从是商务秘书最起码的角色意识，也是一种基本的职业道德品质。商务秘书必须坚定不移地、毫不走样地贯彻领导的决策，严格执行领导的决定，同时需具备良好的适应能力，并学会面对不同领导的心理调节，以保持心态的稳定和平衡。

（4）主体意识。商务秘书的基本角色是配角，但是商务秘书作为秘书职业活动的主体，在处理具体业务工作时又必须唱主角，必须积极主动地完成好本职工作，这是由商务秘书角色的双重性决定的。

（5）公关意识。商务秘书的特殊位置，需要处理好上下、左右、内外等各种关系，要有很强的公关意识。商务秘书应当全面培养自己的学识、技能，善于处理各种复杂关系和突如其来的紧急情况，为领导分忧。

（6）形象意识。商务秘书的一言一行，代表着个人形象、领导形象、组织形象，是三者三位一体的综合形象体现。商务秘书要讲究仪表美、心灵美，以外在美与内在美的和谐统一来彰显职业形象。

（7）纪律意识。商务秘书处在领导身边这样一个特殊位置，有许多便利条件，所以必须做到遵纪守法、遵章守规，具有鲜明的纪律意识，用来约束自己的社会行为，尤其应将保守秘密视为铁的纪律。

总之，深刻理解这些商务秘书角色意识并努力培养正确的角色意识，对于商务秘书的职业生涯意义深远。

任务提示

任务一：演讲。演讲之前给出5分钟时间进行准备，个人演讲时间在3分钟以内。演讲内容必须符合演讲主题、积极健康，符合秘书职业要求，具有逻辑性。

任务二：

（1）通过网络收集名人与秘书的资料，将资料复制到Word文档，并按照排版规范进行排版，标明资料的来源，最后打印出排好的资料。

（2）通过图书、期刊、报纸等收集名人与秘书的资料，将内容进行复印，将复印的内容剪裁、粘贴在A4纸上，并标明资料的来源。

（3）各组小组长将整理好的资料提交至老师处。

任务实训

(一)讨论与交流

(1)目前,社会中有这样一种说法:"秘书是吃青春饭的。"你对这一说法有何看法?

(2)讨论:秘书与领导的司机、保姆等有什么区别和联系。

(二)实训

(1)任务实训:即兴演讲"我眼中的秘书职业"。

通过本章的学习,你对秘书这个职业有了一定的了解,对于什么是秘书、秘书的职责、秘书的分类,如何培养秘书角色意识等有了更进一步的认识。请结合自己当初选择文秘专业的初衷,进行演讲,演讲主题为"我眼中的秘书职业"或"我为什么选择秘书专业"。

(2)课后探究:通过阅读图书、网上收集等途径,收集毛泽东、周恩来、陈毅、唐太宗、拿破仑、龙永图、比尔·盖茨等名人与秘书的故事。

秘书灯塔

三百六十行,行行出状元。

项目二
商务秘书工作

知识目标：

- 了解商务秘书工作的主要内容、内涵。
- 理解商务秘书工作的作用、性质。

能力目标：

- 能运用思维导图等工具对商务秘书的工作事项进行梳理。
- 养成良好的信息检索与整理能力。

素质目标：

- 增强对商务秘书的职业认同。
- 养成良好的商务秘书职业素养。

任务一　商务秘书工作概述

任务描述

　　××机械有限公司近期连续对新招聘的9名商务秘书进行岗前培训，为了使这一批商务秘书能够尽早进入角色，以较好的状态参加工作，公司决定让总经理秘书小尹为他们讲一讲商务秘书工作的内容、性质及作用等。

任务分析

　　要想做好商务秘书岗前培训，首先必须了解商务秘书工作的主要内容、性质、作用等，在培训时要结合自身工作实际，列举工作中的案例，让新进人员对商务秘书工作的内容有全面的了解。

任务准备

(一)商务秘书工作的内容

　　商务秘书工作是秘书为领导者进行有效管理所采取的特殊的辅助工作，是一项内容丰富、种类庞杂的工作，既有大量的政务性内容，又有许多的业务性和事务性内容，而且有不断发展和拓展的趋势。

1.政务性工作

　　(1)参谋辅助。参谋辅助是商务秘书在为领导提供近身综合辅助和公务服务中为领导决策出谋献策，提供参考方案及有关依据，或在与领导主辅配合的工作实践中，发现领导行为中的不足、疏漏、失误，及时提出拾遗补阙、纠正错误的建议和规劝。

　　(2)协调工作。协调工作是商务秘书在其职权范围内或在领导的授权下，调整和改善人与人之间、部门之间、工作之间的关系，促使各种矛盾减小或消除，提高工作效率，并使各项活动能趋向同步化、和谐化、有序化，以实现共同的目标。

　　(3)调查研究。调查研究是商务秘书围绕单位的中心工作，根据领导工作的需要，针对职工关心的问题，通过深入细致地考察、了解和分析研究，弄清情况，查明原因，总结经验教训，探求解决问题的办法，为领导的决策提供科学的依据。

　　(4)信息工作。信息工作是商务秘书围绕领导活动和组织管理需要而开展的对各种相关信息的收集、整理、传递、存储、反馈和利用等一系列目的明确、真实可靠、及时全面的信息服务。

　　(5)督查工作。督查工作是商务秘书对决策实施、中心工作和领导交办事项所进行的督促检查，是实现决策目标的重要措施与手段。

2. 业务性工作

（1）文稿撰写。文稿撰写是商务秘书针对各种公文和其他文稿（领导讲话稿、总结、调查报告、新闻报道稿、商务文书等）等进行的起草、修改、审核和校对工作。

（2）文书处理。文书处理是商务秘书针对各类文件、电报、信函等进行的收发、打印、传递、登记、办理、立卷、归档等工作。

（3）档案管理。档案管理是商务秘书针对各类文书档案进行的收集、整理、保管和利用的工作。

（4）会务工作。会务工作是商务秘书针对各种会议进行的会前的筹划与准备、会间的组织与服务、会后的落实与反馈等一系列工作。

（5）保密工作。保密工作是商务秘书针对单位内部机要通信、机要文件等进行的管理工作，是为达到保密目的所采取的一切手段和措施，包括积极防范和认真追查两个方面。

（6）公关工作。公关工作是商务秘书为协调、加强本单位与外界，特别是与社会公众的联系，通过种种手段和媒介宣传本单位情况，树立良好的组织形象所开展的工作。

3. 事务性工作

（1）接待工作。接待工作是商务秘书在公务活动中对各类客人和来访者所进行的迎送、接洽、招待和服务工作。

（2）日常事务。日常事务是商务秘书所承担的单位内部的值班、保卫、后勤、印信、办公用品与设备的管理以及领导临时交办的事项等各类事务性工作。

（3）通信联络。通信联络是商务秘书所承担的公务电话的处理、公务邮件的收发、公务信件的往来等各类联络性工作。

（4）随从工作。随从工作是商务秘书在跟随领导外出期间，为保证领导顺利开展工作所从事的一切服务性工作。

（二）商务秘书工作的性质

关于商务秘书工作的性质，历来各家就有许多不同的看法，但概括起来，大致有以下七个方面。

1. 工作位置的政策性

商务秘书工作的全部内容几乎都与政策紧密相关。评价商务秘书工作好坏的一条重要标准，就是看其是否正确地贯彻执行了党和国家的方针、政策。不仅党政机关的商务秘书工作具有政策性，企事业单位，包括三资企业、民营企业的商务秘书工作也具有政策性。因为企业行为必须符合政府制定的政策，所以企业商务秘书为领导出谋献策时就必须熟悉国家的相关政策。

2. 工作形式的事务性

在商务秘书的整体工作中，事务性工作可以说占据了相当大的比重。商务秘书每天都要处理大量繁重而又琐碎的事务。商务秘书的工作总是与"细""繁""杂""忙"紧密相连的，其辛苦程度往往与其事务性工作的繁重密不可分。商务秘书的职责范围广泛，除了值班、保卫、后勤、印信、办公用品与设备的管理以及接待、通信、随从等明显属于事务性的工作,即便是那些具有政务性和业务性的工作,实际上也包含着大量的具体事务性内容。

3.工作内容的综合性

商务秘书工作同其他职能工作不同,不是单纯分管或主管某一领域的业务工作,而是围绕领导的工作展开的,领导工作所涉及的领域,商务秘书工作都有可能涉及。因此,商务秘书的工作是全局性的、综合性的。这就要求商务秘书不仅要具备较广的知识面和多方面的技能,还要善于从领导的角度观察问题、考虑问题,站在全局的立足点上,传达上情、通报下情,内外疏通,各方平衡,卓有成效地发挥自己的综合统筹职能。

4.工作作用的辅助性

商务秘书机构不是自成一家、独立决策的部门,商务秘书工作的主要内容就是辅助领导完成任务。就像月球围绕地球运转一样,商务秘书工作也要始终围绕、从属于领导和领导的工作,失去了领导,商务秘书和商务秘书工作也就失去了存在的条件。商务秘书要及时、主动、周密地辅助领导工作,积极地充当领导的"手足""耳目",必须准确领会领导的意图,遇事多请示、多汇报,这样才能当好领导的参谋和助手。

5.工作职能的服务性

商务秘书工作也是一项服务性的工作,不仅要为所在单位的领导服务,为所在单位的其他部门服务,也要为所在单位的下级和群众服务。因此,商务秘书既要当领导的好助手,又要当群众的贴心人,做到大事不误、小事不漏,全面细致地做好自己的本职工作,以此提高领导乃至全单位的工作效率和工作质量。

6.工作范围的机密性

商务秘书工作的机密性很强,这是商务秘书部门处于领导中枢的辅助地位决定的。因为贴近领导,所以商务秘书知密多、知密早、知密深。因此,商务秘书要有很强的保密观念,养成良好的保密习惯,不得失密、泄密,对保密事项做到"守口如瓶""慎之又慎",不给工作造成不必要的损失甚至危害。

7.工作效果的潜隐性

商务秘书工作的潜隐性决定了其劳动成果和价值都融于领导的行为和组织活动中,不单独表现为商务秘书自己的劳动成果。商务秘书工作具有幕后、台下的性质,不显山、不露水,为领导演戏搭台、敲锣擂鼓。光环和荣耀永远属于领导,默默无闻、无私奉献才是商务秘书的品质和情怀。

(三)商务秘书工作的作用

1.助手作用

商务秘书为领导服务,直接关系和影响着领导的工作,起着助手的作用,这也是商务秘书工作最基本的作用。商务秘书发挥助手作用,可以比喻为领导者"双手的延长"。这种助手作用的发挥,不是一时一事的,而是全天候、全方位的,几乎涉及商务秘书工作的全部内容。商务秘书的助手作用发挥得越充分,领导就越能从更多的事务性工作中解脱出来,从而有更多的精力和时间去关注大局,抓好大事。

2.参谋作用

商务秘书的参谋作用，主要体现在为领导的决策提供准确完整的高质量信息和决策事项的备选方案方面。商务秘书应经常向领导提供准确的信息、资料、文件等决策依据，并积极向领导提出工作建议和决策预案，辅助领导作出决策。商务秘书发挥参谋作用，可以比喻为领导者"头脑的拓展"。这是领导对商务秘书高度信任的表现，也是对商务秘书工作提出的高要求。所以，商务秘书要做到思想活跃，善于思考，敢于探索，勇于创新，更好地发挥参谋智囊作用。

3.桥梁作用

商务秘书部门处于领导与职能部门、下级单位之间的枢纽位置，起着下情上达、上情下传、沟通左右、联系内外的桥梁作用。商务秘书发挥桥梁作用，可以比喻为领导者"喉舌的延伸"。商务秘书要运用各种工作方式和手段，在单位与单位之间、部门与部门之间、个人与个人之间进行联络、沟通、协商、平衡、调解，消除隔阂，解决矛盾，统一目标，确保步调一致，密切合作，同心协力，以达到最佳工作效果和最高工作效率。

4.信息作用

信息是管理和决策的基础，为领导提供信息成为商务秘书的重要职责之一。商务秘书发挥信息作用，可以比喻为领导者"耳目的扩充"。商务秘书必须树立"眼观六路、耳闻八方"的信息意识，做到眼尖、耳灵、心细、腿勤，多渠道地收集信息，并善于对信息进行鉴别和提炼，去伪存真，去粗取精，及时将有参考价值的信息提供给领导者。

5.督查作用

督促检查是保证领导决策目标得以顺利实现的必要措施，在领导的授权下开展好督查工作，逐渐成为商务秘书的一项重要职责。商务秘书发挥督查作用，可以比喻为领导者"眼神的延续"。无论是党政机关还是公司企业，领导决定的事项都需要商务秘书部门督查工作的跟进，因此，督查也成为当前商务秘书工作应该强化的一项重要作用。

6.窗口作用

商务秘书工作是一个单位与各方面联络、接洽的"门面"和"窗口"，反映了这个单位的工作作风和领导水平，对树立单位的良好形象影响很大。

任务提示

要完成任务，资料的收集十分重要。学生可以通过网络、书籍、报刊等，广泛收集有关商务秘书工作的案例，并分析比较，从中选取适合公司实际情况的内容，进行归类和使用。完成上述任务，最好通过以下方式进行：

（1）将班级同学分成若干小组，每个小组分别进行资料收集。

（2）举行一次资料和信息交流会，各小组互相交流自己收集的成果。

（3）对各小组收集的成果进行汇总、分析、鉴别，选择适当的内容作为培训内容，以备使用。

任务实训

刘英大学毕业后到某公司从事财务工作,一干就是三年。她敬业守职,专心干好本职工作,按时上下班,独立工作能力较强,已被领导作为业务尖子培养,两次被评为先进工作者。但她性格内向,不善交际,工作时十分专注,很少顾及其他问题,生活中得到了父母无微不至的关爱,业余时间除了看看书、写点小文章,其他事情全由母亲包办。公司领导在报刊上经常读到刘英的文章,认为她文字功夫好又积极肯干,将她调到办公室当秘书。但干秘书工作半年多,刘英感到很不适应,处处不顺手;领导和同事对她也不满意。

试分析:刘英不适应秘书工作的主要原因是什么?从秘书工作的基本特性出发,分析刘英应在哪些方面作出调适。

秘书灯塔

衣冠不整,不足以言礼。个人形象的维护是礼貌与文明的体现,反映了一个人的文化素养和社会责任感,是人际交往的基础。

任务二　认知秘书职场

任务描述

王红是某职业院校文秘专业的学生,临近毕业,她想知道一个标准的秘书应该是什么样子,秘书任职资格条件是什么。带着这些疑问,她咨询了表姐小尹。小尹是总经理秘书,她告诉王红,秘书有自己的职业标准。

任务分析

秘书作为一种社会职业,与其他社会岗位一样,有着自己的职业标准和任职资格。作为高职院校秘书专业毕业生,必须了解以下内容:

(1)秘书的任职资格与条件。

(2)秘书专业学生的就业情况。

(3)秘书专业学生求职的心理准备。

任务准备

(一)秘书的任职资格与条件

1.具有过硬的专业技能

在需方人才市场上,招聘单位对求职者的年龄、生理条件、学历、专业技能水平等硬指标的要求相当严格。对秘书来说,比较传统的三项要求是文笔、英语水平和现代办公设备操作能力,近年已逐渐变为对网络办公技术的掌握、英语水平、第二专业技能,以及对人工智能和数字化办公的深入了解,这些要求已被具体化为硬性考核指标。

2.具有良好的综合素质

秘书应把知识转化为智慧、把理论转化为方法、把观念转化为日常德行,从而展现出良好的综合素质。

3."第二专业"不可或缺

很多公司和企业对外语尤其是英语水平有较高的要求。此外,秘书还需要熟悉合同法、商法等相关知识,以应对各种商务场景。

(二)秘书专业学生的就业情况

1.秘书专业学生的就业特点

(1)多元化。当今社会分工越来越细化,秘书的门类也越来越多,除传统的秘书工作,还出现了商务秘书、私人秘书、钟点秘书等,使秘书就业呈现出多元化的特点。

(2)专业化。随着秘书职业化进程的推进,秘书职业对从业人员的专业要求也越来越高。秘书必须掌握过硬的专业本领,才能出色地完成工作。

2.秘书专业学生的就业趋势

(1)就业选择渠道更多。随着时代的发展,社会行业不断增多,各行各业对秘书类人员的需求量加大。相应地,秘书的就业选择渠道也越来越多,呈现出宽泛化的特点,秘书就业已不仅仅局限于狭义的范畴。

(2)就业能力要求更高。随着现代社会环境的变化,以及办公自动化水平的提高,领导工作内容增多,工作领域扩大,需要处理的事务日益繁杂,对秘书的专业技能和综合服务能力的要求越来越高。

(三)秘书专业学生求职的心理准备

1.树立求职意识

求职就是对自己的职业理想、自身条件有清醒的认识,对社会环境、职业环境有准确的把握,在此基础上,收集和分析秘书人才需求的信息,了解招聘者对秘书人才的要求,以最佳的状态向招聘者展现自己,争取职位。这实质上是一种观念的转变。

2.强化竞争意识

竞争是当今时代的主要特征,竞争已经渗透到社会生活的各个领域,职场竞争同样激烈异常,秘书就业市场也不例外。秘书专业学生必须做好参与竞争的心理准备:要敢于面对竞争对手,善于推销自己;要夯实自身实力,锻炼稳定的心理素质;要勇于追求成功,泰然正视失败等。

3.转变求职心态

找到专业对口、环境优越、待遇丰厚、前景广阔的单位和岗位,是每个大学生就业时的理想心态。但现实毕竟是残酷的,面对严峻的就业形势,秘书专业学生要调整好求职心态,提高自身综合素质和职业发展能力显得尤为重要。

任务提示

学生利用秘书专业知识,通过图书馆、网络等方式收集相关信息。完成上述任务,最好通过以下方式:

(1)将班级学生分成若干小组,以小组为单位,了解秘书的任职资格和条件。

(2)各小组成员必须有明确的分工,责任到人。

(3)该任务可以在机房进行。

任务实训

阅读下面一则招聘启事,可以看出现代企业对秘书的要求,作为文秘专业学生,你应该为自己的求职做哪些准备?

×××市体育局招聘文秘人员启事

因工作需要,现面向社会招聘1名工作人员(不占编),录用人员人事关系由嘉兴市新世纪人才派遣有限公司按人才派遣办理。

一、招聘岗位及人数

办公室信息宣传岗位1名。

二、招聘条件

1.35 周岁以下。

2.具有新闻、中文或相关专业全日制专科及以上学历,具有一定文字编写、编辑能力。

3.熟练运用 Word、Excel、PPT 等相关软件。

4.最好具备两年以上记者、编辑或文字编写相关工作经历。

5.能运用单反相机拍摄新闻照片,能运用后期处理软件对照片进行简单处理。

6.有创新思维和创作热情,吃苦耐劳,工作责任心强,有奉献精神和团队精神,身体健康(参照公务员体检标准)。

7.无违法违纪不良记录。

三、招聘程序

(一)报名

有意者请提交本人身份证、户口簿或户籍证明、毕业证书、学位证书等正式有效证件

(原件、复印件各一份)、近期同底两寸免冠照片两张,到报名地点报名。

报名时间:××××年××月××日—××日(双休日除外)

(二)初审

岗位招聘人数与报考人数的比例原则上不低于1:3,低于1:3的比例,取消招聘计划。

(三)组织录用考试

由×××市体育局统一组织考试及录用。

四、其他事项

招聘人员与嘉兴市新世纪人才派遣有限公司签订劳动合同,按规定缴纳基本社会保险、医疗保险、失业保险等等。

五、联系方式

联系人:×××

联系电话:××××××××

地址:×××××××

秘书灯塔

"知者顺时而谋,愚者逆理而动。""世界上唯一不变的就是变化本身。"主动适应并利用变化,而不是盲目抗拒,这样才能在变化中抓住机遇,实现个人和社会的进步。

任务三　商务秘书的一天

任务描述

××机械有限公司总经理秘书小尹对新招聘的9名商务秘书进行了为期一周的岗前培训,使新进人员对商务秘书工作有了进一步的了解。在培训结束之际,为了让新进人员了解一天中商务秘书具体要完成的工作内容,小尹决定开展一次关于"商务秘书的一天"的专题讨论。

任务分析

要想做好这一次讨论,首先必须了解商务秘书一天中在工作时间之内的工作内容,以及工作时间之外的工作内容。

任务准备

(一)工作时间之内

1.整理办公场所

商务秘书上班的第一件事情就是整理办公场所,为领导、为自己创造一个优美的办公环境。优美的办公环境不仅能提高办公效率,而且可以提升组织和领导的形象。

当然,不是说单位的每一个角落都归商务秘书整理,商务秘书负责整理的办公区域有个人办公区、领导办公区、公共办公区三个区域。

2.汇报工作安排

商务秘书的一项重要工作是帮助领导管理时间,具体到每一天就是根据需要安排领导的日程,使领导的工作紧张有序。每天一上班,商务秘书就必须提醒自己的领导,今天有哪些工作安排。

同时,商务秘书经常会遇到超越自己职权范围的事情,可以利用汇报工作的时机适时请示领导。总之,商务秘书要养成多请示的职业习惯,学会请示的艺术。

3.处理日常事务

商务秘书的日常工作多而繁杂,主要包括应答电话、接待客人、收发文件、管理邮件、撰写文稿,以及领导交办的临时性事务等。

(二)工作时间之外

事实上,商务秘书的一天不仅仅局限于正常的工作时间段。商务秘书的工作特点决定了商务秘书的一天具有前引性和后续性,其工作时间之外也往往是"分内时间"。

1.商务秘书上班之前

(1)回顾前一天的工作。哪些工作尚未完成;哪些工作已经完成但还不够满意;哪些工作已经完成而且比较满意。

(2)考虑今天的工作。如何承接尚未完成的重要事项;如何分步实施当日计划的紧急事项;如何顺利处理重要而不紧急的事项。

(3)修饰个人仪表。商务秘书的个人形象直接关系到组织和领导者的形象。为了给人留下美好的印象,商务秘书应在上班之前对自己的仪表略加修饰。

修饰个人仪表主要包括检查头发是否梳理、面部是否修整、指甲是否剪过、着装是否得体、领带(结)是否清洁、鞋子是否干净、化妆是否适宜、首饰是否必要等。

(4)先于他人上班。在一般情况下,商务秘书至少要比其他人提前20分钟到达办公室。提前到办公室的目的主要是整理办公室,为领导、同事和自己的工作做好准备。商务秘书到达办公室后的第一件事就是对着镜子迅速检查自己的仪容仪表,如看一下头发是否乱了、脚上的鞋子是否脏了等。

商务秘书每天上班之后,要对领导和自己的办公室进行整理。早晨整理领导的办公室时要做以下工作:打开空调,调节温度,并注意换气;擦拭写字台、衣帽架等家具上面的灰尘;给领导削好铅笔,补充好办公用品,如别针、夹子等(如果铅笔、钢笔等在笔筒里摆放不规整,应该把它们码放好,并排朝向手这边,以领导提高工作效率);注意定期给办公室的花卉浇水(如果摆放了鲜花,到一定的时候要请花木公司的人来更换)。领导进办公室后,应根据领导的习惯或爱好,给领导沏茶或泡咖啡;把当天早晨收到的报纸、杂志、信函等送给领导;确认纸篓里没有剩余的垃圾;确认钟表和日历是否指示正确。

在整理完领导的办公室之后,如果时间还有富余,商务秘书可以放松一下自己的心情,坐在办公桌前喝点咖啡或茶,顺便上网浏览一下新闻或看看报纸。除了时政要闻,商务秘书还要多关心本行业的新闻。此外,商务秘书还应检查一下有没有昨天自己下班后送来的文件,再在头脑中确认领导今天的日程安排。

2.商务秘书下班之后

(1)工作加班。一个好的商务秘书应该做到每天无未尽事宜,日事日清,除非临近下班时的突发事宜。下班后的未尽事宜应按照轻重缓急分别处理,一般分为四类,即紧急重要、紧急不重要、重要不紧急、不紧急不重要。紧急事情不管是重要或不重要都得马上做,这样就得加班了,不紧急的事可以拟订计划于第二天一早先处理重要的,再处理不重要的。

商务秘书下班后除了要加班完成未尽事宜或处理突发事件,还要对第二天的工作有一个初步的安排;加班完毕,要检查一下办公室水电是否关闭,门窗是否锁好。

(2)社交应酬。因工作需要,商务秘书下班后有时会跟随领导、同事参加应酬。商务秘书参加应酬时需要做好以下工作:

①提前安排车辆。领导动身之前,商务秘书要先通知司机,请司机在指定的地点等候,以保证领导准时参加应酬活动。

②及时进行联络。无论领导于何时、何地与何人交往,商务秘书均应及时与对方取得联系。如果需要多位领导参加,商务秘书要逐一通知,以做到万无一失。

③注重修饰仪表。在领导动身前,商务秘书要利用有限的空间、时间,对自己的头发、面部、着装等略加修饰。

④负责领导的安全。一般企业领导外出参加社交活动,无警卫、保安人员随行,此时商务秘书兼有负责其人身安全的义务,须警惕意外情况的发生。

任务提示

要完成任务,资料的收集十分重要。学生可以通过网络、书籍、报刊等,或通过对企业一线秘书进行走访,广泛收集有关商务秘书工作的案例,并分析比较,对收集的内容进行整理和归类。完成上述任务,最好通过如下方式进行:

(1)将班级同学分成若干小组,每个小组分别进行资料收集。

(2)举行一次资料和信息交流会,各小组互相交流自己收集的成果。

(3)对各小组收集的成果进行汇总、分析、鉴别,选择适当的内容作为培训内容,以备使用。

任务实训

（1）一般情况下，双休日和节假日应由秘书自行支配，可是在秘书界有这样一种说法：秘书无休息日。双休日和节假日加班对秘书来说是常事，有人说这侵害了秘书的权利，违反了有关法律，你如何看待这个问题？谈谈你的想法。

（2）有人这样描述秘书的一天："打不完的电话，磨不完的嘴皮，写不完的文章，跑不完的腿……"对这样的描述你有何感想？

秘书灯塔

"时间就像海绵里的水，只要愿挤，总还是有的。"鲁迅先生的这句话强调了时间管理与珍惜时间的重要性。 我们要善于利用零散的时间，即使在忙碌中也要努力挤出时间，用于学习和提升自我。

项目三
商务秘书职业生涯设计

知识目标：

- 掌握职业生涯规划书的内容、格式和撰写方法。
- 掌握拟写个人简历的方法。
- 掌握拟写自荐信的方法。
- 掌握职场面试的方法。

能力目标：

- 能够撰写职业生涯规划书。
- 能够拟写个人简历。
- 能够拟写自荐信。
- 能够模拟职场面试。

素质目标：

- 养成良好的求职心态，培养自我提升与持续学习的意识。
- 养成良好的职业道德与社会责任感。

任务一　商务秘书职业生涯规划

任务描述

　　最近一段时间,××机械有限公司行政办公室秘书有点困惑,自己在公司工作3年了,一直是做行政办公室的秘书,做的全是辅助性的工作。难道一辈子就要这样吗?她很困惑,也很迷茫……

任务分析

　　和社会上其他职业的工作人员一样,商务秘书也需要进行职业规划。商务秘书职业生涯规划主要包括以下内容:

　　(1)商务秘书职业生涯规划的含义。

　　(2)商务秘书职业生涯规划的作用。

　　(3)商务秘书职业生涯规划的步骤。

　　(4)商务秘书职业生涯的评价。

任务准备

(一)商务秘书职业生涯规划的含义

　　商务秘书职业生涯规划是指商务秘书结合自身情况及眼前的机遇和制约因素,确立职业目标,选择职业道路,制订发展计划、教育计划等,并为实现职业生涯目标而制订的行动方向、行动时间和行动方案。

　　商务秘书在进行职业生涯规划时,首先要了解职业锚的概念。职业锚是美国著名职业指导专家埃德加·施恩(Edgar Schein)教授提出的,是指当一个人不得不作出选择的时候,他无论如何都不会放弃的职业中的那种至关重要的东西或价值观,实际上是人们选择和发展自己的职业时所围绕的中心。所以,商务秘书在制订自己的职业生涯规划或在寻找工作或准备跳槽时,一定要了解自己的职业锚是什么。

(二)商务秘书职业生涯规划的作用

　　商务秘书职业生涯规划对秘书职业的发展有着重要的作用,可以归纳为以下几点:

　　(1)以既有的成就为基础,确立人生的方向,提供奋斗的策略。

　　(2)突破并塑造全新充实的自我。

　　(3)准确评价个人的特点和强项。

　　(4)评估个人目标和现状的差距。

(5)准确定位职业方向。

(6)重新认识自身的价值并使其增值。

(7)发现新的职业机遇。

(8)增强职业竞争力。

(9)将个人、事业与家庭联系起来。

(三)商务秘书职业生涯规划的步骤

商务秘书职业生涯规划在设计过程中因人、因时、因环境不同而不同,在实施中也在不断修正和调整。但商务秘书职业生涯规划设计和实施中也存在着共性,一般要经历以下步骤:自我分析与环境分析、选择职业生涯目标和职业生涯路线、制订行动计划和措施、评估与修订。

1.自我分析与环境分析

商务秘书进行自我分析的目的是认识自己、了解自己。自我分析包括对自己的兴趣、特长、性格、学识、技能、智商、情商、思维方式、思维方法、道德水准以及在社会中的自我定位等方面进行的分析。

环境分析也是对职业生涯机会的评估,主要是评估各种环境因素对自己的职业生涯发展的影响。环境因素分析主要包括:①组织环境;②政治环境;③社会环境;④经济环境。

秘书通过自我评分析与环境分析,可以找出自己在职业生涯中存在的问题是什么,对工作是否满意,工作环境如何,别人评价如何,发展潜力有多大,离自己的人生各阶段目标有多远。

2.选择职业生涯目标和职业生涯路线

职业生涯目标的设定,是职业生涯规划的核心。一个人事业的成败,很大程度上取决于有无正确适当的目标。其抉择是以自己的最佳才能、性格、最大兴趣、最有利的环境等信息为依据的。

在确定职业生涯目标后,就要选择向哪一路线发展。通常职业生涯路线的选择须考虑以下三个问题:①我想往哪一路线发展? ②我能往哪一路线发展? ③我可以往哪一路线发展? 如果组织内部仍有发展空间,也可实现自己的近期目标,应考虑内部发展。

秘书职业生涯发展基本有三个方向:①纵向发展,即职务等级由低级到高级的提升,如从人力资源部秘书晋升为主管;②横向发展,指在同一层次不同职务之间的调动,如从人力资源部秘书调至企划部秘书;③向核心方向发展,虽然职务没有晋升,但是担负了更多的责任,有了更多的机会参加组织的各种决策活动,从部门秘书调至总裁办秘书。以上这几种都是个人发展的机会。

在正确、客观评价自己和组织的前提下,如组织内部没有发展空间,目前的环境束缚了自己的发展,不利于自身目标的实现,可考虑立即离开该组织,另谋职位。这里可以利用一些工具进行测试,如职业满意度调查问卷等。

3.制订行动计划和措施

这里所指的行动,是指落实目标的具体措施,主要包括工作、训练、教育、轮岗等。

秘书不论选择了什么职业生涯目标和职业生涯路线,都必须制订行动计划和措施,以实现自己的职业目标。例如,在工作方面,采取什么措施提高工作效率;在业务素质方面,计划学习哪些知识、掌握哪些技能、提高哪些业务能力、参加哪些专业技能比赛、考取哪些与专业相关的职业技能等级证;在潜能开发方面,采取什么措施开发潜能等,都要有具体的计划和措施,并且这些计划要特别具体,以便于定时检查。

4.评估与修订

俗话说:"计划赶不上变化。"要使职业生涯规划行之有效,就需不断地对职业生涯规划进行评估与修订。评估与修订的内容包括:职业的重新选择、职业生涯路线的选择、人生目标的修正、行动计划和措施的变更等。所以,职业生涯规划不是一成不变的,必须在一定时期内回过头来进行评估与修订。

总的来说,商务秘书职业生涯规划因人而异,关键是有职业目标,制订周密的行动计划,再不断地评估和修订。整个过程要有具体的实施方案,也可通过表 3.1 对自己的职业生涯进行规划。

表 3.1　商务秘书职业生涯规划方案

分析基准	1.我的人生价值是什么? 2.环境是否有利于我的成长? 3.成长的最大障碍在哪里? 4.我现有的技能和条件有哪些?
目标与标准	1.我处于商务秘书职业生涯的哪一阶段? 这一阶段的特点是什么? 2.可行的生涯方向是什么? 为什么这个目标对我而言是最可能的目标? 3.如何判断自己成功实现了职业生涯目标?
生涯策略	1.职业生涯发展内部路线与外部路线是什么? 2.如何进行相应的角色转换? 3.如何进行相应的能力转换? 4.对我而言,还有什么不能解决的问题呢?
生涯行动计划	1.是否将行动计划按长期计划、年度计划、月计划、周计划、日计划进行分解? 2.我将分别在何时进行上述每项行动计划? 3.有哪些人将会／应当加入此行动计划?
生涯考核	1.你哪些方面做得好,哪些方面做得不好? 2.你还需要什么? 是需要学习,需要扩大权力,还是需要增加经验? 3.怎样应用你的培训成果? 你拥有什么资源? 4.你现在应该停止做什么,开始干什么,培训和准备的时间如何安排?
生涯修订	1.职业的重新选择; 2.职业生涯路线的重新选择; 3.职业生涯目标的修正; 4.行动计划和措施的变更等。

(四)商务秘书职业生涯的评价

商务秘书在选择职业或对职业生涯进行再评价时,应客观地评估自己的性格取向与职业的匹配度,才能够正确地做进一步的决策。

职业指导专家约翰·霍兰德(John Holland)指出决定个人选择何种职业有六种基本的"人格性向"(实际上每个人不是只包含有一种职业性向,而是可能有几种职业性向的混合)。这种性向越相似,一个人在选择职业时面临的内在冲突和犹豫就越少(表3.2、表3.3)。

表3.2 职业生涯性向的全面评价

实际性向	具有这种性向的人会被吸引从事那些包含着体力活动并且需要一定技巧、力量和协调的职业,如森林工人、运动员等。
调研性向	具有这种性向的人会被吸引从事那些包含着较多认知活动的职业,而不是主要以感知活动为主的职业,如生物学家、大学教授等。
社会性向	具有这种性向的人会被吸引从事那些包含着大量人际交往活动的职业,而不是那些有大量智力活动或体力活动的职业,如心理医生、外交人员等。
常规性向	具有这种性向的人会被吸引从事那些包含着大量结构性和规则性的职业,如会计、银行职员等。
企业性向	具有这种性向的人会被吸引从事那些包含着大量以影响他人为目的的语言活动的职业,如管理人员、律师等。
艺术性向	具有这种性向的人会被吸引从事那些包含着大量自我表现、艺术创造、情感表达和个性化的职业,如艺术家、广告创意人员等。

表3.3 职业生涯成功的主要评价指标

评价方式	评价者	评价内容	评价标准
自我评价	本人	1.自己的才能是否充分施展; 2.对自己在企业发展、社会进步中所作的贡献是否满意; 3.对自己的职称、职务、工资待遇等方面的变化是否满意; 4.对处理职业生涯发展与其他人生活动的关系的结果是否满意。	根据个人的价值观念及个人的知识、水平、能力。
家庭评价	父母、配偶、子女等家庭成员	1.是否能够理解和肯定; 2.是否能够给予支持和帮助。	根据家庭文化。
企业评价	上级、平级、下级	1.是否有下级、平级同事的赞赏; 2.是否有上级的肯定和表彰; 3.是否有职称、职务的晋升或相同职务职责权利范围的扩大; 4.是否有工资待遇的提高。	根据企业文化及其总体经营结果。
社会评价	社会舆论、社会组织	1.是否有社会舆论的支持和好评; 2.是否有社会组织的承认和奖励。	根据社会文明程度、社会历史进程。

任务提示

学生利用秘书专业知识,通过图书馆、网络等方式收集相关信息。完成上述任务,最好通过以下方式进行:

(1)将班级学生分成若干小组,以小组为单位,进行职业生涯规划。

(2)各小组成员必须有明确的分工,责任到人。

(3)该任务可以在机房进行。

(4)各小组选出一名代表,演示自己制作的"职业生涯规划"的多媒体课件。

(5)指导教师最后进行点评。

任务实训

结合你自己的实际情况和所学的专业,制作自己的职业生涯规划书。

秘书灯塔

明确的目标是梦想与现实之间的桥梁。一个具体且可达成的职业规划,如同连接梦想与现实的坚固桥梁,可以帮助我们跨越障碍,将理想转化为实际行动和成果。文秘类专业学生要积极参加专业技能大赛,努力获取相关职业技能等级认定证书或专业证书。

任务二　拟写个人简历

任务描述

××机械有限公司和南京××职业技术学院签订了校企合作协议。这天,吴总经理和南京××职业技术学院的王院长进行会谈。会谈后,吴总经理给秘书小尹布置了一个任务:为南京××职业技术学院的应届大学毕业生作一次讲座,告诉他们如何拟写个人简历。

任务分析

个人简历是求职者将自己与所申请职位紧密相关的经历、经验、技能、成果等个人信息,经过分析整理并清晰简要地向招聘者表述出来的书面求职资料,也称求职简历。撰写和递交个人简历是求职过程中极为关键的一环。

在拟写个人简历时,求职者应注意以下内容:

(1)简历的形式。

(2)简历的内容。

任务准备

(一)简历的形式

通常流行的简历的形式有以下四种。

1.自传型简历

这是一种按年代顺序、组织工作经历排列的传统风格的简历形式,给出以前工作的每一个细节。这种简历很大众化,不适合找第一份工作或想改变原有职业的人,也不适合工作有间断及经常跳槽的人。

(1)写作中要考虑:①至少列出过去的三个职位。②对于每一个职位,你最重要的成就是什么? ③这些成就的关键点是什么? ④职位和成就的细节必须清楚,容易阅读。

(2)写作要点:①从最近或现在的工作开始。②仅仅写主要的、突出的工作。③写经验和技能的发展。④写实现的成果和成就。⑤写能够帮助你推销自己的事实。⑥瞄准目标职位,强调你过去的工作是和它相关的。⑦展示你的职位和头衔。⑧简朴清晰,用词准确。

2.功能型简历

这是一种围绕求职者最相关和最值得推销的技巧而设计的简历形式,突出表现求职者能干什么,而不是在什么时间干什么。这种简历不适合技能和经验较少或想要强调工作经历的人,也不适合目标职位和过去经历是同一领域的人。

(1)写作中要考虑:①什么是你的专业技能和经验?②最近十年你做过什么? ③你的什么技能得到了提高? ④你取得的最重要的成就是什么?

(2)写作要点:①最好不要超过六个方面的经验或技能。②每一个经验或技能下不要超过六个成就。③按照对目标职位的重要性顺序排列,最重要和最相关的放在前面。④经验或技能的选择应当与关键卖点相关,时刻瞄准关键卖点。⑤可以包含主要经验和关键技能的细节。⑥强调与目标工作相关的成果。⑦关注最近几年的工作,淡化十年前的工作。

3.目标型简历

这是一种按照求职者心中清晰的职位目标的需要来组织内容的简历形式,重点描述求职者达到的成就,充分满足所申请职位的需要。这种简历不适合工作目标不清晰、经验和能力不确定的人,也不适合只想用一份简历对付所有申请的人。它强调针对不同雇主的不同需要创建不同的简历。

(1)写作中要考虑:①为什么要选择这样的工作目标?②在这个领域里你有什么样的优势? ③你的经验对工作目标有多大的帮助和补充? ④该领域的人才竞争状况怎样?

(2)写作要点:①目标明确具体。②关注相关联的职位。③突出你的卖点,并确认这对目标职位来说是关键技能。④重视可转移的技能,丰富和完善你的能力,使你更具竞争力。⑤突出你在该领域中取得的成就。⑥表述重点和招聘单位的要求相吻合,投其所好。

4.自荐型简历

这是一种用于求职者希望得到组织内部的某个空缺的职位时常常使用的简历形式,与目标型简历相似。这种简历不适合对内部需要不清楚的人,也不适合能力和技术不是出类拔萃的人,或没有足够的本组织工作经验的人。

(1)写作中要考虑:①你为什么要改变工作目标? ②你有何优势? 在该位置上能作出什么贡献? ③你的竞争对手有什么优势? 你该如何扬长避短? ④现在的位置和新的工作目标之间的关联,有什么可转移的技能? ⑤你的改变会不会给组织带来损失? 如何弥补? 有无好的建议给现任的雇主?

(2)写作要点:①强调改变工作目标给公司和个人带来的实际好处。②与现任和过去的雇主进行沟通,获得他们的支持。

(二)简历的基本内容

简历的基本内容一般可划分为以下七大板块。

1.个人基本状况

在"个人基本状况"栏目下,一般包括:

(1)最重要信息:姓名、联系电话、通信地址、邮政编码和电子邮箱。

(2)次重要信息:职称、职务、年龄或出生年月。

(3)不重要信息:性别、婚姻状况、国籍或出生地、现工作单位。

在这部分,除非特别需要,对于不重要的信息应当避免在简历中提供。

2.自我描述

自我描述是给招聘者一个关于你的概述,强调你的主要经历和能力,展示你的卖点,刺激招聘者产生详细了解你的欲望。自我描述通常放在简历的开头,以"你是什么"开头,紧接着简洁地阐明你的关键卖点,一般不应超过三句话。

3.教育背景

在"教育背景"栏目下,通常列出:

(1)高等教育。

(2)普通中等教育。

(3)专业培训课程。

(4)其他相关的培训和短期课程。

在这部分,应强调高等教育,强调最相关的文凭和资质,按水平高低顺序排列,应该展示与申请职位相关的培训,但是要慎重使用部分敏感的培训课程,且不要罗列太多的培训课程。

4.工作经历

在"工作经历"栏目下,应当展示:

(1)在工作中你值得骄傲的事(你完成的任务)。

(2)使客户感到满意的工作(内部或外部)。

(3)帮助增加组织效益或改善服务、提高效率的工作。

(4)你在这些工作中的角色、任务和贡献。

在这部分,不要把工作经历写成流水账,不要只写职位和工作职责,也不要使用第一人称。

5. 取得成就

取得的成就是指通过努力工作而得到的有效成果,不要将"成就"写成"活动",活动是你做了什么,成就是活动产生的效果。简历中展示的成就,应当符合招聘者的目标和要求,应当是一个有效的成果,不仅要告诉招聘者"你有能力",还要让招聘者能够评估你的能力。成就的写作公式:

(1)使用特殊技术和个人特征。

(2)一个特别的行动。

(3)得到一个可以量化和可以测定的结果或利益。

6. 兴趣和爱好

兴趣和爱好不是简历的重要部分,只是通过它给招聘者一个印象:你是一个真实的人! 当然,技术处理可以让兴趣和爱好产生有益的暗示。

7. 其他信息

这里主要展示你的其他"卖点",如:

(1)语言能力。

(2)计算机硬件或软件技术能力。

(3)发表的文章或出版的书籍。

(4)获奖项目。

(5)其他有用的信息。

任务提示

学生利用秘书专业知识,通过图书馆、网络等方式收集相关信息。完成上述任务,最好通过以下方式进行:

(1)请每位同学在计算机上完成拟写个人简历的演练。

(2)该任务可以在文秘专业实训室或机房进行。

任务实训

请阅读近期报刊上的招聘启事,结合所学的专业情况和个人实际,选择某份招聘启事中的某一职位,拟写一份个人简历,并打印出来。

秘书灯塔

大学期间，每一天都是宝贵的。如果没有继续升学的机会和打算，那么这将是你人生中能全力以赴、不被外界事务干扰的最宝贵的最后的求学生涯。一份优秀的简历，不是堆砌华丽的辞藻，也不仅仅是追求结构的完美和合理，更重要的是，它应体现你这些年学习生活的积淀，你的每一分努力都在给你的简历增值。因为，你走过的每一步，都算数。

任务三　拟写自荐信

任务描述

××机械有限公司和南京××职业技术学院签订了校企合作协议。这天，吴总经理和南京××职业技术学院的王院长进行会谈。会谈后，吴总经理给秘书小尹布置了一个任务：为南京××职业技术学院的应届毕业生作一次讲座，告诉他们如何拟写自荐信。

任务分析

自荐信是求职者根据自己的条件和意向，通过自我推荐的方式向可能聘用自己的目标单位展示自我，以谋求理想职位的专用文书，也称求职自荐信。自荐信与应聘信同属求职文书的具体类型，二者既有相同之处，也有不同之处。

在拟写自荐信时，求职者应注意从以下结构入手：

（1）称谓。

（2）正文。

（3）结语。

（4）落款。

（5）附项。

任务准备

（一）称谓

在第一行顶格书写受信者的名称。受信者可以是求职者心目中的目标单位人事部门，也可以是目标单位的高层领导。由于求职者可能同时向多家目标单位寄送内容相同的自荐信，所以称谓一般采用如"尊敬的领导"之类的泛称较好。称谓后加冒号。

(二)正文

在称谓之下另起一行,段首空两格开始书写,一般由写信目的、个人信息、自荐条件、已有成就和自荐期待等内容构成。

(1)写信目的。表达自己想谋求某种或某类职位以期有所发展的心情。

(2)个人信息。可以写进去的信息包括:姓名、性别、年龄、籍贯、民族、婚姻状况、政治面貌、教育程度、专业方向、职业范围、技术职称等。要根据具体情况选择个人信息,最好选择对求职有利的内容,而且要力求简洁。

(3)自荐条件。一般包含两个方面:一方面是"硬件"条件,如基本技能指标、进修培训情况等,具体可包括计算机操作能力、外语水平、写作能力及相关考核证明等;另一方面是"软件"条件,如对自己的自我认识、自我评价等,具体包括是否具备组织能力、协调能力、合作精神、吃苦精神等。

(4)已有成就。用列出真实的事实或数据的方式来说明和验证前面所述的素质与能力,这对于一个有着丰富职业经历并有所成就的求职者来说是必须充分利用好的自荐条件。当然,在具体表述时要注意把握好成就事实的详略程度,尤其不能涉及离职单位的忌讳之事。

(5)自荐期待。表达自己期待目标单位能够给予回复、面谈或面试等机会的心情。

(三)结语

在正文之下书写"此致,敬礼"等祝颂语,如在正文之下另起一行空两格书写"此致",再另起一行顶格书写"敬礼",后面不加标点符号,也可以写一句对受信者表达祝愿的完整的话,后面加句号或感叹号。

(四)落款

在结语的右下方署上求职者的姓名,后面可以加上"敬上"等敬语。在署名的下方写上写信的准确日期。

(五)附项

一般在信后附上求职者的联系地址、邮政编码、联系电话、电子邮箱等信息。这些信息也可以写在正文结尾处。

以下为自荐信范例。

自荐信

尊敬的领导:

    您好!

    我是一名即将毕业的××大学本科生,非常高兴在广州人才网和我们的校园网站上看到中国移动广东分公司的招聘信息,特别是看到广州分公司和中山分公司都在其中,如果能在自己的家乡加入中国移动,对我这个喜爱中国移动、喜爱广州的人来说是绝妙的。

    但是您一定有疑虑,因为我这个学旅游酒店管理的人却想应聘市场营销!关于这个

问题,我想进行如下说明:

第一,在学科知识上,我并不逊于市场营销专业的学生。我们的专业除了学习市场营销的一系列课程,还专注于消费者心理的研究,正如中国移动的广告词所说"沟通从心开始",把握消费者心理对于营销策划更为重要。另外,我还广泛阅读了从《定位》到《忠诚的价值》等众多营销论著。

第二,市场营销中许多具有艺术性、技巧性和因地制宜的东西,都不是可以从书上学到的。大卫·奥格威在成为广告教父之前是一个被牛津大学退学的郁闷厨子,策划狂人史玉柱也不过是一个整天计算数学方程式的"四眼"学生。在这点上,我已经证明了我的天赋,我的营销案例分析课程是全院最高分95分,而且从简历中您能够看到,我曾经成功地参与了企业的策划活动。

在广东移动的业务当中,我很中意12580移动秘书服务,我觉得这是非常好的增值服务,工作人士以及像我们这样正在找工作的大学生就非常需要此项服务。最关键的问题是如何将这项服务推广给顾客! 假如我有幸能够加入移动,我会采取以下的方法来推广:

一、在大学校园设立咨询台进行推广。我们可以联系学校的就业指导中心,强调我们这项服务可以帮助大学生不错过任何一家企业的面试通知,那么学校很可能会免费提供场地让我们做宣传。

二、免操作为顾客提供半个月的12580移动秘书服务。所谓免操作,是指顾客不需要到营业厅办理,不需要自己打1860开通,也不需要设立密码,一切都和短信一样,是自行开通的! 顾客对于任何一项服务都是非常怕麻烦的,所以我们要把服务做到"0"麻烦! 当顾客已经习惯这项服务时,我们就可以要求顾客打电话开通此项业务了!

当然,目前我对于移动的业务完全是门外汉,您可能会对我的幼稚哑然失笑,不过,我只是想让您了解我对营销业务的热情和喜爱! 同时,我相信自己能够为广东移动的壮大添砖加瓦,和全球通的新广告词一样"我能"!

感谢您的阅读,衷心期待您的回复。 同时祝您身体健康,一切顺意!

××大学××(亲笔签名)

××××年××月××日

任务提示

学生利用秘书专业知识,通过图书馆、网络等方式收集相关信息。完成上述任务,最好通过以下方式进行:

(1)请每位同学进行拟写自荐信的演练。

(2)该任务可以在文秘专业实训室进行。

任务实训

根据自己所学专业的培养目标、社会对该专业的要求及自己的专长，考察和收集你周围单位的用人信息，试着为自己拟写一份自荐信。

秘书灯塔

机会总是垂青于那些敢于自荐、勇于展现自我价值的人。

任务四　模拟职场面试

任务描述

××机械有限公司和南京××职业技术学院签订了校企合作协议。这天，吴总经理会晤了南京××职业技术学院的王院长。会晤后，王院长说，学生们想了解一下职场面试的全过程和注意事项，希望公司的专家能够开一个讲座，模拟一下面试。最后，吴总经理把这个任务交给了秘书小尹。

任务分析

面试是求职过程中的主要环节，应该引起重视。求职者应从以下方面入手，准备面试：

（1）面试前的准备。

（2）注意面试礼仪。

（3）面试时的应对。

（4）面试结束后的表现。

任务准备

（一）面试前的准备

面试前要先预想主考官会提出的问题，并做好准备，谨慎而有条理地回答。事先有准备的人，表情和肢体语言比较笃定从容，且具备较好的回应能力。由于大学毕业生缺乏面试经验，可事先找朋友练习面试技巧。面试时最好提前10分钟到达，先去洗手间放松一下，整理一下思路，还可以检查一下自己的仪容，如整理一下发型，女士还可趁机补补妆。

(二)面试时的礼仪

面试务必要准时,一进公司就是面试的开始,对人要客气有礼,秘书或接待人员都可能影响你是否能得到这份工作。面试前应关掉手机,若当着主考官的面关掉,更可显出你的诚恳。注意自己的坐姿,控制不该有的小动作。与主考官保持视线的接触,但不要紧盯着对方的眼睛,切勿乱瞟乱看。

(三)面试时的应对

面试时应仔细聆听对方的问题,审慎回答,不要太简略,切忌只回答是的、好的、对的、没问题等无法使内容更生动的字句,要完整并举实例说明,但要避免冗长。若对应聘公司不了解,不妨坦诚相告,以免说错而得不偿失。

当对方问你能为公司做什么时,若无法马上回答,可先请对方这份工作最重要的内容是什么,然后针对这些部分来回答。

当对方问及你的专长时,别忘了针对专业特性来回答,对自己的能力和专长不需刻意强调,但也不必太过谦让。

当主试者提及你是否有问题时,一定要把握机会发问,以表现自己对这份工作的强烈兴趣,但要就工作内容、人事规章等范围发问,不要离题太远。

(四)面试结束后的表现

无论面试结束时说些什么,都要表现出坚定的信心,给主试者一个深刻的印象。离开前应谢谢主试者给你面谈的机会。若面试时间较长,在面试结束时,你可以赞扬主试者在面试过程中发表的使你获益的特殊观点,之后还可寄一张感谢卡,以加深对方对你的印象。

若你认为这份工作不适合你,可打电话或写一封措辞客气、亲切的信,告诉对方原因,切忌从此人间蒸发。

任务提示

学生利用秘书专业知识,通过图书馆、网络等方式收集相关信息。完成上述任务,最好通过以下方式进行:

(1)将班级学生分成若干小组,以小组为单位,进行模拟职场面试的演练。

(2)各小组成员必须有明确的分工,责任到人。

(3)该任务可以在文秘专业实训室进行。

任务实训

请将班内同学分成若干组,策划并组织一次模拟职场面试大赛。

秘书灯塔

知己知彼，百战不殆。面试之道，亦在于此。

模块二　办公室日常事务管理

项目四
办公室环境管理

知识目标：

- 掌握办公室布局的类型。
- 掌握办公室布局的程序。
- 掌握办公室装饰的内容。

能力目标：

- 能够合理选择办公室布局的类型。
- 能够对办公室进行合理布局布置。
- 能够有效地装饰办公室。

素质目标：

- 培养绿色、节约、合理优化办公室环境的素养。
- 培养尽职尽责安排办公室值班工作的素养。
- 培养灵活应变和处理突发情况的素养。

办公室布局

任务描述

　　江苏××人工智能科技有限公司是一家中外合资企业,其业务范围主要是人工智能产品的生产与销售。公司资产雄厚,有员工近2 000人,高科技人员和高层管理人员云集。随着公司业务的不断拓展,公司总经理吴宝华决定在上海投资创办一家销售分公司。上海销售分公司设产品展厅和办公区,其中办公区包括经理办公室、接待区、市场部、财务部、技术咨询部等。公司面临两个选择:一是租用某写字楼一楼的大厅,占地面积为400平方米;二是租用一楼二楼相结合的复式写字楼,占地面积600平方米。

　　一天,公司副总经理兼行政部经理吴良荣把秘书小尹叫到办公室,让小尹对上海销售分公司的办公室的选择与布局提出一些建议。

任务分析

　　办公室是秘书和其他公司成员的工作室,也是企业的"窗口"。办公室布局是否合理,直接影响员工的工作效率。对办公室进行合理布局,应包括以下内容:

　　(1)遵循办公室环境维护与管理的原则。

　　(2)充分考虑公司业务性质,合理选择办公室布局的类型。

　　(3)设计办公室布局的工作程序。

任务准备

(一)办公室环境维护与管理的原则

　　办公室的环境一般包括软环境和硬环境。软环境主要是指人际关系、工作氛围以及公司文化等,硬环境一般包括空气、光线以及声音等。办公室环境维护与管理应遵循以下原则。

1.舒适

　　对于一个办公室来说,不论是装潢,还是摆设,都应以舒适为准。首先,光线、色彩、温度、噪声等对员工的情绪都会有不同程度的影响,所以,秘书在设计办公室布局时应特别注意这些因素。其次,整洁有序的环境有助于营造舒适的氛围,提高员工的工作效率。因此,不论是办公室、办公桌,还是抽屉、文件柜等,都不要放置与办公无关的东西,且办公文具的摆放要井然有序。

2.和谐

　　一个和谐的办公环境,能激发员工的团队精神。因此,在维护和管理办公环境时,要注意和谐性,如办公室的办公桌椅、文件柜等的大小、格式、颜色要尽可能统一。这不但可以增强办公室的美观效果,而且可以强化成员之间的平等观念,创造和谐的人际关系。

3.实用

实用原则指办公室布局应该力求方便,争取时效,如相同或相关的部门应尽可能安排在相邻的地点,以避免不必要的穿插和迂回,方便办公室成员工作的密切联系和同步进行。

4.安全

确保公司的财物安全是秘书的重要职责之一,也是维护和管理办公环境不可忽略的一个原则。布置办公室时要留意附近的环境和办公室所存放财物的安全,如保险柜是否安全、档案柜是否安全等,谨防被盗、失密、泄密等。

(二)办公室布局的类型

选择合适的办公室布局类型,有利于形成有效率的工作流程,有利于员工的工作分配,有利于协调人际关系,有利于工作顺利完成。办公室布局一般分为开放式布局、封闭式布局和混合式布局三大类,每一种布局均有其特点和优缺点。

1.开放式布局

开放式布局的办公室由一块大而连续的空间组成。这个空间里包含众多单个工作位置(或称办公室子系统),每一个工作位置都包括该员工的办公桌、文件、文具、椅子、电话、计算机等设备的存放空间。在开放式布局的办公室里,所有办公桌和其他办公家具、办公设备都应当排列整齐,并尽可能朝着同一方向。

(1)开放式布局的特点:

①开放式布局的办公室不设立个人专用办公室。开放式布局的办公室通常通过可移动物品,如办公桌椅、活动屏风、档案柜等来分隔各个工作空间,但一般不改变固定设施,如电灯、暖气、隔墙及地面覆盖物等的位置。

②开放式办公室以信息流和工作运转的自然路线为依据进行布局,一般不考虑窗户或其他常规结构的限制。此外,在开放式布局的办公室里不设传统的领导座位,工作人员的地位级别不由办公位置确定,而由其承担的任务确定。较高级的行政人员可以有较大的办公场所,或者不同颜色、不同形状的办公桌,除此之外,几乎没有可以看得见的等级标志。

(2)开放式布局的优点:

①使用开放式布局可以节约建筑成本,提高空间利用率,提高重新布局的灵活性。

②使用开放式布局可以加强公司成员之间的沟通和交流。

③开放式布局还实现了集中化服务及办公设备共享,降低了工作成本,提高了工作效率。

(3)开放式布局的缺点:

①员工既没有单独办公的空间,也没有私人空间,使某些员工感到自己总是处于某人的监控之下。

②员工难以集中注意力,易受噪声影响。外界环境的干扰,如不断响起的电话、来回

走动的声响、隔壁员工的谈话、机器设备工作时的喧闹等,都会使某些员工无法集中精力工作。

③难以保密。开放式布局不利于保密性工作的开展。

2.封闭式布局

封闭式布局又称传统办公室布局、网格式办公室布局,是指按照办公职能设置将办公空间分隔成若干带有门、窗的独立小房间的办公室结构。每个房间给一个或几个人使用,带有办公桌等相应设备。封闭式布局的设计原则主要考虑常规办公室业务活动的各种因素,如业务特点、职能、设备、空间等因素的稳定性,相关业务处理的连续性和系统性。

(1)封闭式布局的优点:

①与开放式布局相比,封闭式布局相对来说比较安全,也易于员工集中注意力专心工作。

②封闭式布局中带有门、窗的独立小房间结构,保护了员工的隐私,也保证了某些工作的秘密性。例如,计算机程序员的工作由于需要集中注意力而应在封闭式办公室内进行;人事部门的某些员工由于要对求职者进行面试,也需要在封闭式办公室内进行。

(2)封闭式布局的缺点:

①建筑成本比较高,隔墙、门、走廊等,既占用了空间,也提高了装修成本。

②封闭性的环境使管理层难以监督员工的活动,也影响了公司成员之间的沟通和交流,不利于形成融洽的工作氛围。

3.混合式布局

混合式布局是将开放式布局和封闭式布局相结合,在办公区域内,把组织内部的各职能部门用组合式办公桌柜或其他材料隔开,组成若干个工作区域,是目前比较盛行的办公室布局。

不同的布局类型有各自的优缺点,秘书应当协助领导根据公司的定位和不同部门的业务特点、具体要求进行选择。××人工智能科技有限公司上海销售分公司应当根据各个工作部门的具体情况合理选择办公室布局类型。例如,颇具现代意识的开放式布局强调自由和自律的工作状态。这种开放式布局淡化了等级差异,有利于成员间的交流与沟通,有利于思想碰撞并产生有价值的创意,有利于建立平等宽容的工作气氛。因此,产品展厅和市场部可以采用开放式布局,用站立并能够移动的间隔物来分隔空间。然而,封闭式布局相对独立、保密、抗干扰。大量销售使财务部门的工作量很大,现金和支票的交流、保管极为重要,应该在安全和保密的封闭式办公环境中操作。技术咨询部涉及产品技术保密信息应在封闭的环境中进行。接待区和商品展示区应该在显而易见的开放区域,便于吸引客户,接待客户。经理应有专门的办公室,以便其可以集中精力处理重要问题。由此,××人工智能科技有限公司上海销售分公司可以考虑租用一楼二楼相结合的复式办公楼,采取混合式布局类型。

(三)设计办公室布局的工作程序

1.选择购买或租用的面积

面积越大,费用也越高,尤其是在一些城市的中心地带,地价非常昂贵,必须仔细斟酌。

2.选择布局类型

在充分考虑组织经营的性质、购买或租用的办公场所面积、机构的建制、部室的设置和职工的人数等因素后,秘书要协助领导合理选择办公室布局类型。

3.统筹安排各职能部门及人员的位置

首先,要了解公司设立的职能部门。一般来讲,公司会设立以下部门:行政部门、采购部门、办公室部门、生产部门、市场部门、人事部门、财务部门等。

其次,合理安排各职能部门的位置。各职能部门的场地安排应符合以下原则:经过很短的距离和很少的人手,使工作运转以不间断的方式进行。根据办公场所整体安排的原则,可以按如下方式布局:经理有专门的办公室,稍靠里面,以便其能够集中精力处理重要问题;秘书的位置在经理办公室门外一侧,起挡驾协助作用;财务室在经理室旁边,尽量靠里;接待室、会客室在靠近楼梯口的地方,方便客人进出。一般情况下,销售部位于门口附近;生产部门稍远离公共办公场所,应有专门的生产区;与公众接触比较频繁的人事部、采购部靠近接待区,或直接通向走廊,以减少穿过公开工作区的往来次数;集中服务单位,位于各部门的中心地点,使各部门均便于接触。如果是采用开放式布局的办公室,中央区域可作为市场部的业务处理区,彼此间用1米左右高度的屏风分隔,座位应统一朝向大门,或分成若干排,双向而坐。注意:凡有烦扰声音性质的工作部门,应尽量远离其他工作部门;凡互相连带而时有联系的部门,应置于邻近地点。

最后,确定每位员工的工作位置。用列表将各部门的员工及其工作分别记载下来,按员工人数及其办公所需要的空间,以及人员流通的频率进行空间划分。人数多,流通频率高,需要的空间就大。注意:力求空间与时间的经济,每人所占面积应满足其工作需要;各人的位置排列,应就工作程序顺次定之,以便就近联络。

4.选择办公家具、设备

根据实际情况对办公所需的办公桌、椅、书柜、文具、设备等进行合理选择。选择时要注意充分利用办公空间。布置办公家具、设备时,事前需有计划与计算,预定布置蓝图,按图布置,以免临时做盲目的搬动。办公室内的隔间不可太多,以免妨碍光线射入和空气的流通。办公室内桌位的排列,宜使光线由员工的左侧射入,而不宜让光线直接由对面射入。文件柜应该靠墙放置,但不得妨碍光线。各办公桌位间的往来道路,至少要有1~1.3米宽。桌与桌间的距离,应留1米左右。一切文件应置于橱柜抽屉内,以便保管。走廊、楼梯、通道的宽窄要适宜畅通,不能放置任何有碍行走的物品。在一般情况下,工作走道宽度为1.2~1.4米。

对办公室布局进行设计会极大影响员工的工作效率。科学的内部设计会带来以下好处:有效地利用办公室的空间;能灵活地重新安排工作空间;便于监督管理,提高工作质量;保证员工的舒适性和便利性;降低办公室工作的成本;更灵活地运用办公室工作资源;有助于建立各种紧密型的工作小组,培养小组成员的合作能力和群体意识,提高士气等。

任务提示

学生运用所学秘书专业知识,通过网络查询、实地考察等方式,结合实训完成上述任务。完成上述任务,最好通过以下方式进行:

(1)该任务可以在模拟办公室或实训教室中进行。如有条件,尽量制造仿真情景以供训练。

(2)实训可以分组进行。

(3)各小组成员必须有明确的分工,责任到人。

任务实训

(一)实训1:办公室布局

1.实训目标

通过实训,学生需要掌握对办公室进行合理布局的方法。

2.实训背景

××人工智能科技有限公司刚刚成立了北京销售分公司,用于公司的业务拓展。北京销售分公司包括采购部门、办公室部门、生产部门、市场部门、人事部门、财务部门、经理办公室等。现在需要对北京销售分公司的办公室进行合理布局。

3.实训内容

如果你是该公司的办公室秘书,请根据实训背景,协助领导对办公室进行合理布局。

(二)实训2:改错题

江南公司刚搬进了新的办公室,但似乎人人都在抱怨,如果你是办公室秘书,该如何应对以下这些抱怨:

(1)王先生说办公室一直不够暖和,温度只有18 ℃,电线到处交叉。

(2)档案管理员叶小姐说,她必须经常从楼的一头将所需要的很沉重的东西搬到位于楼的另一头的档案室。

(3)财务部的人说将财务部的位置安排在门口,每天人来人往,吵吵闹闹,太不安静了。

(4)大多数员工似乎都不喜欢使用新的开放式办公室,因为在这种办公室里没有个人秘密可言,而且当与海外通电话的时候,很难听得清。

(三)实训3

在秘书工作中,经常涉及环境问题,而秘书小李则认为这不过是把接待室、会客室或办公室收拾得整洁一些而已,他的这种看法对吗?请说明理由。

一屋不扫，何以扫天下。——《后汉书·陈王列传》

任务二 办公室装饰

任务描述

××人工智能科技有限公司上海销售分公司的装修已经完成，行政部经理吴良荣让尹秘书对办公室进行整体装饰，使办公室更加舒适、美观。

任务分析

办公室环境管理是秘书工作的一个重要范畴，是秘书工作辅助职能的一个主要体现。舒适、美观的办公环境会让员工心情舒畅，形成融洽的工作氛围，从而提高工作效率。为了深入贯彻习近平生态文明思想，坚持走生态优先、绿色低碳的发展道路，降低办公成本，减少环境污染，养成简约适度、绿色低碳的生活方式和办公习惯，积极倡导"绿色办公"。办公室装饰应当做到以下几点：

(1)合理选用办公家具。

(2)绿化办公环境。

(3)装饰办公室。

任务准备

每名员工都喜欢在整洁、舒适、美观的环境中工作。在内部设计完成后，要对办公室进行装饰，让办公室有一个令人愉快且富有意义的外观。

(一)办公家具的选择

办公家具的选择，除了注意实用和安全，还应尽可能选用规格、颜色、款式等和谐统一、风格一致的系列产品，以增强办公室的美观。条件允许的话，可以考虑采用办公自动化系列家具。

办公家具、办公设备、办公用品应当摆放整齐，尽量使用同一大小的办公桌，使用同一式样的档案柜、书架、文件袋等。书架上的书、报、杂志等要放置整齐，不可杂乱无章。摆放大件家具，如档案柜、书架等时，可将其背对背放置或尽量靠墙放置，充分依靠"墙体效益"。办公室地面覆盖物的颜色应与墙壁、天花板的颜色协调一致。

(二)办公室的绿化

在办公环境美化中,绿化是不可忽视的。在室内放置几盆小花草,可使人心旷神怡。

1.办公室绿化原则

办公室的室内绿化如同园林布置一样,要有一定的艺术感,给人以美的享受。办公室绿化首先要考虑比例是否适当,即办公室绿化材料的选取,必须考虑是否与室内空间的高度、宽度和其他陈设物的多少搭配恰当。

其次,要考虑色彩是否协调,即办公室绿化要考虑是否和室内的环境色彩,如墙壁、地面、桌、椅、柜的色彩等搭配协调。要注意花盆的颜色不要与办公家具的颜色雷同,如若环境是暖色调的,则应选用冷色调的花卉植物。

再次,还要考虑办公室的空间大小和采光度。空间大、采光度好的办公室宜用暖色调的花卉植物,反之,则宜用冷色调的花卉植物。此外,花卉植物的色调也应随着季节的变化而改变,其基本要求是春暖宜艳丽,夏暑要清凉,仲秋宜艳红,寒冬多青绿。

最后,办公室绿化装饰要突出中心。办公室植物的摆放一般采用点缀法,即在办公家具的旁边,或办公室临门的一旁,或进门后1米左右的墙边摆放。装饰布置时,要做到主次分明、中心突出,在同一方位的空间要有主景和配景之分。主景是装饰布置的核心,必须有艺术魅力,能吸引人。在选材上,可考虑用珍稀植物或形态优美、色彩绚丽、体形大而且有别于其他花卉的品种做主景,以突出其中心效果。

2.办公室不同空间的绿化

接待室的绿化装饰。接待室应布置以抒情为主的观赏植物,力求选取珍奇、高大或色彩绚丽的品种。如在沙发的一端,用绿萝柱等,另一端则用花架摆放一个盆景或垂式盆花,茶几上放一小盆鲜花。

领导办公室的绿化装饰。领导办公室的理想环境效果应该是宁静、宽敞、舒适的,其绿化装饰应色淡微香。色淡可营造出雅洁、宁静的环境气氛,微香有令人舒适的功能。如具体布置时,在衣帽架上可放一盆纤细的铁线蕨或悬垂的绿萝;在靠窗处,可春天放一盆含笑,夏天摆一盆茉莉,秋天置一盆米兰,冬天缀一盆水仙。这样的布置,一定会使领导倍感惬意和舒适。

会议室的绿化装饰。要根据会议内容,选择绿化装饰,并做不同的艺术处理。布置节日会场或较重要的庆典会场,应采用暖色调的花卉,以衬托出欢乐愉快的气氛。布置迎送类会场,除了考虑用色彩艳丽的多种盆花,还可用插花或花篮来表达敬意。布置较严肃的工作会场,则可选用高大挺拔的绿植品种,同时适当配置鲜花。

3.办公室绿化装饰的材料选择

室内绿化装饰的材料主要是盆景、盆栽花卉和插花。常见的盆景有树木盆景、竹草盆景、山水盆景等。盆景如果挑选合理,布置得当,与室内环境色彩和谐统一,就能达到相映生辉的效果。用于室内绿化装饰的盆栽花卉多是阴生观叶植物,因其较耐阴,喜温暖,对水肥的要求不像观果和观花植物那样严格,适合在室内较长时间摆放。常用的观叶植物有蕨类植物,天南星科、百合科植物,样式则有悬垂式、攀缘式、水养式、壁挂式等。室内绿化装饰也可利用鲜花和切叶,以不同的组合方式插花,这样既能带来和谐、舒心的

美感,又能起到点缀作用。

相反,也有一些花草并不适合在办公室摆放。如夜来香、月季、玉丁香、五色梅、洋绣球、天竺葵、紫荆花、含羞草、一品红、夹竹桃、黄杜鹃和状元红等,均会不同程度地使人产生不适感觉甚至使皮肤过敏等。

办公室摆放花木还要注意不宜放置太多,避免出现植物跟人"争氧"的情况,因为绿色植物在没有光照的情况下,吸入的是氧气,吐出的是二氧化碳,这样,久而久之就会降低空气中氧的浓度而提高二氧化碳的浓度,影响室内空气的清洁度。

(三)办公室的装饰

办公室里不宜有过多的装饰品,适当悬挂或放置一些有品位的字画和工艺品,能改变办公室单调的气氛。但要注意,过于鲜艳的廉价作品,如低劣的绘画、装饰品等,只会使办公室显得浮躁和不雅。进行办公室装饰时还要注意,应结合组织的性质,既力戒奢侈浪费,又突出本组织的特色,避免俗气。如政府机关办公室应以庄重、简洁为主;商业企业办公室则可以相对华丽些;科技企业办公室可以适当地把技术糅合进装饰里,以显示自己的技术实力。

(四)办公室的文化装饰

企业文化是激励企业全体员工奋发有为、敬业爱岗的精神信仰、理念支柱。企业文化墙具有展示企业文化、树立企业形象的作用。企业文化墙是办公室装修设计不可或缺的部分,对企业内部有增强凝聚力的作用,对外部有展现企业形象的作用。企业文化墙是办公室文化装饰的重要载体。办公室文化装饰要素见表4.1。

表4.1　办公室文化装饰要素

企业简介	经营理念	服务理念	企业价值观	发展目标	发展历程
重要活动	团队风采	荣誉	企业规定	信息栏	优秀员工

任务提示

完成上述任务,最好通过以下方式进行:
(1)准备一个模拟办公室或者教室。
(2)将班级学生分成若干小组。
(3)各小组成员充分讨论、通力合作,将办公室装饰得美观、舒适。

任务实训

1.实训目标

通过实训,学生需要掌握办公室装饰的方法。

2. 实训背景

恰逢"全国节能宣传周",××人工智能科技有限公司上海销售分公司新成立的产品推广部的员工及办公用房都已确定下来,需要你尽快装饰布置他们的办公室。

3. 实训内容

请根据实训背景,合理装饰办公室,同时设计公司文化墙。

秘书灯塔

和谐的办公室环境,是创意与效率的温床。

人创造环境,同样,环境也创造人。——马克思、恩格斯《德意志意识形态》

项目五
办公用品管理

知识目标：

- 了解常见办公用品的种类。
- 了解办公用品的采购程序、保管方式。
- 了解办公用品的管理要求。

能力目标：

- 能够有效管理办公用品。
- 能够正确填写办公用品申购表、库存控制卡。
- 能够正确填写办公用品领用申请表。

素质目标：

- 培养勤俭节约购置办公用品的素养。
- 培养合理配置办公室资源的素养。
- 培养遵守制度分配办公室资源的素养。

任务一　办公用品的购置、保管

任务描述

　　××人工智能科技有限公司上海销售分公司刚刚成立,办公室需要一批新的办公用品。行政办经理吴良荣将此次办公用品的采购和以后的保管工作交给了秘书小尹。

任务分析

　　选购合理的办公用品,做好办公用品的管理工作,能提高工作效率,保证工作的顺利完成。办公用品的购置和保管包括以下步骤:
　　(1)了解常见办公用品的种类。
　　(2)遵循办公用品的购置程序。
　　(3)合理保管办公用品。
　　(4)有效控制库存。

任务准备

(一)常见办公用品的种类

　　(1)纸簿类:包括办公用纸、带单位抬头纸、备忘录、便笺纸、标签纸、复写纸、信封、笔记本、速记本、收据本等。
　　(2)笔尺类:包括各类笔、橡皮、尺子、修正液等。
　　(3)装订类:包括打孔机、订书机、剪刀、裁纸刀、起钉机、胶带、细绳、书钉、大头针、曲别针等。
　　(4)归档用品:包括文件夹、档案袋、收件日期戳等。
　　(5)设备易耗品:包括打字色带、打印机墨盒、复印碳粉墨盒、计算机磁盘等。

(二)办公用品的购置程序

　　秘书应把握办公用品正常情况下每月的平均消耗量,根据实际用量和库存情况制订合理的办公物品购置计划,并将计划提前一个月报至主管领导审批。特殊办公用品、低值易耗品和通信设备,必须经主管领导批准后由公司负责统一购买。有紧急需求的小件办公用品,秘书可以直接去商店购买。

1.填写办公用品申购表

　　由需要购买办公用品的部门(或个人)填写公司内部的办公用品申购表,说明需要办公用品的内容和理由,并签字,经领导审批后才能购置。办公用品申购表示例见表5.1。

表5.1 办公用品申购表示例

部门	办公室	申购人	××	申购日期	××××年9月3日
申购原因	上海销售分公司新成立,办公室需要全套办公用品。				
用品名称	库存数量	可用时间/周	本次申购数量		备注
计算机	0台		10台		
A4标题纸	11包		750包		
打印机	0台		1台		
C6信封	8包		550包		
A3票据纸	10包		828包		
部门意见	部门主管签字: 年　月　日				
财务部门意见	财务部门主管签字: 年　月　日				
主管领导意见	签字: 年　月　日				

2.选择供应商

选择办公用品供应商时,要从以下几个方面进行比较:

(1)价格和费用。首先应该考虑价格,比较不同供应商的报价。秘书应掌握一些降低价格的方法,如批量购买、利用节日削价或将其指定为本单位唯一的办公用品供应商等。另外,在购买后还会有一定的费用支出,如存储中的损耗、存储所占用空间的费用等。因此,在购买时要综合考虑价格和费用。

(2)质量和交货。应仔细检查比较货物的质量,最好选择那些可以更换不合格物品的供应商,以免购买后发现与设备不配套而造成浪费。还要比较供应商的交货时间,应当选择那些能在约定时间准时交货的供应商。

(3)服务和位置。要比较供应商提供的服务是否方便,如是否可以用电话、传真或上网订购,是否可以定期结算,是否可以退货,是否可以满足单位需要的所有办公用品和易耗品的供应等。供应商所在的地点也要考虑,尽量离本单位近一些,以方便联络和交货。

（4）安全性和可靠性。要比较供应商在送货的整个过程中能否保证货品的安全,供应商的卖货手续及相关发票单据是否齐全等。还应了解供应商规模的大小、经营的信誉度等。

除上述考虑因素外,还要向供应商了解以下情况:价格包含的具体项目、定制工期、付款方式、配送方式、合同形式、退换货条款、发票等。

尹秘书向供应商发出购买需求后,根据各供应商的反馈信息进行比较、筛选,然后填写正式订购单,并说明订购办公用品的详细情况,经主管领导审核签字,发送给选定的供应商,同时复制一份给财务部门,表示××人工智能科技有限公司开始准备付款。

3.选择订购方式

办公设备和易耗品的订购方式通常有以下几种:

（1）线下订购:直接去商店购买公司所需要的办公用品。

（2）线上订购:电话订购、传真订购、网上订购、政府采购平台订购等。

不论采用哪种订购方式,秘书一定要保留订购单。收到货物时,要将实物与订购单一一核对,以防出错。

4.办理接收手续

当收到供应商的办公用品后,要对照供应商的交货单和自己的订购单检查货物,查明货物的数量、质量,一定要确保送来的货物与所订购的货物,无论是数量上还是型号上都完全一致,并做好记录。然后,根据收到的办公用品填写入库单。货物入库后,若有专门的库房保管人员,还要库房保管人员签字表示货物已入库。办公用品接收的程序如下:

（1）先按照订购单和通知单核对对方交付货物时出具的交货单及货物。若发现数量或型号不对,应立即通知采购部门联系供应商;接收数量有出入也应通知采购部门和财务部门,并按实际数量支付货款。

（2）接收的每一类货物的详情,应输入办公用品库存卡的接收项中。

（3）接收后,要及时更新库存余额。

（4）将接收的货物按照办公用品存储规定存放好。

秘书按订购单验货结束后,应在交货单上写明到货种类、数量、价格和金额,加盖印章或签名,并转交财务部门结算或支付。财务部门收到发票后,对照交货单、入库单和订购单,如三单的货名、数字相符,经财务主管签字批准后支付款额或支票。

(三)办公用品的保管

办公室用品入库后,必须保存在安全的地方并有序摆放,以防物品损坏、浪费或失窃,同时要消除事故和火灾隐患,但要保证有需要时能很容易找到。

1.做好进货和出货记录

秘书在收到货物后,应该立即办理办公用品和耗材的进货登记、检验、核对等各项工作,保证办公用品和耗材准确无误地入库。入库前核对三单,即订购单（表5.2）、交货单（表5.3）、入库单（表5.4）。

表5.2　订购单

订单号：

供货单位							
联系人				电话			
地址							
购货单位							
联系人				电话			
地址							
序号	型号	规格	单位数量	单价	总价	付款周期	备注
合计	人民币(小写)			人民币(大写)			
收货资料	收货单位						
	收货人			电话			
	提货方式			交货时间			
	交货地址						
经办人			联系方式				
审批签字					审批人(购货单位公章)： 年　　月　　日		
供货方确认					供货单位公章： 年　　月　　日		
备注							

表5.3　交货单

交货单位名称					
客户名称					
送货日期			收货日期		
序号	品名/规格	采购编号/订单号	交货数量	实收数量	备注
送货人			收货人		
随货发票	□有　□无				
发票号码					

表5.4　入库单

品名	规格	单位数量	单价	等级	件数	金额	备注

2.建立库存目录和库存记录

库存目录包括库存目录系列序号、财产描述、财产消耗、供应商名称、接收日期、存放位置。各类物品要清楚地贴上标签,标明类别和存放地,以便能迅速找到物品。库存记录包括项目、单位、库存参考号、最大库存量、再订货量、最小库存量、日期、接收、发放、余额等内容。做好办公用品库存记录是为了估计库存金额,减少空间浪费,防止盗窃和遗失,监督使用情况,保证库存充足。库存控制卡示例见表5.5。

表5.5　库存控制卡示例

物品		A4 标题纸			存放位置		A1	
最大库存量／包	50	库存号	100	再订购线		20	最小库存量	10
序号	订购日期	订购数量	接收数量	订购单代码	申领部门／职员	发放数量	剩余库存量	备注

3.合理摆放,确保安全

库房内的物品要摆放合理,做到整齐、美观。新物品置于旧物品的下面或后面,先来的物品先发出去,以保证物品不会因过期而不得不销毁。体积大、分量重的物品放置在最下面,以减少和避免从架子上取物时发生事故。小物品、常用的物品,如订书钉等,应放在较大物品的前面,以便于查看和领取。

储藏间或物品柜要上锁,保证物品的安全。储藏需要的面积取决于单位的大小,储藏间要有良好的通风、照明设施,房间要保持干燥,平时应加强清点和检查,切实做好防火、防潮、防蛀、防霉、防盗等工作。

4.专人管理

大型公司一般设有专门的库房和专人管理办公用品。保管员对采购员购入的办公用品,应按照规格、数量、质量等内容,认真验收、登记、上账、入库、精心保管。除此之外,保管员还应当对办公用品进行定期盘点,调查易耗办公用品的存货量,在特定日期使用"办公用品一览表"对存货量进行检查。办公用品若为日常用具和办公设施附件,盘点时则需要调查办公用品所在位置和使用情况,并且明确办公用品的管理负责人、使用部门等。

任务提示

学生根据所学秘书专业知识，结合实训完成任务。完成任务时应注意：

（1）将学生分成若干小组，分别扮演不同的角色，进行办公用品采购全过程的训练。要求流程规范，文件齐全。

（2）实训可以结合本班的班费管理进行，要求学生共同制订班级财物管理规定，制作相应的表单等。

（3）在条件允许的情况下，可以让学生结合所学计算机知识，设计办公用品库存管理软件的主页。

任务实训

（一）实训1：采购办公用品

1.实训目标

通过实训，学生需要掌握办公用品的采购程序和方法。

2.实训背景

时间转眼到了年末，尹秘书发现办公用品库存中的打印机墨盒、圆珠笔（黑色和红色）、涂改液和A4纸都快没了。她准备在明年公司办公用品采购计划中列入这几种物品。

3.实训内容

请根据实训背景，采购上述办公用品，请正确填写办公用品申购表。

（二）实训2：保管办公用品

1.实训目标

通过实训，学生需要掌握办公用品的保管方法。

2.实训背景

小尹应聘来到××人工智能科技有限公司，成为一名办公室秘书。上班之后，领导将办公用品的管理工作交给了她，并说之前公司的办公用品管理有些混乱，要她将这方面的工作好好抓一抓。因为公司本身就是一家人工智能科技有限公司，小尹决定开发一套专门针对公司办公用品入库、出库及管理的库存管理软件，以加强办公用品的管理，从而提高工作效率。

3.实训内容

请根据实训背景，帮助小尹设计办公用品库存管理软件的模块，并设计办公用品的订购单、交货单、库存控制卡等。

秘书灯塔

"细微之处见真章"。妥善管理办公物资，是工作流畅的重要基础。

任务二　办公用品的利用

任务描述

这天上午,××人工智能科技有限公司上海销售分公司秘书小尹正在办公室整理文档。销售部王伟推门进来,说要领5包A4办公用纸、两包C6信封。小尹要他填写办公用品领用申请单。王伟嘟嘟囔囔地说这还要填呀,他不会填。如果你是小尹,请说说该如何帮王伟填写这份表格,并说说该如何有效发放办公用品。

任务分析

秘书要保证办公用品适时、适量、按需发放,并对办公用品进行科学、有效的管理。合理利用办公用品,秘书应当做好如下工作:

(1)合理制订计划。

(2)建立严格的发放登记制度。

(3)专人定时发放。

(4)厉行节约。

任务准备

办公用品是办公室工作中经常使用的物品。秘书应当按照下列方法发放和利用办公用品。

(一)合理制订计划

办公用品的发放由办公用品负责人从其管理的保管库中配发给各部门。秘书要根据整个部门的工作性质、特点,结合以往的规律,计算出各个部门所需办公用品的种类、数量、质量,并根据开支规定、现有库存、轻重缓急等因素,逐项制订计划。计划要具有预见性、可行性和合理性,并注意在实际工作中不断调整,以满足员工办公的需要。

制订计划时,对重要部门要实行倾斜政策。在条件允许的情况下,优先改善他们的工作环境和工作条件,做好后勤保障工作。对客观原因决定的办公用品消耗大的部门也要给予支持,防止因办公用品短缺而影响工作完成的情况出现。

(二)建立严格的发放登记制度

属于员工按惯例需要用的办公用品,实行定期定量发放的方法,由使用人自行领用并登记。属于员工非惯例使用的物品,应填报领物单或借用单,由主管人员审核批准,交保管人发放。领物单或借用单需要领取人、批准人、发放人三方签字才有效。保管人发放时,应当入簿登记,并每月统计一次,送主管人员查阅。办公用品的发放管理要建立正规的发放登记制度。如文具消耗品可依据历史记录(如过去半年耗用平均数)、经验(估计消耗时间)设定领用基准(如每月每人发放两支圆珠笔),随部门或员工的工作状况调整发放时间。新进员工到职时由各部门提出文具申请单领取文具,员工离职时应将剩余文具一并交还。各工作岗位还可设立耐用办公用品档案卡,由秘书定期检查使用情况,如非正常损坏或丢失,应由当事人赔偿。

(三)专人定时发放

1.填写办公用品领用申请单

一般情况下,秘书是办公用品的发放人。秘书应先对办公用品的发放内容心中有数,并制作办公用品领用申请单(表5.6)。

表5.6　办公用品领用申请单

申请部门		申请人	
领用物品名称	规格	数量	备注
主管审核		签名: 年　月　日	
发放人		日期	

2.要清点、核实发放的办公用品

对于分发了什么办公用品、发给了谁,秘书都应记录清楚。这样既可知道是谁领取了物品,还可以清楚计算出该物品的剩余数量。秘书应制作办公用品发放清单(表5.7)。

表5.7　办公用品发放清单

时间	姓名	所领物品	数量	签领人	备注

(四)厉行节约

办公用品的使用,要坚决落实过紧日子要求,遵循经济化、有效化、标准化和制度化的原则。其中,经济化原则要求员工消耗办公用品的数量必须与其工作成就的价值等值。秘书要严格掌握办公用品的发放范围,根据实际需要发放,避免浪费,防止办公用品流失或用于非办公项目,对经费已经超支的部门,要限制领用。

任务提示

学生根据所学秘书专业知识,利用掌握的计算机网络知识收集资料,结合实训完成任务。完成任务时应注意:

(1)将学生分成若干小组,分别扮演不同的角色,进行办公用品发放全过程的训练。要求流程规范,文件齐全。

(2)实训可以结合本班的班费管理,要求学生共同制订班级财物管理规定,制作相应的表单等。

任务实训

1.实训目标

通过实训,学生需要掌握办公用品的发放方法和流程。

2.实训背景

××机械有限公司财务部门要领用一些办公用品,包括尺子、胶水、胶带、复写纸、别针等。

3.实训内容

如果你是办公室秘书,请根据实训背景,演示正确的发放方法和流程。

秘书灯塔

勤俭节约,从一张纸、一支笔做起。

任务三 印信管理

任务描述

××机械有限公司行政办上个月刚招聘了一名新员工小刘。一天,公司行政部经理吴良荣把办公室秘书小尹叫到办公室,让尹秘书帮助小刘了解印章的基本知识和公司印章管理条例。与此同时,行政部经理吴良荣对尹秘书说,以后公司的介绍信就交由她管理,要她回去好好想想该怎样管理和使用好介绍信。

任务分析

印章是机关、单位对公文、证件生效负责的凭证,是其对内对外行使权力的标志。印章的管理,要注意如下事项:

(1)了解印章使用的知识。

(2)遵循印章管理的原则。

(3)严格遵循印章的刻制、颁发、启用、停用与销毁程序。

(4)按照用印程序合理使用印章。

介绍信是本单位工作人员外出履行公务、联系工作、商洽事宜的重要凭证。介绍信的管理分为两个方面的工作:

(1)管理介绍信。

(2)使用介绍信。

任务准备

(一)印章的使用

1.印章概述

印章是印和章的合称,指刻在固定质料上的,代表机关、组织、单位和个人权力的图章。

(1)印章的种类。

一般来说,公务印章分为正式印章、专用印章、缩印、钢印、领导签名章、个人名章、校对章、戳记等(表5.8)。秘书部门掌管的印章主要有三种:一是单位印章(含钢印);二是领导"公用"的私章;三是秘书部门的公章。

表5.8 印章种类和功能

印章种类	印章功能
正式印章	这种印章是单位的重要印章,也称公章。它正式代表所在整个机构或单位的法定名称、权力、凭信和职责。
专用印章	这种印章是各级机构或业务部门为履行自己某一项专门性业务而使用的印章。这种印章在印文中除刊有机关或单位的法定名称外,还刊有专门的用途。如"财务专用章""公费医疗专用章""成果鉴定专用章"等。专用章只代表印章上刊明的适用范围,超过这个范围就没有法律效力。专用印章的刻制也要经过严格的批准手续,绝不能乱制滥用。
缩印	这种印章是按比例缩小了的正式印章和专用印章,主要作为凭信,用在各类票券上,如粮票、油票、副食品券、国库券等。缩印不能作为正式印章使用。
钢印	这种印章相当于早年使用的契印。钢印不用印色,利用压力凹凸成形,一般加盖于印有照片的证件上。钢印的作用与正式印章、专用印章有某些相似之处,但并不完全一样。钢印是用铜质材料制作的,一般加盖在相片与证件的骑缝上,以表示证件与相片相吻合。它还用在各种票据的连接部位,表示两者相合有效,以防止伪造。钢印不能作为文件、介绍信及其他票据凭证的有效标志,也不能独立使用。

续表

印章种类	印章功能
领导签名章	这种印章是由领导亲笔书写,然后照其真迹按比例放大或缩小刻制的印章,也叫签名章。领导签名章和个人私章性质不同,它代表一个机关或单位的领导者身份,是行使职权的标志,具有权威作用。它的适用性很广,通常用于任命、调遣、罢免干部等重大事项。签名章还具有凭证作用。有些凭证不但要有机关或单位的印章,而且还要由领导加盖签名章或签署才能生效,如合同、协议书、毕业证书、聘请书、财务预决算等。
个人名章	这种印章为一般干部姓名的印章,如秘书、文书校对人员的名章,会计人员、出纳人员的名章等。个人名章的作用是代替手写签名,加盖在文件或凭据上以示负责,如报表、财务预决算表、银行支票、合同等文本或票据上,都要加盖这类印章。
校对章	校对章专门用于校对、勘误文件或表格中个别错误之处,一般刻成"某某单位校对章"的格式。校对章的作用主要是区别真伪,证明此处修改为文件所发单位本意,证明其修改具有法律效力。
戳记	这种印章主要是为了方便工作,提高工作效率而刻制的,如文件密级中用到的"机密""绝密"等戳记。

(2)印章的作用。

机关、单位的印章是机关、单位权力的象征和职能的标志,具有一定的权威性。这种权威性来自机关单位及其领导的合法性。一份文件,一经盖上机关、单位或者单位领导的印章,就表示已经受到该机关、单位的认可并正式生效。因此,印章有三个作用:一是权威作用;二是证明作用;三是标志作用。

2.印章管理原则

(1)专人负责。

秘书部门对保管和使用印章的人员必须严格审查和挑选,并加强平时的教育和考察,应选择事业心、责任心强的人保管印章,不得随意更换公章管理人员或将公章交予他人管理;对不适合者,应坚决调离。一般情况下,印章的保管通常由秘书负责,保管者就是使用者。管印人不得委托他人代盖印章,不得随意将印章带出办公室,更不得交他人拿走使用。

(2)确保安全。

印章应选择安全保险的地方存放和保管,如机要室或办公室保险箱等。如果印章存放在办公抽屉里,应当装配牢固的锁。管印人既不得将锁存印章的钥匙委托他人保管,也不得将钥匙插入锁孔后离去。管印人临时外出,应把钥匙交给办公室或部门领导,或指定人员代管。印章应当随用随取,使用后应立即归还,如果需要携带外出,要采取必要的防范措施,确保安全。节假日应在放印章的地方加锁或贴封条。印章如果丢失,要立即报告公安机关备案,并以登报或信函等形式通知有关单位,声明其遗失或作废。

(3)防止污损。

管印人要及时保养、清洗印章,防止印泥和其他污物将刻痕填塞,要保持图案和印文的清晰。使用印章时要注意轻取轻放,避免破损。

3.印章的刻制、颁发、启用、停用与销毁

(1)印章的刻制。

印章的样式一般由印章的质料、形状、印文、图案和尺寸规格等构成。正式印章的质料有铜质、木质、钢质和塑料质四种。印章刻制是印章管理工作的首要环节,必须按照国家有关规定严格执行。具备下列依据之一方可刻制印章:

①有领导机关或法定主管部门关于组建或成立某单位的文件。

②有领导机关或法定主管部门关于某单位更名的文件。

③旧章磨损,需要更换新章。

不论刻制哪一级单位的印章,都要有上级单位批准的正式公文。刻制印章时,须由本机关提出申请,报经上级主管机关审核批准。报批时,需将上级主管机关同意本组织的批文,按有关规定将预先拟好的印章式样、尺寸、印文、图案等一并上报。批准后,到组织所在地的公安部门办理登记手续,再到公安部门指定的刻章单位刻制。任何机关未经批准一律不得自行联系刻章,更不得在私人摊贩处刻制印章。

(2)印章的颁发。

颁发前的检查。按照规定,正式印章刻制完毕,刻制单位一律不得留存章样,也不能擅自先行使用印章。使用机构在领取印章时,应先检查印章的质量是否符合要求,有无被使用的痕迹(如印章版面上粘有红色印泥),如有应立即向当地公安部门备案。

颁发正式印章。颁发正式印章的手续如下:

①颁发印章必须有正式行文,通常是向使用机构发布启用公章的通知和启事。

②使用机构在领取印章时,应派两名人员持单位介绍信领取,不可派临时工领取。颁发机构要认真验证介绍信,防止冒领。

③颁领双方应当面验收印章。在验明、确认印章之后,要严格履行登记、交接、签发手续。手续完备后,由颁发机构将印章密封并加盖密封标志,交给领取人带回。印章领取人在领回印章后,要及时向本单位领导汇报,待领导验明后,根据领导的指示交给管印人验收。管印人接到印章后应做接印登记,内容主要包括印章名称、颁发机构、领取人姓名、收到日期、收到枚数、启用时间、主管领导签名、管印人签名等。

(3)印章的启用。

制发或批准刻制机关的启用通知下达后,才能正式启用新印章。如由新印章取代旧印章,启用新印章后,旧印章同时作废。印章启用时,使用机构应将印模和启用日期一并报送颁发机构备案,并立卷归档,永久保存。假如今后需辨别一张证明或票据时,印章的启用日期和印模就能起到辨别真假的作用。

(4)印章的停用和销毁。

印章在该机关名称变更、机构撤销、合并或因其他原因不复存在时,应停止使用。停用印章要发文通知有关单位,并在通知中说明停用的原因和时间。停用的印章要及时送交原颁发机构处理,不得在原机构留存,也可按上级规定将印章及时销毁。销毁方法有两种:一种是自行销毁;一种是送刻章部门回炉销毁。销毁时都必须报单位负责人批准,还要登记造册。销毁的废旧印章要留下印模并保存,以备日后查核。

在特殊情况下,如机构被撤销,应在撤销决定下达之日起,停止使用印章并缴销。若

善后工作需要继续使用印章,要指定有关机构或单位或专人妥善保管使用,待善后工作结束,及时将印章收回,并印发印章停用或作废的通知。

4.印章使用程序

印章的使用有严格的规章制度,用印必须遵循一定的程序,不能违章用印和擅自用印。

(1)申请用印。

要盖用单位公章,用印人必须填写用印审批单,经本单位的主要负责人或经主要负责人授权的专人审核,并签名批准。审核用印申请时,一要严格手续,按规定办事;二要对所盖印章的文字内容认真审阅。如需经办人自行盖章的,必须有领导的明确批示,并登记清楚。用印审批单示例见表5.9。

表5.9　用印审批单示例

编号:

申请部门		申请日期	
申请事由			
印章类型	□公章　□钢印　□合同章　□领导签名章		
用印份数		经办人	
部门负责人签字		领导审批签字	
备注			

(2)正确用印。

盖印章的要领是把握标准、印泥适度、用力均匀、落印平稳。正式公文盖公章要端正、清晰,不得模糊歪斜,应当盖在署名中间,上不压正文,下要骑年盖月。带存根的公函或介绍信、证明信要分别盖骑缝章和文末落款章。用印时,实际盖印的文件数量和用印申请单上的份数应当一致,不得在空白凭证上加盖印章。确因工作需要,由业务部门以上级机关名义颁发的凭证,需事先加盖机关印章或套印然后填发的,须经过领导的批准。对需留存的材料应在加盖印章后,留存一份并立卷归档。

加盖钢印要注意:钢印不得加盖在照片上人的头部,更不得盖在脸上,应加盖在脖子和衣领以下与证件交接部位;钢印印迹尽量正置,以示加印机关的权威性和严肃性。

(3)用印登记。

每次用印都必须详细登记。办公室应备有用印登记册,主要登记用印部门或个人、用印事由、用印数量、用印批准人、用印经手人等。用印登记表示例见表5.10。

表5.10　用印登记表示例

序号	用印日期	用印事由	用印类型	份数	用印人	批准人	备注

注意:领导签名章,需经其本人或委托授权人签字同意后方可加盖。

一般的事务性公文、介绍信、便函等，可用机关办公室印章。

（二）介绍信的管理和使用

1.介绍信的管理

介绍信是机关团体、企事业单位派人到其他单位联系工作、了解情况或参加活动时用的函件，具有介绍和证明的双重作用。介绍信与印章一样，应由专人管理。一般情况下，介绍信由印章管理人员负责管理。介绍信的保管如同印章一样，应随用随开，用毕锁好。

开具介绍信，申请人必须提出申请，填写申请表。使用介绍信，要经领导或办公室负责人批准，必须认真履行审批手续。一份介绍信只能用于一个单位。没有领导批准，严禁开具空白介绍信。特殊情况下开出的空白介绍信，应归还使用后多余的部分。管理人员要对开出的介绍信负责，对介绍信的内容检查无误后方可用印，盖骑缝章。管理人员应及时催回开出后未用的介绍信，粘贴在存根上。介绍信持有者不能将介绍信转借他人使用。介绍信持有者如丢失介绍信，应及时报告单位或部门负责人，并告知介绍信管理人员，涉及重要事项的还应通知前往办事的单位，以防冒名顶替。发放介绍信时要登记，领用人要履行签字手续。便函式介绍信在专用登记表上签字，固定格式的专用介绍信在存根上签字。介绍信发放登记表示例见表5.11。

表5.11　介绍信发放登记表示例

序号	发放时间	用途	前往单位	有效期	使用人	批准人	领取人	备注

2.介绍信的使用

介绍信有两种类型：一种是用公用信笺书写的便函式介绍信；一种是按固定格式印刷的专用介绍信，使用时按空填写即可。秘书部门掌握的主要是工作介绍信，一般来说是后者。

（1）便函式介绍信。便函式介绍信不带存根，一般用印有单位名称的信笺书写，格式与一般书信基本相同，内容包括标题、称呼、正文、结尾、署名和日期。便函式介绍信示例如下所示。

介绍信

××电脑公司：

　　兹介绍我公司李红、张丽两位同志前往贵公司学习财务软件操作技术，请予接洽为盼。

　　此致

敬礼！

（有效期3天）

江苏××人工智能科技有限公司（盖章）

××××年××月××日

便函式介绍信的标题一般是在信纸的第一行居中写上"介绍信"三个字,有时也可省略。称谓在第二行,要顶格写,写明联系单位名称(全称)或个人姓名,称呼后要加上冒号。正文另起一行写介绍信的内容。首先,要写明被介绍者的姓名、年龄、政治面貌、职务等,如被介绍者是两人以上还需注明人数。其中,被介绍者的年龄和政治面貌有时可以省略。其次,要写明要接洽或联系的事项,以及向接洽单位或个人提出的希望和要求等。正文要明确具体,不能含糊笼统。介绍去参加会议的,应写明参加什么会议;介绍去联系工作、商洽问题的,应写明联系什么工作、商洽什么问题,不要笼统地写"开会""联系工作"等。介绍信的结尾写明祝愿或敬意的话,如"请接洽""请指教""请协助"等,然后写上敬语"此致、敬礼"。有时还要写上介绍信的有效期限,如"有效期:2024年3月2日止"。出具介绍信的单位名称写在正文右下方,并加盖公章,同时另起一行署成文日期。这种介绍信写好之后,一般装入公文信封内。信封的写法与普通信封的写法相同。

(2)专用介绍信。

带有机关或单位名称的专用介绍信,一般按固定格式印刷,装订成册。介绍信共两联:一联是存根,另一联是介绍信的信文(持出)。信文交持有人携带,存根留本机关或单位存查。两联正中有分隔线。持出和存根上都应清楚地填写前往单位的名称、被介绍人姓名、人数及联系的事宜等项目。专用介绍信示例见表5.12。

表5.12　专用介绍信示例

<table>
<tr><td colspan="2" align="center">介绍信(存根)</td></tr>
<tr><td colspan="2" align="center">××字第×号</td></tr>
<tr><td>×××等 ×人,前往××联系×××。</td><td></td></tr>
<tr><td colspan="2" align="center">(有效期　　天)</td></tr>
<tr><td colspan="2" align="right">××××年 ××月 ×× 日</td></tr>
<tr><td colspan="2" align="center">- -</td></tr>
<tr><td colspan="2" align="center">介绍信</td></tr>
<tr><td colspan="2" align="center">××字第×号</td></tr>
<tr><td>××公司:
　　兹介绍×××等 ×人,前往××联系×××,请接洽并予协助。
　　此致
敬礼!</td><td></td></tr>
<tr><td colspan="2" align="center">(有效期　　天)</td></tr>
<tr><td colspan="2" align="right">××××(单位章)</td></tr>
<tr><td colspan="2" align="right">××××年 ××月 ×× 日</td></tr>
</table>

存根部分的第一行正中写有"介绍信",并用括号注明"存根"。第二行写有"××字第×号"字样,如市教委的介绍信就写"市教字第×号",县商务局的介绍信就写"县商字第×号"。其中,"×号"是介绍信的页码编号。正文另起一行写介绍信的内容,包括被介绍人的姓名、人数、身份、前往单位、办理事情、具体要求等。一般以"兹介绍"开头,以"请予接

洽"结束。结尾只注明成文日期即可,不必署名,因为存根仅供本单位查考。存根内容要同信文内容相符,涉及重要事项的,要请批准人在介绍信存根上签字。属于口头批准的,要在存根上记下批准人的姓名,有批条的要将批条粘贴在存根上。应当妥善保管好介绍信的存根。数字要求大写,如"壹佰叁拾肆号",字体要大些,便于从分隔线处截开后,字迹在存根联和信文联各有一半。使用时,分隔线正中应加盖骑缝章。信文第一行正中写有"介绍信"。第二行右下方有"××字×号"字样,内容参照存根联填写。

不管哪类介绍信,填写都要用黑色、蓝色毛笔或钢笔书写,禁止使用铅笔、圆珠笔或红色墨水。书写要工整,字迹要清楚,不能随意涂改或涂抹。如有涂改,需在涂改处加盖公章,否则视为无效。

任务提示

学生根据所学秘书专业知识,通过图书馆、网络等途径收集相关资料,结合实训完成任务。完成任务时应注意:

(1)该任务可以选择模拟办公室、教室等场所进行。实训场所除了配有办公桌,最好配有保险箱或者上锁的文件柜。

(2)将学生分成若干小组,让学生轮流完成任务。

(3)实训需要准备印章、介绍信、相关文件等。训练结束后,将上述物品销毁(在条件允许的情况下,还可以结合碎纸机的操作进行训练)。

任务实训

(一)实训1:使用印章

1.实训目标
通过实训,学生能按照正确程序使用印章。

2.实训背景
最近,××机械有限公司和其业务合作伙伴鸿海公司签订了一份产品销售合同,合同拟好后需要加盖公章。

3.实训内容
请根据实训背景,按照印章使用程序,加盖公章,并填写印章使用登记表。

(二)实训2:情景题

1.场景1
临近下班时,王秘书遇到了市场部的小黄。小黄拿着一份没有总经理签字的设备购买合同,要求王秘书加盖公司公章。王秘书要他先找总经理签字,但小黄借口"已经下班,没时间了",并说"总经理已同意盖章了"。碍于"面子",王秘书在合同上加盖了公司的印章。半个月后,群众揭发小黄弄虚作假,虚开价格,收取回扣。经查实,公司开除了小黄,对王秘书也给予了处分。请说说王秘书错在哪里。

2.场景2

某单位要刻制一枚新公章。田秘书通过熟人私下刻制了一枚新公章,在短时期内,新旧公章混用。请说说田秘书在刻制和启用新公章方面的错误。

3.场景3

张秘书的知心朋友小李要盖单位公章。张秘书随手把公章交给了小李,小李又把公章拿出了办公室。请说说张秘书在公章使用方面的错误。

(三)实训3:开具介绍信

1.实训目标

通过实训,学生需要能正确开具介绍信。

2.实训背景

(1)总经理吴宝华到北京参加现代企业经验交流会议,会期3天。

(2)生产部经理吴海荣到上海人工智能展会进行经验交流,时间约5天。

(3)财务部经理吴琴红到广州某公司催款,时间约5天。

3.实训内容

请根据实训背景,给3人开具单位介绍信。

(四)实训4:情景题

1.场景1

在总经理办公室里,后勤部员工何玲对秘书小尹说:"小尹,能不能帮我开一封介绍信,我想去联系一项业务。"尹秘书:"联系业务? 好啊,不过你不是后勤部的吗?"何玲:"我想自己去联系一下,你还是开一下吧!"尹秘书:"这样恐怕不太好,不符合规定。再说,吴总也不在,你去找一下代班的刘副总吧!"何玲:"这样啊? 那,算了吧。"尹秘书做得对吗? 为什么?

2.场景2

张秘书的知心朋友小李,自称要一张介绍信,小张二话不说,撕了一张统一印制的介绍信,盖了章就交给了小李。请说说张秘书在介绍信使用方面的错误。

3.场景3

开源公司的员工小刘找到鸿辉公司经理秘书小王,称他有一笔好买卖,但他是个人,不如公司签合同方便,想借用鸿辉公司的名义,让王秘书给他出具一张鸿辉公司的业务介绍信,等合同签完后就还给鸿辉公司,并给王秘书1万元报酬。王秘书答应了。小刘利用从鸿辉公司借用的业务介绍信及印章,以鸿辉公司业务经理的身份和鸿辉公司的名义与大华公司签订了一份钢材购销合同,骗取了大华公司价值100万元的钢材。小刘将钢材卖掉后,携款潜逃。王秘书的做法对吗? 介绍信和印章的使用应该注意哪些问题?

秘书灯塔

印信虽小,责任却大。

项目六
通信管理

知识目标：

- 掌握接听电话、发送邮件的基本步骤。
- 了解接打电话、发送邮件的原则。

能力目标：

- 能够准确接听、拨打电话。
- 能够准确发送邮件、接收处理邮件。
- 能够正确处理通信中的特殊情况，注意通信礼仪。

素质目标：

- 培养接打电话、发送和接收邮件等工作中的程序意识。
- 培养通信礼仪素养。
- 培养适应时代更新、掌握先进办公工具的与时俱进素养。

任务一　电话管理

任务描述

××人工智能科技有限公司上海销售分公司新来的秘书王亚9:30接到总公司秘书小尹来电,要求分公司在本月底前将今年上半年销售状况、财务运行状况上报总公司。王亚到下午上班时才把来了电话这件事告诉经理。经理问:"总公司都要求上报哪些方面的情况?"王亚想了想说:"好像是要销售状况、财务运行状况。""什么好像? 去,把它问清楚,然后通知那几个部门的主管明天开会。"经理说道。

任务分析

接听电话时要注意以下几点:
(1)及时接听。
(2)问候并通报。
(3)做好记录。
(4)甄别电话。
(5)礼貌通话。
(6)及时处理。

任务准备

正确使用电话,有助于创造良好的沟通氛围,提高办事效率,树立个人和组织的良好形象。以下是秘书拨打与接听电话的流程、基本用语和注意事项(表6.1、表6.2),以及电话留言单(表6.3)和电话记录表示例(表6.4)。

表6.1　拨打电话的流程、基本用语和注意事项

流程	基本用语	注意事项
准备提纲		确认拨打电话对方的姓名、电话号码;准备好要讲的内容、说话的顺序和所需要的资料、文件等。
问候、自我介绍	"您好,我是某某公司某部门的某某。"	一定要报出自己的姓名,讲话时要有礼貌。
确认通话对象	"请问某某公司的某先生在吗?""麻烦您,我要找某先生。"	确认对方是不是自己要找的人。

续表

流程	基本用语	注意事项
陈述内容	"今天打电话是想向您咨询关于某某的内容。"	准确、清楚、完整、简洁地陈述通话内容；如果是比较复杂的事情，请对方先做记录、重要的内容主动复述要点；控制在三分钟。
结束通话	"谢谢！""麻烦您了！""拜托您了！""再见！"	语气诚恳、态度和蔼。
整理记录		拨出的电话号码都应该记录在案，以便日后查询。

表6.2　接听电话的流程、基本用语和注意事项

流程	基本用语	注意事项
及时接听，响不过三	"对不起，让您久等了！"	在电话机旁准备好记录用的纸笔；音量适当；若接电话较慢，要真诚表达歉意。
主动问候，自报家门，确认对方	"您好，我是某某公司某某部门的某某，请问您找哪位？""某先生请稍候，我马上把电话给某某。"	弄清对方的身份与目的；说明自己的单位和所属部门。
接听仔细，记录认真	"对不起，这点没听清，请您再说一遍。"	5W1H记录：When（何时）、Who（何人）、Where（何地）、What（何事）、Why（为什么）、How（如何进行）。
确认要点	"那么明天在某公司，9点钟见。"	确认时间、地点、对象和事由；如果是传话，必须记录通话时间和留言人。
结束语	"清楚了，请放心，我一定转达。""谢谢！""再见！"	对于通话事项的处理要及时，办理到位：紧急重要的电话及时办、一般性电话抓紧办、业务性电话积极办。

表6.3　电话留言单

接收人姓名		紧急状况		□紧急　□一般
留言人姓名		留言人单位		
留言人电话				
来电基本情况	□将不再来电　□请你回电　□将来访　□已来访			
留言主要内容				
记录人		日　期	年　　月　　日　　时　　分	

表6.4 电话记录表示例

时间	××××年12月23日9时32分	来电单位名称	总公司
来电人	尹秘书	来电号码	
来电内容	在本月底之前上报分公司今年上半年销售状况、财务运行状况统计表。		
领导批示	通知销售部、财务部主管于12月25日9时在小会议室开会,汇报今年上半年的销售状况、财务运行状况。		
处理情况	已通知到位		
记录人	王亚		

电话拨打记录示例:

通话人:王亚

通话时间:××××年×月×日×时

去电单位:总公司

去电号码:×××××××

接听人:尹秘书

去电内容:询问总公司尹秘书来电的具体内容。

通话结果:询问得知,尹秘书来电是通知分公司本月底之前上报今年上半年销售状况、财务运行状况统计表。

处理意见:吴总要求通知销售经理、财务经理×月×日×时在小会议室开会,汇报今年上半年销售状况、财务运行状况。

告知部门:销售部、财务部

告知人:销售部王主管、财务部李主管

告知建议:……

备注:……

上述案例中,××人工智能科技有限公司上海销售分公司新来的秘书王亚因为缺乏接听电话的一些基本知识,在接到总公司的电话后没有做好记录,以至于连电话内容都忘记了。如果要遵照吴经理的指示通知几个部门的主管来开会,首先她得确认总公司到底要上报哪些情况。接听总公司电话时,应当用左手接电话,右手在电话记录表上进行记录,如果没听清楚,应请求对方重复一遍,确定无误后才能挂断电话。然后,王秘书应及时将电话记录表送吴经理阅示。最后,王秘书需要按吴经理的指示,将开会的时间、地点、内容列在电话记录表上,并电话通知销售部、财务部主管开会。

任务提示

学生根据所学秘书专业知识,通过情景模拟,结合实训完成任务。完成上述任务,最好通过以下方式进行:

（1）该任务可以在模拟办公室或者教室等场所进行，最好能配置真实的电话机。

（2）将学生分成若干小组，轮换演示接听的角色。

（3）要认真，从真实角色的角度出发，情景要逼真。

（4）接打电话时不仅要训练讲话的技巧，措辞得当，还要注意训练声音的甜美，口气的温和，音量的适中，拿放话筒的动作等细节。

任务实训

（一）实训1：接打电话

1.实训目标

通过实训，学生需要掌握正确的接听电话方法以及特殊电话的处理方法。

2.实训背景

（1）场景1：王秘书接到一位重要客户的电话，要请示领导应如何处理与该客户的合同问题。此时领导正在会见一位来自韩国的客商，洽谈2024年春季竹工艺品的出口事宜。

（2）场景2：办公室两部电话同时响起。

（3）场景3：小陈是办公室秘书。有一次他正在办公，突然电话铃声响了。小陈正在整理文件，停了一会儿才拿起话筒，问道："请问你找谁？"对方回答说找老刘，小陈随即将话筒递给邻桌的刘秘书，说："刘秘书，你的电话。"没想到，刘秘书接到电话没讲几句，就和对方争吵起来，最后刘秘书大声说道："你今后要账时，先找对人再发火，这是办公室，没有你要找的那个刘天亮！"说罢就挂断了电话。原来，这个电话是打给市场部刘天亮的，结果错打到了办公室，而对方只是含糊地说找老刘，小陈就误以为要找刘秘书。

（4）场景4：××机械有限公司和某某客户的合作已经谈妥。这天下午，对方打电话来要秘书发合同的传真过去。

（5）场景5：鸿发公司销售部刘小辉要找办公室王主任，办公室李秘书告知对方王主任不在。

（6）场景6：某顾客购买了本公司产品，在使用中出现了问题，顾客打电话来反映情况。

（7）场景7：根据上个月的经营情况，公司决定召开一次部门负责人会议。王秘书负责电话通知各部门经理开会。

（8）场景8：鸿海公司定于8月10—20日举办新产品展销会，地点在市展览中心。刘秘书负责电话告知并询问各兄弟公司关于举办新产品展销会的相关事宜，如是否派团参加、每个展位租金3 000元、提前一个月订展台、提前40天汇报展出产品项目。

（9）场景9：一位客户购买的公司产品出了问题。他在电话中大声喊叫："喂，快叫你们老板滚出来听电话，你们到底还做不做生意？不叫老板接电话我就不客气了！"

遇到上述场景，秘书应该如何处理？

(二)实训2:改错题

(1)场景1:王秘书正在打电话,她把电话夹在肩膀与脖子之间,用手在一堆文件里翻找,同时说:"刘经理,您好! 是,是,是这样的。有件事情要跟您说一下。非常感谢您在上个季度对我们销售工作的支持和帮助,我们经理想跟您谈谈今后继续合作的事,您看什么时候方便啊,咱们一起吃饭?"刘经理:"对不起,你是哪位? 我听不出来。""啊? 我是谁? 我是××人工智能科技有限公司上海销售分公司的王亚呀。"

(2)场景2:天力公司的张秘书正埋头起草一份文件。这时电话铃响了,张秘书拿起电话,又是那位推销员李磊打来的。他第一次来电时,王秘书听着李磊的自我介绍,判断这通电话不需要经理接听。于是,她说:"很抱歉,经理不在。请您留下姓名、地址、回电号码,我会转达给经理的。"可李磊非要找经理不可。好不容易挂断电话,王秘书就将此事汇报给了经理。经理告诉她,曾在一次交易会上见过此人,印象不佳,不想和他有生意上的来往。10天后,李磊又打来电话。王秘书说:"对不起,经理仍然不在。我已将您的情况和要求转告经理,目前他非常繁忙,尚未考虑与您联系。"随即主动挂断了电话。现在,李磊第三次来电。

(3)场景3:一位顾客正通过电话向一家儿童体育用品公司的秘书大发雷霆:"你们是怎么搞的? 你们保证能按时把这批尼龙儿童棒球衫以每件98元的价格卖给我们。在这个星期的销售广告中我们已经做了大量宣传,可是你们公司的那个蠢货却通知我们这批货不符合要求,这下可好,你让我怎么办?"秘书面红耳赤地坐在那儿听着,后来他说:"这个客户没完没了地抱怨,说得我直冒冷汗,我也很气愤,但我不能显露出来。"我只好平心静气地对他说:"您能稍等片刻吗? 让我想想这事怎么办,好吗?"于是我把话筒从耳边拿开,深深地吸了一口气,然后对自己说:"好了,现在应该怎么办?"

(4)场景4:张秘书接到了一个恐吓电话。对方态度很恶劣,声称一定要让老总亲自来接电话,否则不客气。张秘书说老板不在,让他过一会儿再打过来,对方依然态度强硬。张秘书就把电话放在一边,去做别的事情了。

以上场景中的秘书哪些地方做错了?

秘书灯塔

声音传递情感,言语展现素质。电话沟通,首在真诚。

任务二　邮件管理

任务描述

任务1：××××年3月4日星期一上午，尹秘书收到了三封邮件。第一封是市工商总会张会长发给总经理吴宝华的市环保产品展销会邀请信，第二封是中兴集团销售部经理何兴阳发给市场部经理吴良正的家用型净水器的定价单，第三封是宏大科技股份有限公司发给行政部经理吴良荣的证明信。

任务2：××机械有限公司人事部经理何世峰正在外地参加商品交易会。一天，留守单位的尹秘书接到何经理打来的电话，要求她立即寄送一个商品样本和相关的合同书过去。

任务分析

邮件的接收是指秘书接收其他单位投递过来的邮件并对其进行处理的过程。邮件接收过程包括以下环节：邮件签收、邮件分拣、邮件拆封、邮件登记、邮件分发。

很多组织向外发送的邮件往往由办公室秘书统一寄发。邮件寄发过程可以分为以下四个环节：邮件签字、查核邮件、邮件封装、邮件寄发。

任务准备

（一）邮件接收

邮件处理工作是秘书的日常工作。单位的邮件来源一般有两种渠道：一种是通过邮局或其他外部途径投递的；一种是通过网络发来的电子邮件、传真。秘书每天上班要做的第一件事就是查收电子邮件和检查传真机等设备，查看有无最新信息。如果电子邮件的信息需要汇报给领导，秘书可将信息全部或部分打印出来，然后与其他信件一起交给领导，并做好登记工作。

如果是通过邮局或其他外部途径投递过来的，通常处理的程序是签收、分拣、拆封、登记、分办。

1.邮件签收

邮件日进出量较少的单位，邮件处理工作通常由办公室秘书兼管；邮件日进出量较大的单位，一般会在办公室下设置专门的收发室，由专门人员负责收发邮件。收发人员的职责仅限于邮件的分拣、登记和分发，而不能对邮件进行拆封和呈（送）办。

2.邮件分拣

秘书在日常工作中接收到的邮件主要有特殊性专递、电报等急件，业务往来信函，写明领导亲启的信函、汇票、汇款单、报纸、杂志,同事私人信件等。为了方便邮件呈送和处理,秘书收到邮件后,首先要对邮件进行分类。分类的原则:将私人邮件与公务邮件分开;将办公室内部邮件与外部邮件分开;将优先考虑的邮件放在一起,包括出现有挂号、保价、快递、机要和带回执等特殊邮寄标识的邮件;此外,电报、电传和传真等也比较重要。

3. 邮件拆封

邮件拆封时,要注意保持原封的完好,特别注意封内的文件不能损坏。必要时,应把原封订在文件后面,一并处理,以便日后查阅。如发现有不属于本单位的文件,或内装文件与应送文件不符,应按规定处理,一般应予以退回。不是所有的邮件都由秘书拆封,明确写了部门名称、领导亲启和私人名字的邮件,如果没有授权,秘书是不能拆封的。一般情况下,邮件拆封应该按照以下顺序进行:

第一步,拆封之前,轻敲邮件。在邮件底部轻轻敲击几下,使封内的邮件落到下面,以防邮件留在封口边缘被拆剪破坏。

第二步,小心开启邮件。用开封刀或自动拆封机沿信封上端开启,小心取出邮件。

第三步,仔细检查,以免遗漏。取出邮件后还要仔细检查一遍信封,以免遗漏一些重要物件在信封内。

第四步,核对清楚附件。邮件上标明的附件,必须核对清楚,如果缺少了附件,应该在邮件上标明,最好将附件用回形针或订书钉固定在邮件上。拆封邮件时要注意,不要剪坏邮票、邮戳和信封上的文字,应保持信封的完整;如果信封无邮票或邮票、邮戳不完整,应注明;对来信的页码进行核查,发现错误要标明;收到信函之后是否拆封,应按与领导事先约定的方法办理。如果没有约定,那么,公务邮件在拆封以后递交给领导,私人邮件就不要拆封。如果公务邮件信封上也标有"亲启""机密""重要"等字样,除非领导授权,秘书不得拆封;如果无意拆开不该拆的邮件,应立即封口,当即停止阅读,并保证不把已看到的内容告诉任何人,然后把信纸按原样折叠好,放回信封,在信封上注明"误拆"字样,并签上自己的姓名,尽快送交收件人。

4. 邮件登记

邮件登记的一般做法是建立一个邮件登记表。登记表既可以作为核对的依据,也可以作为回复邮件的提示条。登记时要注意,除私人邮件、普通广告、推销信、征订单外,其他公文、公函、包裹、杂志等都应当登记,以便管理。登记时应写明编号、收到日期、收件人或部门、邮件种类、处理办法等。邮件登记表示例见表6.5。

表6.5 邮件登记表示例

编号	收到日期	发出日期	发件人	收件人	来件种类	处理日期	办理情况	备注
109	××××.12.12	××××.12. 10	张宏森	吴宝华	邀请信	××××.12. 12	略	略

5. 邮件分办

邮件分办包括邮件的分发和传阅。一般分为两种情况:一是向领导呈交有阅办要求的邮件;二是向其他人递交邮件。

在呈交领导阅办的邮件时,秘书应该注意:首先,呈送时要将重要的邮件放在上面,一般处理要求的邮件放在下面。重要的邮件(文件)转送前最好复印一份保存,以备查核。如果这些邮件需要参考资料,要将两者放在一起呈交。其次,也可以使用不同颜色的文件夹放置不同处理要求的邮件,如将邮件(文件)分为急件、要件、例行公事件、密件、私人件五类,分别归入五个规格一致但颜色不同的专用文件夹内,分送各主管领导处理。其中,用红色文件夹放置优先考虑的邮件,用黄色文件夹放置例行性备忘录,用蓝色文件夹放置特殊信函,用绿色文件夹放置私人事务信函。如领导有要求,秘书呈送文件前应先标注出重点部分,如邮件(文件)中的公司名称、日期、产品名称、数量、价格等,应用尺和黄色笔(如需复印,黄色不会在复印件上显现)在这些内容下面画出直线,或在邮件(文件)上用简练的文字作旁注,以提醒领导。有些邮件需要交多个部门阅看、处理,这些邮件就需要在这些部门之间传阅。秘书控制传阅过程的常用方法:涉及数个部门的邮件,可以将有关部门的列表附于邮件上,交部门负责人处理,部门负责人阅毕,划掉该部门的名字。或者,由主要负责部门持有邮件的原件,并由该部门将邮件内容转告其他部门,也可以将邮件复印后分发给有关部门。或者,涉及数人的邮件,可以设计一个传阅顺序提示条,请有关人员按提示条顺序传阅。邮件传阅顺序提示条示例见表6.6。

表6.6　邮件传阅顺序提示条示例

邮件标题	关于×××××的决定			
日期	××××年1月12日			
传阅人姓名	传阅顺序	阅信人签名	阅信时间	备注
吴××	1			
李××	2			
何××	3			
说明:请按顺序传阅,前一位传阅后签上姓名、日期,由秘书取回,然后由秘书再传给下一位传阅人,传阅结束后,邮件交秘书存档。				

(二)邮件寄发

1.邮件签字

许多邮件在写好以后需要领导签名。领导的亲笔签名会引起对方对邮件内容的格外重视,甚至有人在收到信后还会确认是否有领导签名。因此,请领导在邮件上签名是一件不容忽视的事情。秘书要做的工作是将需要领导签发的信函准备好,并在恰当的时机送领导签名。除紧急邮件必须立即请领导签名外,一般邮件可以集中在一起,找一个方便的时间统一请领导签名。

2.查核邮件

在邮件封装寄发之前,需要仔细查核。查核的内容包括查核信函、附件和信封、信皮。信函起草完毕后,秘书应该按照正确的格式进行打印,并保证字句及标点的使用正确,同时核对附件是否装好,应当尽量保持信件的整洁、正确,防止疏漏,确保附件的准确、齐全。查核信封、信皮时要检查格式是否正确;姓名、地址、邮编是否正确;标记是否注明。标记有两种类型:一种是邮件性质标记,如"私人""保密"等;另一种是邮寄方式标记,如"挂号信""特件"等。

3.邮件封装

邮件封装之前,秘书应该将信纸上的小夹子或其他装订用具取下。信纸的折叠应该根据信封和信纸的规格而定。以 A4 规格的办公用纸为例,装入邮局标准规格的各类大小信封的折叠方法有四种:第一种,不折叠,一般重要的文件或纸张较多的邮件可以不折叠,直接装入大信封中;第二种,二折法,将纸张对折,将底边折到距顶边 0.5 厘米处;第三种,三折法,先将底边上折约 1/3,再从下往上折到距顶边 0.5 厘米处;第四种,四折法,先将信纸叠成二折法,再将纸的左边向右折叠至距右纸边 0.5 厘米处(图 6.1)。查核完毕的邮件装入信封后,要仔细封好开口,并贴上邮票。注意:给邮票和封口上胶水时,要同时使用吸湿器。吸湿器能吸干过量的水分,以免弄脏信封。不要用舌头去舔信封和邮票,这样做既不卫生又不保险。

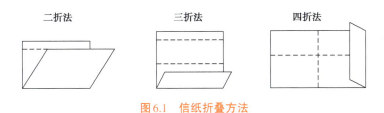

图6.1　信纸折叠方法

4.邮件寄发

如果要寄发的邮件数量和种类较多,应当先对邮件进行汇总并分类。可以将信件、包裹、印刷品等区分开,也可以将邮件分为境内平信、国际航空、特快专递等种类。快件应当立即处理,大宗信件可以捆扎寄发。重要邮件发送前都要先在登记册上登记。

秘书应当了解邮政方面的规章制度和寄发时间,选择适当的寄发方式。如果时间充裕,一般通过所在地邮政服务机构邮寄。如果时间紧迫,可以采取其他的快速传递方式,如电子邮件、传真等。下面对这四种方式进行介绍。

(1)电子邮件。

电子邮件是建立在计算机网络上的一种通信形式。电子邮件具有一定的格式。以目前世界上广泛应用的国际互联网络因特网的电子邮件格式为例,它由三部分组成:信头、信体和签名区。信头包括发件人、收件人、主题、日期(计算机自动输入)、附件。添加附件的目的是避免邮件太长,影响发邮件的效果(如速度)等。主题是接收者了解邮件的第一信息,要提纲挈领,一目了然。信体是邮件的内容,其书写格式与常规邮件相同。回复来信,可摘录部分来信原文,说明附件内容。邮件正文不宜过长,要求用词简洁,语言流畅,如果太长,可以以附件的形式附加在邮件中说明;图片也不宜过多、过于花哨,以免影响收件人打开邮件的速度。

签名区签上发件人的姓名和身份。

以××机械有限公司于××××年1月10日发给其业务合作伙伴鸿辉公司的一封电子邮件为例(××机械有限公司:hurong@163.com;鸿辉公司:honghuigongsi@hotmail.com)。

电子邮件发送格式示例:

发件人:hurong@163.com

收件人:honghuigongsi@hotmail.com

主题:合同

正文:(略)

××机械有限公司市场部×××

××××年1月10日

发送电子邮件要注意:收件人如果有级别差异,最好按照从高到低的顺序排列。

主送("TO")、抄送("CC")和密送("BCC")是有区别的。主送主要是发送给邮件正文的执行者或负责人;抄送主要是发送给相关人员知会,但不承担主要责任;对于密送者,他能看到主送者和抄送者,但主送者和抄送者看不到这个密送者。发送电子邮件时要注意保密,如果不想收件人转发、打印或拷贝你的邮件,那么最好设置"防止拷贝"。

秘书应当每天按时查收电子邮件。收到电子邮件,应立即回信,最迟不超过24小时。收发邮件时,要做到合理、准确、规范。一般来说,每封邮件都应有题目;不发送垃圾邮件或者附加特殊链接;不要在群发邮件中透露他人的邮件地址,应该使用隐藏地址的抄送方式;不发送容量过大的附件内容;多用"谢谢""请"等字眼,根据对象来选择开头语和祝福语,既不过于客套,又要注意礼节;主动终止邮件来往时,可以在文末附注"全部办妥""无须回复""仅供参考"等字样。

秘书应当根据需要过滤、删除不必要的邮件,然后进行分类处理。需要领导审阅的邮件,存入相应文件夹;需要领导批改的邮件,打印出来送给领导。秘书回复邮件时,以领导名义回复的,应当从领导信箱发出;以秘书名义发送的,需要说明邮件内容为领导授意。重要的邮件应及时保存。

(2)传真。

传真是将文字、图表、照片等记录在纸面上的静止图像,通过扫描和光电变换,变成电信号,经各类信道传送到目的地,在接收端通过一系列逆变换过程,获得与发送原稿相似记录副本的通信方式。

传真是一种非常现代化的通信方式,易于操作,广泛应用于公司、企业甚至家庭。传真的格式简单,操作方便。无论什么样的文本和图表几乎都能通过传真发送,对传送手工制作的图表和手工签名的文本尤其有优势。

发送传真首先要准备好传真稿。传真稿在格式上分为正式和非正式两种。作为单位间彼此传送的公文,传真稿必须采用正式格式。一般情况下,公司有专门的传真用纸,发传真时填上相关内容即可。非正式的传真资料没有一定的格式要求,较为随意。

接收到传真时,秘书应当先判断,如需要领导本人审阅的,就根据领导授意进行处理;如果可以由秘书代为处理的,就转给相关负责人,或由秘书本人回复。

传真机是安装在电话线路上的,其信号极易被电子窃密技术窃取。秘书在使用时要增强保密意识。凡传送机密文件的传真机,必须安装保密装置。重要的传真也应当存档。

任务提示

学生根据所学秘书专业知识,通过图书、网络查询等方式收集信息,结合实训完成任务。完成任务时应注意:

(1)分组模拟,将学生分成若干组,演示整理和发送邮件的全过程。其他学生对演示的结果进行评议。

(2)尽可能提供真实的模拟环境,如要求每位学生申请一个免费邮箱,互发一定数量内容不同的邮件,完成接收工作。

任务实训

1.实训目标
通过实训,学生需要掌握邮件的发送方法。

2.实训背景
在××机械有限公司市场部经理吴良正的办公室里,吴经理向尹秘书口述了一封信的大概内容,要求尹秘书整理出来,以最快速度用电子邮件发出,并保证对方在最短时间内收到这封信并回复。

3.实训内容
请根据实训背景,详细描述尹秘书从整理邮件到发出邮件的全过程。

秘书灯塔

言不在多,达意则灵;话贵精练,意深远行。

项目七
值班工作

知识目标：

- 掌握值班的工作任务。
- 了解突发事件的含义和种类。

能力目标：

- 能够制作值班安排表。
- 能够按要求处理值班的日常事务。
- 能够处理突发事件。

素质目标：

- 培养严格遵守规章制度值班的素养。
- 培养责任心。

任务一　　安排值班

任务描述

　　××机械有限公司尹秘书负责安排公司的值班工作。星期一早上刚上班,行政部经理吴良荣就把她叫到办公室,冲她大发雷霆。原来吴经理中秋节这天有一项紧急的工作,往公司值班室打了一上午的电话,就是没人接。今天早上查看那天的值班记录,竟然是空白的。吴经理责令尹秘书一定要加强公司的值班工作管理,要求她制订一份《××机械有限公司值班管理规范》,进一步完善公司的值班制度。

任务分析

　　值班工作是秘书部门日常工作之一。加强值班工作管理,对于维护公司的正常工作和生产、保证安全、畅通与外部的联系有着重要作用。要做好值班工作,包括以下几个方面的内容:
　　(1)明确值班工作任务。
　　(2)遵守值班工作规范。
　　(3)编制并执行值班安排表。
　　(4)记录值班工作内容。

任务准备

(一)值班工作任务

　　值班工作是秘书部门的日常工作之一,各单位值班工作都非常繁杂,且各具特色。有些企业还专门设有值班室,由专人值班。具体来说,值班工作任务如下。

1.办理领导交办的事项

　　领导有很多临时性、紧迫性工作,在找不到其他部门办理时,多数会交给值班人员。值班工作很大一部分是承办领导交办的事项。常见的事项有:①临时性的会议通知。一些临时决定召开的会议,因时间紧,发书面通知已来不及,或会议内容与各个业务部门有交叉,难以确定由哪个业务部门主办。在这种情况下,经常由值班人员使用电话或其他方式召集有关部门和有关人员参加会议。②查问有关部门和有关人员对领导某项批示、要求的贯彻落实情况,并将查问的结果及时回复给交办的领导。③受委托做好接待工作。由于领导的工作原因或精力所限,有的接待工作就委托值班人员来完成。值班人员要根据具体情况,或自己承担或通知有关部门做好接待工作。④根据领导的指示,了解在本地区工作考察的上级领导的活动及生活接待情况。⑤向有关单位人员转告领导的指示等。领导交办的事项很多,范围也很广,值班人员需要根据具体情况灵活办理。

2.上传下达,沟通内外

上级机关经常派人到下级单位检查工作、了解情况,下级单位经常派人到上级机关汇报工作、反映问题,平级单位或无隶属关系的单位也常相互联系、协调工作。值班人员要认真接待来访者,或请有关领导接洽,或介绍给有关部门处理。对于上级的各项指示、通知和下级的请示、汇报,值班人员都要认真登记,及时汇报和处理。对于本单位的一些突发事件,值班人员也有责任将掌握的情况报告给领导和通知有关人员。

3.认真处理来函、来电

日常的来函、来电是由业务部门办理的,但下班后或节假日的来函、来电则交由值班人员负责。值班人员应及时将急电、急件通知给具体承办单位、部门或报告分管领导。对于电话请示、电文等内容,值班人员一般只传达不答复,不随意表态。若领导有批示或指示,应按领导的要求,及时办理。

4.负责值班人员的安排

只有党政领导机关、大型企事业单位或一些性质比较特殊的单位才设有固定人员值班的值班室,平时由固定人员值班,法定节假日则由业务部门的人员轮流值班。较小的单位多采取轮流值班的办法。安排值班人员要具体、细致。

5.掌握领导的外出活动

领导外出时应由秘书告知值班人员,以便随时取得联系。值班人员要详细记录领导外出的情况,尤其是领导出差在外的情况下,要及时与领导联系,了解领导外出所在地的住址和电话号码,以便遇到急事能随时找到领导,保证工作的正常开展。

6.负责值班中的接待工作

值班中的接待工作主要有两种:一是公务接洽;二是个人来访。上级单位工作人员来了解或指导工作,值班人员应根据相应规定并结合来访者的意愿做出适当的安排;外地单位工作人员来参观、学习、考察,值班人员要热情接待,谦虚诚恳地向客人介绍情况;专程前来并对公司的工作提出意见、建议和要求的客人,值班人员也要热情接待,虚心听取客人的意见,并尽可能满足客人的要求。对于那些无法满足的要求或者不当要求,值班人员也应耐心说明、解释。值班人员对外来人员及接待情况都要进行登记和记录。

7.协调处理安全保卫工作

值班人员要协助有关人员做好安全保卫工作,防止物品丢失、被盗和破坏等情况的发生。

(二)值班工作规范

值班工作具有明显的岗位责任性质,必须建立和健全值班制度,使值班工作制度化、规范化。值班管理制度包括信息处理制度、岗位责任制度、保密制度、交接班制度等。具体来说要求如下:

(1)坚守值班岗位。

(2)认真处理事务。

(3)做好值班记录。一是记好值班电话记录;二是做好接待记录;三是做好值班日记。

（4）做好接待工作。

（5）加强安全保卫工作。

（三）制作值班安排表

值班人员的值班安排表是清晰记载或标明值班人员的姓名和值班时间的表格，一般由主管秘书编制，然后交给主管领导审核确认，再印发给有关人员。值班安排表的内容一般包括：列出值班时间期限和具体值班时间；按照要求填写值班人员姓名、值班地点、负责人或带班领导姓名等；用简短的文字标明值班的工作内容和人员缺勤的备用方案。值班安排表示例见表7.1。

表7.1　××机械有限公司××××年国庆假期值班安排表

时间		值班人员	值班电话	带班领导	电话	备注
10月1日	上午	×××	××××××××	×××	××××××××	
	下午	×××	××××××××	×××	××××××××	
10月2日	上午	×××	××××××××	×××	××××××××	
	下午	×××	××××××××	×××	××××××××	
10月3日	上午	×××	××××××××	×××	××××××××	
	下午	×××	××××××××	×××	××××××××	

（四）记录值班内容

1.值班日志

值班日志以一天为单位，记录值班中遇到的情况和工作经历。凡值班期间的来人、来电、来函、领导批示、领导交办事项、值班人员办理事项等，都要摘要记录在值班日志上。值班日志有利于下一班值班人员了解情况，保持上下班工作的连续性；有利于领导了解、检查、考核值班工作；有利于为编写情况反映、工作简报、大事记提供参考资料。

值班日志样式很多，现介绍一种样式供参考，其格式见表7.2。

表7.2　值班日志格式

日期		星期		值班人	
承办事项					
处理结果					
待办事项					

2.值班报告

值班期间发生的重大情况或突发事件，值班人员应立即向领导报告。必要时，值班人员可形成书面值班报告送审，对把握不准的其他问题也要请示领导，不得擅自越权处理。领导批示后，值班人员应按领导意见办理。值班报告一般为单张正反面两页式，容量较小,把主要情况和拟办内容写清楚即可,不需要过多地分析原因、危害等。值班报告格式见表7.3。

表7.3 值班报告格式

报告事项			报告单位	
来人、来电、来函时间				
单位:	姓名:		职务:	电话:
内容摘要				
拟办意见				
经理批示				
处理结果				
备注				

3. 来人登记与接待记录

值班人员对外来的信函、电报、电话内容等要认真登记,对办公时间和生产时间来单位的外来人员及其乘坐的车辆、携带的物品,以及非办公时间或非生产时间进出公司大门的人员及车辆、携带的物品,都要认真登记。登记可以由进出人员自己进行,也可由值班人员代为登记。外来人员登记表见表7.4。

表7.4 外来人员登记表

序号	姓名	性别	单位	乘坐车辆	携带物品	办理事项	进入时间	出门时间	备注

接待记录要编号,依次记下来访者的姓名、单位、接待时间、陈述内容和要求,写上拟办意见、值班人员签名等内容。接待记录表见表7.5。

表7.5 接待记录表

来访者的姓名		来访者的单位	
接待时间	年 月 日 时 分至	年 月 日 时 分	
内容摘要			
拟办意见			
经理意见			
处理结果			
值班人员签字			

4. 电话记录

电话是值班室使用最频繁的对外联系工具。值班人员在接听值班电话时,态度要和蔼、谦虚、礼貌,遇到询问应耐心热情地回答,要熟记常用的电话号码,对重要电话要详细记录内容。通常使用统一格式的专用记录本记录电话内容。

5.交接班记录

值班人员可以轮流,但值班工作不能间断。交接班是值班人员沟通情况、汇报工作、保持值班工作连续性的活动。交接班通常有两种方式:第一种,集体交接班,即值班单位全体人员在一起交接班。交班人员汇报在值班期间发生的大事、领导指示、办理情况及需要接班人员做的工作等内容。第二种,交接班的值班人员单独交接。接班人员要明白接班之后必须做的工作,这样交班的目的就达到了。交接班时应当注意:必须当面交接,不能委托他人;要交清值班记录,说明在值班期间出现的问题及处理方法;值班人员要在值班记录上签名,确认记录内容。

任务实训

(一)实训1:值班日常事务处理

1.实训目标

通过实训,学生能够按要求处理值班的日常事务。

2.实训背景

××××年3月3日,星期天,××机械有限公司的尹秘书在公司值班。

场景1:尹秘书接班时,没有见到交班人员或没有找到前一班的值班记录。尹秘书该怎么办?

场景2:尹秘书翻开记事本,发现今天有两件技术部门的工作任务,分别是:今天9:00到第一分公司检查新产品的样品质量;14:00到第二分公司修理设备。因为今天是休息日,技术部门只有技术员小李一人值班,宋工程师今天正好轮休。尹秘书应当如何通过电话督促技术部门完成任务?请演示尹秘书的处理方式。

场景3:10:00,尹秘书接到公司专卖店一分店营业员小张的电话,说顾客很多,N1型家用净水器缺货。尹秘书翻看仓库记录,发现仓库也没有存货,此时只有从二分店调货。尹秘书打电话与二分店店长王小新联系,得知有该型号的净水器,要求调货给一分店,再让营业员小张请顾客留下地址、电话与押金,并开具收货凭证,回家等候,一小时后为其上门服务。尹秘书做得对吗?尹秘书应怎样应对值班电话?

场景4:17:30,还有半小时就可以下班了。所有事情已做完,尹秘书觉得有必要将今天的值班情况整理一下,编写在值班日志上。请完成一份当天的值班日志。

3.实训内容

将学生分成若干小组,分场景模拟演示处理过程。

(二)实训2:编制值班安排表

1.实训目标

通过实训,学生需要掌握编制值班安排表的方法。

2. 实训背景

国庆节期间,公司将按照国务院的有关规定放假 7 天。经理要张秘书编制一份值班安排表。

3. 实训内容

请编写一份"国庆 7 天值班安排表"。要求:值班人员中要有负责人和具体值班人员,人员姓名自拟。值班时间必须是全天的,要清楚明白,一目了然,并简单写明值班内容。

秘书灯塔

> 伟大的事业,源自微小的责任心。点滴积累,成就不凡。

任务二　值班中的突发事件处理

任务描述

××××年 1 月 16 日下午 5:30,××机械有限公司办公室秘书小尹正准备结束值班,回家休息。突然,电话铃响了,尹秘书拿起电话就传来了急促的声音:"出事了,请公司马上派人来。""同志,请你冷静一下,出了什么事,把事情说清楚。"原来,公司一辆送货的面包车和一辆大卡车相撞,司机重伤,另有 3 人受伤,车损严重,已不能开动,请求公司紧急处理。

任务分析

值班过程中极有可能遇到一些突发事件。能否处理好这些突发事件是对值班人员综合素质的极大考验。虽然不同事件的处理方法不尽相同,但还是有以下一些程序可遵循:

(1)了解具体情况。

(2)尽快处理,及时汇报。

(3)妥善处理善后工作。

(4)有效预防。

任务准备

(一)了解具体情况

遭遇突发事件,值班人员应当保持冷静,沉着应对,弄清楚事件的来龙去脉,包括事件发生的时间、地点、涉及的人物、影响的范围、具体情况、损失的大小等,做到心中有数。对于听不清楚的情况,值班人员要逐字问清,决不能满足于"差不多""大概"。在这个案例中,尹秘书沉着冷静,在对方慌张失措的情况下,首先要安慰其情绪,问清楚事件的缘由。

(二)尽快处理,及时汇报

值班人员接到突发事件的紧急报告后,属于自己职责范围内的内容,可按照有关规定自行处理;对自己把握不准的问题,要及时向领导或有关部门报告、请示,并按照指示迅速开展工作;对事发突然需要马上处理的问题,可视情况先做应急处理工作,再向领导报告。

若是公司有突发事件应急预案,值班人员应当马上启动应急预案,并向领导汇报。若是没有,而该事件又需要马上作出安排和判断,值班人员不必拘泥于平常的办事程序,应当迅速而果断地根据自己的业务知识作出初步安排,并迅速向领导汇报。

在这个案例中,尹秘书本应当马上向领导汇报,请求领导指示,但是关系到伤员的生命安全,一旦无法及时联系到领导,将会带来十分严重的后果,在危急关头,秘书可以"临时越位"作出决策。尹秘书应当在第一时间组织有序地救援。首先,迅速派人赶去现场,妥善保护好伤员。其次,拨打120,告知事故发生的地点、伤亡人数,请他们立即派救护车去现场抢救伤员。最后,给交警队打电话,请他们立即派人去现场处理事故。处理突发事件,要注重"突发"的紧迫性,反应要快,行动要及时,既要大胆、果断,又要注重细致、稳妥。

值班人员紧急处理突发事件后,要马上向领导汇报事件缘由和初步处理情况,请求领导的指示,并说明先行决定的原因。若是重大事故,应当成立突发事件应对处理指挥中心,遵循领导统一指挥、分级分部门负责的原则,开展事故的处理工作。值班人员在紧急时刻要坚守岗位,随时关注事态的发展,并协助领导做好工作。

(三)妥善处理善后工作

突发事件处理工作结束后,值班人员应当用口头汇报或者书面汇报的方式,向领导准确而全面地汇报事件,若有文字资料还应当归档保存。值班人员还要及时填写"突发事件情况记录表",包括事件发生的时间、地点、当事人、过程简述、表格填报者签名、证人签名等。如果有人员受伤,则涉及的每个人都要填写一张"工伤情况认定表",内容包括表格填报者的姓名、身份;突发事件涉及人员的姓名、出生日期、住址、职务等,突发事件发生的日期、地点,突发事件的细节及对突发事件的看法,处理情况,表格填报者签名、证人签名等。

(四)有效预防

有些突发事件是不可预知的,但是有些则是可以预防的。值班人员平时要注意积累经验,遇到情况善于思考分析,把突发事件消灭在萌芽状态,即所谓的常备不懈,有备无患。

(1)制订预案,确定具体处理程序。以书面形式确定突发事件处理程序,详细地列出如出现火灾、人员受伤、突发疾病等时的具体处理程序。

(2)培训工作人员。用上述突发事件处理程序培训所有工作人员,如健康培训、安全培训、急救培训、保安人员的特殊培训等。

(3)普及自救应对知识。在公司公告栏张贴相关急救知识,让所有人员了解有突发事件发生时,该如何急救和处理。

(4)进行模拟演练。实行突发事件模拟演练,如定期进行消防演习或疏散演习来测试编写的程序是否合适。

(5)分工合作,明确职责。明确各级管理人员在发生突发事件时所承担的任务和职责。

(6)配置物资设备。保证配备相关的设备和资源以随时应对突发事件,如报警装置、灭火器、急救包等。

(7)定期检查和更新设备。保证设备的定期检查和维护,如定期维护保养常用通信设备,对讲机、手持电话平时要充好电;专用交通工具平时要加好油;交通图册、重要联络电话、手电筒、雨衣等都要作为值班室的基础装备,做到常备不懈。

任务提示

学生根据所学秘书专业知识,通过图书馆、网络等方式收集信息,结合实训完成任务。完成任务时应注意:

(1)分小组演示,若遇到突发事件该如何处理。该任务可以在实训室进行。

(2)要求处理程序恰当,应急措施迅速有效。

(3)要对突发事件的发展情况、所采取的措施、调查的结果以及善后处理工作做好记录。

(4)要求10分钟内完成。

任务实训

1.实训目标

通过实训,学生需要掌握突发事件的处理方法。

2.实训背景

某公司建材仓库大火足足烧了35小时,经过500多名消防人员的奋力扑救,大火才被扑灭。这场大火将仓库内所有物资烧毁殆尽,让公司蒙受了巨大损失。为什么火会烧得如此之大呢?据说是值班人员在报警前耽搁了整整24分钟。火灾那天,0:45,值班人员李某发现仓库冒烟,立即来到仓库查看,发现确有火情,便向值班干部王某报告。1:08,王某打电话至科长家,称建材仓库发现冒烟,问是否需要打119报警?科长指示要报警,同时,王某打电话给书记,汇报火情。宝贵的24分钟就在这东请示西汇报的过程中悄悄溜走。1:09,消防部门接到报警,火速赶来,然而,待大火被扑灭,仓库已经片瓦无存。

请说说王某和李某错在哪里。

秘书灯塔

未雨绸缪,临危不乱。事后反思,经验为师。

项目八
商务接待与宴请

知识目标：

- 了解时间表的类型和编制时间表的程序。
- 了解领导约会的要求，掌握接待工作的程序和要求。
- 了解宴请的种类与程序。

能力目标：

- 能够给领导制作时间安排表，给领导安排约会。
- 能区分接待对象，确认接待规格，能合理安排接待日程。
- 能做好来宾的迎送工作，掌握宴席安排的方法和宴请接待的技巧。

素质目标：

- 培养商务礼仪规范的素养。
- 培养细微之处以礼待人的素养。

任务一　时间管理与安排约会

任务描述

××机械有限公司销售部经理吴良正第三季度会议较多，7月的前两周要在上海开会，7月的第三周星期二要在公司开销售会议，传达上海会议精神；8月第一周的星期一要面试3位营销员，8月的第二周要去香港参加5天会议，8月的最后一个星期三要参加公司的办公会议；9月的前两周希望安排休假。每月的最后一个星期五上午是销售部固定的部门会议。同时，吴经理的邀约不断，令他疲惫不堪。张总要求秘书王亚负责合理管理他的时间和安排他的约会。

任务分析

合理安排领导的活动，能帮助领导节约时间，提高办事效率。编制领导的时间表包括以下几个步骤：

（1）根据需求进行时间管理，确定编制时间表的周期。

（2）合理安排工作任务。

（3）绘制成表格。

（4）有效管理工作日志。

为领导安排约会是办公室事务中一项常规性的工作。如何将约会安排妥当，完成领导的基本意图和工作目标，还是有讲究的，相关要求如下：

（1）分清轻、重、缓、急，合理安排约会。

（2）选择合适的约会时间。

（3）选择合适的邀约方式。

（4）制订约会日程表。

（5）收集信息，充分准备。

（6）细致周到，做好服务。

任务准备

（一）时间管理

时间表是管理时间的一种手段。它是将某一时间段中已经明确的工作任务清晰记载和标明的表格，能提醒使用人和相关人按照时间表的进程行动，从而有效管理时间，完成工作任务。

1.根据需求确定编制时间表的周期

时间表分为年度时间表、月时间表、周时间表、日时间表等几大类。根据工作的需要,秘书要选择合适的时间表帮助领导安排时间。

(1)年度时间表。

年度时间表是安排组织一整年的例行会议、重要活动等事项的表格。秘书可以参照上一年度的时间表和新一年的工作部署来编制年度时间表。年度时间表力求内容简明概括,一目了然。活动的详细情况可以在月时间表和周时间表中体现。年度时间表示例见表8.1。

表8.1　××电子有限公司××××年年度时间表

月份	起止时间	工作内容	注意事项	相关单位或人员	应准备材料	备注
1 月	3 日	员工大会		行政办公室组织		
	6—8 日	部门经理会	携带工作计划和上年度业绩报告	市场部经理 项目部经理 策划部经理		
2 月	10 日	公司中层干部会议				
3 月	……					
4 月	……					
……	……					

(2)月时间表。

月时间表是领导活动的月安排,一般在上个月底或当月初作出。月时间表的信息由主管领导负责,一般请其他领导提出下月计划,再结合集体议定的事项,由秘书制表,有矛盾冲突的进行沟通调整,将编制的月时间表交主要领导审定后下发实施。月时间表示例见表8.2。

表8.2　××电子有限公司 2 月时间表

周次＼星期	星期一	星期二	星期三	星期四	星期五
第一周		召开销售会议,传达上海会议精神(大会议室)			
第二周					部门会议
第三周			面试 3 位营销员(小会议室)		
第四周	公司办公会议(大会议室)				

（3）周时间表。

周时间表是在月计划的基础上制订的。表中的内容常在星期五下班前或星期一上午由主要领导碰头协商,加上平时收集的信息,由秘书填写在固定的按星期一至星期五、分为上下午时间的表格中。时间表经被授权人过目审定后,印发给相关人员。周时间表示例见表8.3。

表8.3　××电子有限公司 2月第二周时间表

日期	起止时间	事由	事前注意事项	应通知人员	应通知单位或部门的名称、电话	应准备资料	应到地点	备注
星期一								
星期二								
星期三								
星期四								
星期五								

（4）日时间表。

日时间表是根据每周时间表制订出来的。秘书把当天工作的一些注意事项记在日时间表上,交给领导,提醒他不要忘了约会等一些重要工作。日时间表必须在头一天就让领导确认。对于经常外出的领导,还要复印一份让领导随身携带,把对方的电话号码等一些注意事项记在上面。日时间表的两种常见样式见表8.4和表8.5。

表8.4　日时间表样式1

年　月　日,星期

序号	时间	地点	内容安排	时限	人员	有关事项	特别提醒	备注

表8.5　日时间表样式2

起止时间	事由	需联络的单位、电话、姓名

上述的几种时间表跨度越小,填写的信息应越详尽、细致、明晰。时间表填写的内容包括领导工作的方方面面,如参加会议、参观访问、庆典仪式、宴请活动、报告演讲、招待

宾客、出差休假、公司例事等。时间表可以一人使用，也可以多人共同使用。如果同时给几位领导制订时间表，最好做成一览表的形式。若出现新的情况（比如需要召开全体董事紧急会议），调整起来就非常方便。时间表的制订要灵活，领导的工作安排既不能重复，也不能遗漏。要注意各类时间表之间的衔接，最好把它们集中起来，相互对照。

2.合理安排工作任务

（1）收集并列出该时间段的所有工作。

领导的日常工作安排一般涉及以下内容：各种会议、接待、约会、拜访、检查、指导等。秘书应当将该时间段内领导的所有工作内容收集完整，不要遗漏。

（2）统筹兼顾、突出重点，合理安排时间。

所谓统筹兼顾，就是安排领导的工作要从组织的全局出发，统一筹划。秘书安排领导的工作要适应整个流程的正常运转，不延误或降低团队的整体效益。如果发现活动有矛盾，秘书应当主动与负责人协商，及时调整。秘书要遵守组织制定的规章制度和有关工作的承办期限，不能只凭个人想象和爱好安排工作。所谓突出重点，就是排出领导工作内容的优先等级，对完成中心工作有直接联系或对组织有重要影响的工作优先安排，保证领导集中精力办大事、要事，防止领导疲于奔命，力戒形式主义。在工作中，秘书可以采用 ABCD 法则有效地安排时间。

一般来说，事物 80% 的价值集中在 20% 的组成部分中，即人们常说的"关键的少数，次要的多数"原则。自觉运用这一原则，把 80% 的时间，用在 20% 的工作上，往往能用一两分努力，获得八九分成果。具体做法是先依据系统原理，把工作组成一个有机的整体，然后分析每项工作在系统中的作用。分析时可提出三个问题：①能不能取消这项工作？②能不能与别的工作合并？③能不能用简便的东西代替？经过三个能不能"处理"后，再根据每项工作在系统中作用的大小，将其分为 ABCD 四类（图8.1）。

重要程度	紧急程度
A.很重要，也很紧急	C.很紧急，但不重要
B.很重要，但不紧急	D.既不重要，也不紧急

图8.1　ABCD 四类

很重要，也很紧急的，属于 A 类，必须立即做、优先做。

很重要，不紧急的，属于 B 类，应接着处理。

很紧急，但不重要的，属于 C 类，有时间才做。

既不重要，也不紧急的，属于 D 类，可以不做。

那些非常规的、重要的、紧急的或定时的工作，应在时间表中明显标注，以引起相关人员的注意，使那些无论如何要完成的事情绝不留到第二天。每日从 A 类开始，依轻重缓急，循序着手，就能充分利用时间，取得最佳效益。

3.绘制表格

绘制表格时,用适合的行列标明时间、事项即可。填写时间表时,用简明扼要的文字将信息填入表格,包括时间、地点、事项、人员等。一般情况下,在表格中不加评论,不作过多分析。

秘书应养成细心谨慎的习惯,事情不论大小,都要认真检查核对。对已经处理完的工作,应注明结果。对没处理的也应标记,避免遗漏,以帮助领导随时掌握信息。时间表经领导审核通过后,打印并送给相关部门,同时要留有备份。

4.有效管理工作日志

秘书要坚持写工作日志,通过时间和活动的详细记录,认真分析、评估利用时间的有效程度,从而改进工作方法,不断进步。

(1)工作日志的类型。

秘书管理的工作日志可以分为两种类型:

①手工填写的工作日志。手工填写的工作日志通常要准备两本,一本供领导使用,另一本由秘书自己使用。手工填写的工作日志要注意:秘书应当提前了解领导工作的信息,并在两份日志上填入,当日一早再次确定和补充;提前在自己的日志上清楚地标出自己当日应完成的工作;填写时要准确、完整、整洁地标明活动的时间、地点、姓名、联络人等内容。最好先用铅笔填写,确认后再用签字笔或钢笔正式标明,还可以使用不同颜色的笔,以示区别。秘书要协助或提醒领导执行日志计划,并在需要时帮助领导排除干扰。手工填写的工作日志使用起来比较简单和容易,在任何地方都能够独立使用。但也存在不足:一次只能供一人使用;记载的信息不如在计算机系统中那样容易搜索和分类;信息存储的空间有限;信息安全和保密性有待加强。

②电子工作日志。计算机程序可以提供日历、日志和计划的功能,并应用于联网的计算机中。有条件的组织可以使用计算机电子工作日志来管理时间。电子工作日志比手工填写的工作日志用起来更加方便,可以迅速修改和更新日志内容,且不留痕迹。

(2)工作日志的内容。

领导工作日志的内容通常包括:领导在单位内部参加的会议、活动情况,要记录清楚时间、地点、内容;领导在单位内部接待的来访者,要记录清楚来访者的姓名、单位详情、约会时间;领导在单位外部参加的会议、活动、约会等,要记录清楚时间、地点、对方的联络方式等;领导个人的安排,如去医院看病等;领导私人的信息,如亲属生日等。

秘书管理的工作日志内容除了包含领导工作日志的内容,还需要包括领导各项活动中需要秘书协助准备的事宜。秘书要在自己的日志上清楚地列出为领导工作所做的准备,并逐项予以落实。除此之外,秘书管理的工作日志内容还有领导交办给秘书的工作,秘书职责中应做的工作,如撰写年终工作总结、参加值班等。

(3)工作日志的变化与调整。

在工作中,有时会因为特殊原因而必须改变原定的安排。变更内容包括:原定时间延长;追加紧急的或新增的项目;项目的时间调整、变更;项目终止或取消等。安排的改变必定给自己和对方带来不便,所以一般情况下不要轻易变化或者调整既定安排,秘书要尽量想办法将日程安排的变更限制在最小范围内。当情况出现变化时,秘书应当立即更新日志,并告知领导。具体来说,调整时要注意:安排的活动之间要留有10分钟左右的间隔或适当的空隙,以防活动时间拖延或出现临时、紧急情况;调整、变更项目仍应遵循轻重缓急的原则,并将变更的情况报告领导;确定变更后,应立即做好善后工作,如通知对方、说明理由、防止误解等;再次检查是否在工作日志中已经记录了变更后的信息,防止漏记、错记。

此外,秘书还应注意:秘书应确保领导日志信息的保密,只给领导授权的人查阅;每天要进行检查和更新,保持两本日志信息的一致和准确,若领导有了新安排,应立即补充;秘书应熟悉领导的工作习惯、生活习惯,以便更好地安排领导的时间。

(二)安排约会

约会也称约见,是指领导在事先约定的时间、地点与别人会面商量工作,解决问题,交流信息,联络感情等。

1.按轻重缓急合理安排

秘书要在领导频繁的约会活动中,分清轻重缓急,根据约会的性质及重要性妥善安排。一般来说,重要而紧迫的约会,应安排在最近的时间;重要但不紧迫的约会,应酌情留时间安排;不很重要的约会或礼貌性拜访,可适当插入领导的工作空隙中,或者取消。要保证该约的不耽误,适时安排;该见又不急的,可稍缓安排;不该见的,坚决不约、不见,但必须说明原因。

2.选择合适的约会时间

秘书要根据领导的工作习惯和生活习惯来安排约会。一般情况下,安排约会不能打扰领导的常规工作,应当遵循领导的时间表。秘书可以通过观察领导如何分配时间,聆听领导的工作计划来分析、掌握领导的工作习惯和生活习惯。

秘书应当在领导时间比较充裕、精力比较充沛的情况下安排约会。领导外出开会或出差刚回来、连续召开完重要会议、身体状况不是太好、刚上班和快下班的时候不要安排约会。尽量不要在星期一的早上和星期五的下午以及节假日前安排约会。如果约会安排在上午,时间应该在上班后半小时左右。安排领导的约会时,在时间上一定要留有充分的余地,这种弹性包含两方面的内容:一是约会时间要错开,不可太紧或太松,每次约会之间应留出10~15分钟的机动时间;二是早期安排的约会,时间不能太确定,因为到时可能会因情况有变而更改时间。所以,秘书在确定约会时间的时候,要留有回旋的余地。经验丰富的秘书在约会的前一天或约会的当天早晨,还会打电话询问一下对方,看看对方会不会有临时变化。若有变化,应及时报告领导,调整行程。

3.选择合适的邀约方式

领导要约见某人,秘书要协助领导做好联系工作。某人想要邀约领导,秘书也要及时通知领导,依据领导的意愿做出合适的安排。一般来说,约会是通过电话联系的。秘书处理来电提出的约会要求时,先要确认对方的身份和约见原因。对于领导愿意见面的邀约,如重要客户、上级等,秘书应当及时安排约会。对于不确认领导是否愿意见面的邀约,秘书要告诉对方还需要和领导确认,请留下联系方式,再行安排。对于已经谈定的约会,秘书也应记下来电者的姓名、地址和电话号码,以备将来因故改变安排,需要与来电者联系时使用。除了电话邀约,还可以通过往来信件安排约会。在处理信件时,秘书要记录好约会信息。秘书在用信函答复对方邀约之前,要先得到领导的确认;在领导确认后,可以根据实际情况列入约会日程表。

4.制订约会日程表

约会通常会在一周前安排好。为此,办公室人员每周都要制订一份约会日程表。约会日程表是安排约会的必备之物,可放在办公室人员和领导的办公桌上。约会日程表的内容要简明、清楚,便于查阅。重要的约会日程表具有一定参考价值,可作为文件保存。如果会见地点不在领导的办公室,则要注明确切的地点。约会日程表一式两份,一份由办公室人员留存,一份交给领导,以备查核。

5.收集信息,充分准备

约会应当是有准备的,越是重要的约会,越要准备充分。秘书协助领导搜集有关信息,使领导事先做到心中有数。

6.细致周到,做好服务

秘书要提醒领导准时赴约,保证不误约、不失约。如果领导不能按时赴约,秘书要及早通知对方。特别重要的约会,应在接近约会的时间前与对方再次联络,确保约会的顺利进行。早上上班时,秘书可以在领导办公桌上放置一份打印好的一天内的约会小卡片,以示提示。下班前将第二天的约会事项填进小卡片,一张送交领导,一张交给司机,一张自己保存,以供提醒。约会小卡片示例见表8.6。

表8.6 约会小卡片

日期	××××年 ××月 ×× 日 星期×		
时间	内容	地点	备注
10:00	会见张××,商谈下一年度的销售计划	公司会议室	
13:00	与××公司王××经理共进午餐	白云大酒店三楼	
14:30	与律师商谈租赁位于中环大街的假日别墅事宜	瑞金路18号	
16:00	去白云机场接××公司董事长周先生及其夫人	住宿订在白云大酒店	
19:30	赴白云大酒店三楼参加晚宴(宴请于20:00开始)	白云大酒店	

任务提示

学生运用所学秘书专业知识,结合实训内容完成任务。完成任务时应注意:

(1)该任务可选择在模拟办公室或教室进行。

(2)可将学生分组,要求学生置身于情景之中,先独立完成,然后进行小组交流、讨论。

(3)在条件允许的情况下,实训可拓展至模拟班级、学校活动的安排,重在训练学生明确责任、充分准备、周全考虑、细致安排的意识。

任务实训

1.实训目标

通过实训,学生需要掌握ABCD原则,能用时间安排表合理安排时间。

2.实训背景

(1)实训1:请用ABCD原则完成以下事项安排。

星期一上班,秘书小周需要完成很多工作。她手忙脚乱,临近下班时,仍有部分工作没有完成。秘书小周星期一需要完成的工作包括:

①给某客户打电话,与对方联系领导下星期四将与他约会的事宜;

②复印下午部门经理会议所要讨论的报告及会议日程表,每人一份(8份,每份10页);

③向人力资源部门写报告,申请今年的休假;

④将某客户的答复信复印一份,原件邮寄给对方;

⑤拆封、分类和分发今天收到的邮件;

⑥布置下午要使用的会议室,准备茶水和咖啡;

⑦为领导预订星期日去天津的火车票(北京出发);

⑧将财务部新发的办公经费报销规定复印一份,原件放置在文件传阅夹中给部门同事传阅;

⑨在做这些事情的同时,她还接待了3位访客,接听了几通电话。

(2)实训2:如果你是行政部经理吴良荣的秘书,请根据实训背景,为其编制一份时间安排表。

以下是行政部经理吴良荣下星期一(3月18日)要参加的活动:上午出席经理主管会议,给参加员工培训课的新员工讲话;中午与光华公司董事长马明及其夫人共进午餐;下午前往阳光公司拜会市场开发部的经理高原,之后会见丽康公司销售部经理张建。

(3)实训3:说说从尹秘书的电话回复中,体现了约会工作的什么原则。

省外贸进出口公司业务处王处长,想邀约××机械有限公司吴总星期五晚聚餐。

尹秘书:"你好,这里是××机械有限公司,我是秘书小尹,请问有什么事?"

王处长:"你好,我是省外贸进出口公司业务处王炳华,我想约你公司吴总谈谈秋季环保产品出口中东国家的有关事宜,能安排吴总星期五晚在湖滨大酒店吃顿饭吗?"

尹秘书(停顿):"想约吴总吃饭,星期五晚上。"

王处长:"是的。请你安排一下。"

尹秘书(停顿):"那我来查一下吴总的工作安排表。(翻开记事本)对不起,星期五晚上恐怕不行,吴总要参加一个同学会。下星期四、五都有空,要不安排在下星期五? 具体时间我们再联系,好吗?"

王处长(停顿):"嗯! 好的,我安排好后会通知你的。"

尹秘书:"好的,那我等你电话,再见。"

(4)实训4:谈谈张秘书的工作哪里做得好。

张秘书正在办公桌后埋头整理文件。这时,来了一位衣着考究、手拿公文包的男士,要见刘总经理。张秘书热情地招呼他入座,然后查了查经理的日程安排,发现今天并无约会。张秘书热情地给客人倒了一杯水,问:"请问您和刘总约好了吗?"来客回答说:"我今天是带着很大的诚意来拜访贵公司经理的,如果方便,希望能和他面谈一下。"张秘书一听,知道他并未和经理约好。张秘书说:"真不巧,经理正在会见一个重要客户,这样吧,我现在想办法和他联系一下,请问我怎样向他介绍您的情况呢?"很快,张秘书搞清了对方身份,原来他是一家保险公司的业务员。张秘书知道公司近期并没有为员工买保险的打算,不出所料,经理的答复果然是不见。张秘书对来客说:"先生,真抱歉,刘总正在和一个大客户商谈,实在不方便打扰。您看快中午了,再等下去肯定会耽误您的吃饭时间。为员工买保险是一件很有意义的事情,我一定会请示经理尽快给您联系。麻烦您给我一张您的名片可以吗?""好吧。"来客掏出名片递给小张,但神情明显不悦。于是,张秘书又说:"对了,我想起一件事情。我一个朋友在另一家大公司上班,他前几天还说他们公司老板有意给他们上保险呢!您可以去那里试试。这是他的名片,您可以打上面的电话找他。"来客接过名片,脸色稍稍缓和了一些。张秘书又说:"先生,你们这个保险的资料能否给我留一份?下周我们有个同行联谊会,我可以帮您宣传一下。"来客听到这里,终于露出了笑容,满意地离开了公司。

秘书灯塔

时间是最公平的裁判。任务虽多,有序则不乱;时间虽紧,善用则有余。

任务二　拟订接待计划

任务描述

广州宏达公司下月初将派主管生产的王副总及技术骨干一行4人,来××机械有限公司参观学习,行政部经理吴良荣让秘书小尹拟订接待计划。

任务分析

接待来宾的第一项工作,就是要拟出切实可行的接待计划。接待计划的主要内容包括:

(1)做好接待准备。

(2)确定接待规格。

（3）草拟接待日程。

（4）确定经费预算。

（5）做好人员安排。

（6）妥善协调沟通。

（7）报请领导审批。

任务准备

接待是沟通内部的"桥梁"，是联系外部的"窗口"。接待工作的好坏直接关系到客人对公司的评价。秘书应该热情、礼貌、周到、耐心地接待来宾，给人留下美好的印象。

（一）接待准备工作

1.了解来宾的基本情况

为了保证接待工作万无一失，秘书要事先掌握来访者的基本情况，如来访的人数、姓名、性别、年龄、民族、职务等。有时还需要对主宾有更多的了解，如个人爱好、性格、特长等。了解得越多、越具体，接待成功的可能性就越大。

2.了解来访目的

秘书必须准确了解来宾的来访目的，这样制订的接待计划才有针对性。秘书应该向领导或有关人员了解情况，以获得准确的信息。

（二）确定接待规格

接待规格，即确定本次接待工作中由哪位管理人员出面接待、陪同，以及接待时用餐、用车、活动安排等一系列活动的规格等。接待规格主要由领导决定，秘书仅提供参考意见。一般情况下，接待规格主要取决于接待方主陪人的身份。从主陪人的角度看，接待规格有三种：

第一种是高规格接待，即主陪人比主宾的职务高。如某公司副总经理接待上级单位派来了解情况的一般工作人员，或接待一位重要客户，而该客户的职位是某公司部门经理。高规格接待表明对被接待一方的重视和友好。

第二种是对等规格接待，即主陪人与主宾的职务相当，这是最常见的接待规格。

第三种是低规格接待，即主陪人比主宾的职务低。这种接待规格常见于基层。如某部领导到下属企业视察，该企业最高领导的职位也不会高于部领导，这就属于低规格接待。

高规格接待固然能表现出重视、友好，但它会占用主陪人的很多时间，经常使用会影响其正常工作。低规格接待有时是因单位的级别造成的，有时另有原因，用得不好，会影响双方的关系。一般情况下，公司会采用对等规格接待来宾。

另外，还有一些因素会影响接待规格：

（1）对方与我方的关系。当对方的来访事关重大或我方非常希望发展与对方的关系时，往往以高规格接待。

（2）一些突然的变化会影响既定的接待规格。如领导生病或临时出差，只得让他人代替,致使接待规格降低。遇到这类情况,秘书应尽量提前向来宾解释清楚,向来宾道歉。

(3)对以前接待过的来宾,接待规格最好参照上一次接待的标准执行。

(三)草拟接待日程

在确认对方会如期来访,并得到领导同意后,秘书应当制订接待日程安排。接待日程包括时间、地点、预订事项、交通工具、备注等内容。日程的安排应紧凑合理、周全详细,尤其是接待活动的重要内容不可疏漏,如迎接、拜会、宴请、会谈、参观、游览、送行等事宜。每日的活动不要安排得太满,应留出适当空隙,以便安排临时性工作。日程安排应具体到来宾到达直至离开的全过程,一般以表格形式列出具体内容。日程表一式三份,并留附件及时通知有关方面,以便开展工作。具体来说,接待日程应当包括:

(1)每日具体活动安排。

(2)根据来宾的实际情况或要求安排住宿地点、标准、房间数量等。

(3)宴请的时间、地点、规格、人数、次数等。

(4)参观、游览或娱乐等活动的时间、地点、人数、次数及陪同人员。

(5)接待期间交通工具的安排。

(6)接待期间安全保卫工作,包括饮食卫生、人身安全、财产安全等的安排。

(四)确定经费预算

经费预算,即根据接待规格、人员数量、活动内容等制订接待费用的预算。接待经费主要包括住宿费、餐饮费、劳务费(讲课、作报告等费用)、交通费、工作经费(如租借会议室、打印资料、通信等费用)、考察参观娱乐费、纪念品费、其他费用等。有时,来宾的住宿费、交通费等由客人一方支付,秘书应将所需费用数目与日程安排表一起提前寄给对方。如果几个单位联合接待来宾,应分清所占比例。秘书应当严格执行公司有关规定,不得擅自更改接待标准。

(五)做好人员安排

秘书需要做好接待前的准备工作、接待中的联络沟通工作和协调服务工作。因此,秘书要根据接待规格和活动内容确定工作人员的构成和数量。具体来说,要确定每一个环节的工作人员,参加会见、会谈的人员、人数,若有谈判,还要确定担任主谈判的人员、其他谈判人员、翻译、后勤服务人员的名单,大的项目还要有律师和会计的名单。秘书要通过合理的人员安排,让所有相关人员都准确地知道自己在此次接待中的任务,提前安排好时间,保证接待工作顺利进行。秘书可以制订相应的表格,印发给相关人员。工作人员安排表示例见表8.7。

表8.7　××机械有限公司××××接待工作人员安排表

时间	地点	事项	主要陪同人员	主要工作人员	备注

(六)协调沟通

1.与相关部门沟通

若接待计划涉及本单位某个部门,秘书要事先与该部门沟通,商定接待的时间、涉及内容、地点、人员等事项。

2.与来访者沟通

日程安排初步定好后,秘书要报给来访一方,商量有何需要修改的地方。一般情况下,秘书要尊重来访一方的意见,但对于实在难以达到的要求,要如实向对方解释清楚;接待安排有重大变化,如涉及与领导会谈、会见时间等内容需向领导汇报,请领导给予指示。秘书不能在没有领导授权的情况下,擅自更改接待内容。

(七)报请领导审批

接待计划是由秘书草拟的,但一定要经由领导审定批准才行。经双方认可并经领导批准的接待计划一般就不应再改动了。

任务提示

学生根据所学秘书专业知识,通过查阅资料,结合实训完成任务。完成任务时应注意:

(1)该任务可以分组进行,先由每个学生独立完成,然后进行小组交流,在交流的基础上,小组汇总意见,最后形成一份接待计划。

(2)每个学生可以将自己拟订的计划和小组共同拟订的计划进行比较、分析,寻找出疏漏和不足的地方。

任务实训

(一)实训1:拟订接待计划

1.实训目标

通过实训,学生能拟订接待计划。

2.实训背景

李总说:"小王,这两次出差收获不小,不仅与对方达成了初步意向,对方还要亲自到我们公司考察。过几天安徽天鸿公司的总经理要带3人来访,请你事先拟订一份接待计划。"

3.实训内容

如果你是王秘书,请根据实训背景,拟订一份接待计划。

(二)实训2:确定接待规格

1.实训目标

通过实训,学生能正确确定接待规格。

2. 实训背景

乙公司是一家大公司。甲公司是一家小公司,主要给乙公司提供原料产品。前几年,因为甲公司提供的原料生产的产品销路很好,甲公司总经理来访时,都是由乙公司总经理亲自接待的。今年开始这种产品销路不好,这时甲公司总经理又来拜访了。

3. 实训内容

请根据实训背景,帮乙公司确定此次接待的规格。

(三)实训3:经费预算

1. 实训目标

通过实训,学生要求掌握确定经费预算的方法。

2. 实训背景

××机械有限公司邀请一位企业管理专家来公司演讲一天,食宿、交通等费用均由公司承担。吴经理要求秘书小尹做一份接待经费预算,费用最好控制在1万元以内。

3. 实训内容

如果你是尹秘书,请根据实训背景,制订此次活动的经费预算。

(四)实训4:改错题

1. 场景1

某公司经有关部门牵线,与某外商达成了初步意向,欲共同投资,合作经营。因此,某公司邀请外商来沪考察并做具体洽谈。经理将接待任务交给办公室全权负责。办公室将3天的接待任务做了如下安排:

第一天上午,派王秘书驾车去机场接回两位外宾,安排到一家五星级宾馆住宿。中午,全体领导出席欢迎宴会。下午,参观厂区。晚上,再次举行盛宴。

第二天,安排客人去风景区游览,5人陪同。

第三天,由总经理、营销总监等(带翻译)组成的5人小组和外商洽谈,因时间有限,不涉及具体事项,只达成初步协议,领导表示将择日再邀请外商前来洽谈。中午,全体领导出席欢送宴。下午,秘书开车送客人去机场。

请问这次接待日程存在哪些问题? 如果是你,你将如何安排这次接待工作。

2. 场景2

某计算机公司定于9月28日在某职业技术学院举办图书馆计算机管理系统软件产品展销会,通知很快寄发到各有关学校图书馆。日程安排表上写着9点介绍产品,10点参观该职业技术学院图书馆计算机管理系统,11点洽谈业务。展销会当天,9点了,大会本该开始介绍产品,可各校图书馆代表却只到了1/3。原来,由于通知中没有写明展销会的具体地点,加上公司接待人员不耐烦,对代表不够热情,所以引起了代表们的抱怨,继而没有出席会议。会议开始时已是9:30了。公司副总经理、高级工程师李南作产品介绍及演示,内容十分丰富,10:30还没讲完。由于前面几项活动时间不够紧凑,业务洽谈只得匆匆开始,草草收场。

请说说这次接待活动失败的原因有哪些?

秘书灯塔

热情如火,融化陌生的冰墙;真诚接待,搭建沟通的桥梁。

任务三 接待来宾

任务描述

按照约定,宏达公司王副总等 4 人明天就将到达,副总经理兼行政部经理吴良荣叮嘱尹秘书要做好王副总等人的接待工作,切不可怠慢。

任务分析

迎客、待客、送客是接待工作中的基本环节。秘书应本着热情周到、一视同仁、节俭礼貌的原则接待来宾。这包括:

(1)迎接引导,沿途介绍。
(2)见面交流,服务周到。
(3)食宿宴请,妥善安排。
(4)参观考察,精心准备。
(5)注意送行,善始善终。
(6)事后总结,完善提高。

任务准备

在具体接待工作中,秘书要安排好迎接、座谈、食宿、参观、送行等工作,并注意做好协调配合,使各个环节衔接妥当。

(一)迎接引导,沿途介绍

对接待人员来讲,来访的都是客人,要尽好地主之谊,尽量为来宾提供方便。迎接时,秘书要根据来宾人数安排好接待车辆,通知参加迎接的人员提前到达与来宾约定的地点。若双方是第一次见面,接待人员要准备接站牌。接站牌要正规、整洁,字迹要大而清晰,不要随便用纸乱写。尽量不要用白纸写黑字,让人感到晦气。接站牌的具体内容,主要有四种写法:一是"热烈欢迎某某同志";二是"热烈欢迎某单位来宾的光临";三是"某单位热烈欢迎来宾莅临指导";四是"某单位来宾接待处"。

来宾下飞机或车、船后,接待人员应立刻上前迎接,双方互作介绍。若是外宾,则我方人员(或翻译)应按照身份高低向来宾介绍,并按来宾的习惯致见面问候礼,行礼后献花。接到来宾后,接待人员在沿途要主动向来宾介绍本地著名景观或接待安排情况,并征求意见,注意别冷场,要显示出热情。接待人员迎接来宾时还要注意引导时自己行走的位置、问候握手时的动作、介绍双方领导的顺序、乘坐车时的礼节等。接待人员把来宾送到宾馆,约好下一项活动的时间,就可离开,切不可在来宾的房间里长时间停留。来宾安排就绪后,秘书还要及时向领导报告迎接情况。

(二)见面交流,服务周到

一般情况下,商务接待都会安排主宾双方的会见或者会谈。会见,是一种礼貌性的应酬、礼节性的会晤,时间较短,通常是半小时左右。会谈,也称谈判,内容比较正式,而且专题性较强,指双方或多方就某些实质性问题交流情况、交换意见或达成协议等。秘书应当根据日程表的安排,做好会见、会谈的服务。

在会见、会谈前,秘书要做好信息资料工作,做到"知己知彼"。若是外宾,秘书既要了解对方的背景,包括国家的政治、经济、地理、历史情况、对外政策、领导人情况等,还要掌握外宾的礼仪特征和习俗禁忌,并把这些情况形成书面文字呈送有关人员参阅。如果不是第一次交往,秘书还要把以前会见、会谈的情况写成摘要交给领导或与会人员。凡能收集到的资料,应尽量收集齐全。

来宾抵达时,接待人员在大楼门口或大厅迎候,并引导来宾到会客室。若是重要来宾,则由主人在门口迎接。

会见、会谈时应安排好座次。会见时,宾客在右,主人在左,座位安排通常为半圆形。会谈时,宾主在长方形桌两边相对而坐。会见、会谈要做好记录,会上有争议的问题、未落实的问题等都要一一记下。无论是客人提出的问题,还是领导许诺的问题,秘书在会后都应负责做好后续落实工作。

会见、会谈结束时,有时要安排合影留念。秘书应事先安排好合影位次图。合影时,一般主人居正中,遵循"以右为尊"的原则让主客双方间隔排列,如果人太多则要分成多行,按"前高后低"进行排列,但要注意尽量不让客人站在边上。最后,主人在会客室门口与来宾握手告别,对重要来宾则送至大厅或大门口再握手告别。有领导一起送别的时候,秘书应走在领导的后面,陪同人员送客则视情况而定。

(三)食宿宴请,妥善安排

住宿要根据具体情况妥善安排。一般情况下,秘书会事先打印好房间号,与日程安排、作息时间、就餐地点等一并发至来宾手中。就餐要严格按照接待标准,突出地方特色,并根据来宾的习惯安排就餐方式,特别要注意饮食卫生。

(四)参观考察,精心准备

对于参观考察,秘书要提前安排好车辆,人多时注意将车辆编号,引导来宾按顺序乘坐。如有需要,前面可安排引导车辆,交代清楚行走路线。每个参观点要提前准备好茶水或矿泉水,并安排专人介绍情况,同时要安排好休息地点、方便地点等。总之,一切活动都应当根据日程表合理安排,并及时通知所到单位做好相应准备。如遇特殊情况需要改变行程,应当事前告知来宾,并向领导汇报。

(五)注意送行,善始善终

送行是决定来宾能否满意离开的最后一个环节。不能来时热情迎接,走时冷冷清清,导致整个接待效果大打折扣。工作人员可先帮助来宾订好车票,届时做好送站工作。送行时要到来宾住地,等来宾乘坐的车辆启动后再离开。注意无论谈判成功与否,送客的规格与迎接的规格都要一样。若要举行送行仪式,一般应选择宜于举行仪式的广场、大厅等地方举行。

(六)事后总结,完善提高

整个接待活动结束后,秘书要对本次活动认真全面地总结。看看哪些方面是来宾最满意的,哪些方面还存在问题或不足,好的方面要发扬,不足之处要改进。秘书要通过总结不断提高接待质量和效率,使今后的接待工作责任分工明确,头绪清楚,既让来宾满意,又能降低接待成本。

来宾接待工作的记录,是重要的档案资料。秘书应当收集齐全,及时整理,按照档案管理的要求整理归档。在送走来宾后,秘书应结算接待经费,做好善后事情的处理,力求事事落实到位。另外,秘书还要写好接待工作小结,如有必要,可编印简报。接待中如安排有留影照相,秘书要及时将照片寄给客人。

任务提示

学生根据所学秘书专业知识,通过查阅资料,结合实训完成任务。完成任务时应注意:

(1)该任务可以在模拟接待室或办公室进行。

(2)让学生模拟演示接待来宾的情景。演示必须是整个过程。

(3)要求既要符合接待的程序,又要具备接待礼仪,还要体现出秘书的应变能力和口才。

任务实训

(一)实训1:接送来宾

1.实训目标

通过实训,学生需要掌握接待来宾的方法。

2.实训背景

××机械有限公司准备和某公司开展更为深入的合作。对方公司总裁按照约定将于明天率领5人来××机械有限公司商讨合作事宜,吴经理要求尹秘书按照接待计划做好来宾的接待工作。

3.实训内容

如果你是办公室秘书,请根据实训背景,正确接待来宾。

(二)实训2:改错题

1.场景1

一位意大利客人前三周就发了传真,要求某公司秘书小李办好签证、订好宾馆,李秘书立即做好了这一切。但因为传真上没有写明要为客人安排来回接送的车辆,李秘书就没有为他安排。意大利客人按照以往的惯例,认为秘书会把这一切安排妥当。于是他下了飞机就等着车来接,可是左等右等,一直没有等到来接他的车。他想,也许某公司考虑到他旅途劳顿,要第二天再安排相关活动,于是自行回了宾馆。第二天一大早他在宾馆内等某公司的车来接他,可是等了很久,仍然没有来车。他一气之下打电话给总经理,大声抱怨公司的秘书。

2.场景2

××机械有限公司的李宜是一名新员工,她在办公室负责接待和转接电话。每天上班后的 1 ~ 2 小时是办公室最忙的时候,电话不断,客人络绎不绝。一天,有一位与市场部经理吴良正预约好的客人提前20分钟到达。李宜马上通知市场部,市场部说吴经理正在接待一位重要客人,请对方稍等。李宜转告客人说:"吴经理正在接待一位重要的客人,请您等一下,请坐。"正说着,电话铃又响了,李宜匆匆用手指了一下椅子,连忙接电话去了。客人面有不悦。

请说说以上场景中,秘书哪里做错了?

秘书灯塔

心细如发,周到服务;预见需求,超越期待。

任务四 商务宴请

任务描述

××机械有限公司为答谢新老客户一年来的支持与合作,打算在年终以宴会的方式宴请新老客户,希望彼此加强沟通,增进了解,继续合作。经过领导商议,××机械有限公司共列出30位被邀请人,定于12月29日在华洋大酒店举行晚宴。吴总要求尹秘书全权负责此次宴请活动的相关事宜。

任务分析

宴请是人际、社交以至国际交往中最常见的交往活动之一。一次完整的商务宴请应包括以下内容：

(1)选择合适的宴请形式。

(2)细致具体地筹划宴会。

(3)按照宴请程序,宴请客人。

任务准备

(一)宴请形式

国际上通用的宴请形式有宴会、招待会、茶会、工作进餐等。每种形式都有特定的规格和要求。

1.宴会

宴会是指比较正式、隆重的宴请活动,一般为正餐。出席者按主人安排的席位入座进餐。服务员按专门设计的菜单依次上菜。按规格不同,宴会又可分为国宴、正式宴会、便宴、家宴四种形式。

国宴特指国家元首或政府首脑为国家庆典或为外国国家元首、政府首脑来访而举行的宴会。这类宴会规格最高,也最正式。一般在宴会上要悬挂国旗,安排乐队演奏双方国歌,奏席间乐。双方首脑在宴会前要发表演讲或祝酒词。

正式宴会规格比国宴低,且不悬挂国旗、不奏国歌,其余形式基本与国宴相同,也可奏席间乐。宾主均按身份排位就座。许多国家的正式宴会十分讲究排场,对餐具、酒水、菜肴的道数及上菜程序均有严格规定。

便宴是非正式的宴请,常见的有午宴、晚宴,有时也有早宴。一般不排座次,不作正式讲话,菜肴可丰可俭。便宴最大的特点是自由、轻松、随便,有时还可以是自助餐的形式,自由取餐,自由活动,显得随和亲切。

家宴即把客人请到家中招待。家宴一般由家庭主妇亲自下厨烹调,家人和客人共同进餐,也可采用自助餐的形式。

2.招待会

招待会是指一些不备正餐的宴请形式,一般备有食品和酒水饮料,不排固定席位,宾主活动不拘形式。较常见的招待会有冷餐会和酒会。

冷餐会的特点是不排座次,菜肴以冷食为主,也可冷、热兼备。菜肴放在餐桌上,供客人自取。客人可以多次取食,自由活动,自由进食,自由交谈。冷餐会的地点可在室内,也可在室外花园里。对年老、体弱者,要准备桌椅,并由服务人员招待。这种形式适合用于招待人数众多的宾客。我国举行大型冷餐招待会往往用大圆桌,设座椅,主桌安排座位,其余各席不设固定的座位。食品和饮料均事先放置在桌上,招待会开始后,自行进餐。

酒会也称鸡尾酒会，形式比冷餐会更活泼、方便。招待客人以酒水为主，略备小吃，不设座椅，仅放置小桌或茶几，以便客人随意走动，接触交谈。酒会举行的时间也较灵活，中午、下午、晚上均可。请柬上一般均注明酒会起止时间，客人可在此间任何时候入席、退席，来去自由，不受约束。鸡尾酒是用多种酒配成的混合饮料。通常，鸡尾酒会备置多种酒品、饮料，但不用或少用烈性酒。饮料和食品由服务员用托盘端送，也有部分放置在桌上。近年来，国际大型活动广泛采用酒会形式招待客人。

3.茶会

茶会是另一种更为简便的招待形式。西方人一般在早茶（约10时）、午茶（约16时）时间请客人品茶。茶会通常设在客厅，设茶几、座椅，不排席位，如有贵宾参加，可将其和主人安排坐在一起，其他人随意而坐。茶会不同于茶道，它不是表演，仍然是注重实际的招待。茶具及茶叶要十分考究，一般都选用名贵茶叶和上乘茶具，品茶的时候可略备点心或小吃。

4.工作进餐

按用餐时间分为工作早餐、工作午餐、工作晚餐。工作进餐是现代国际交流中经常采用的一种非正式宴请形式。在进餐时，人们可以边吃边谈，在我国往往以快餐形式进行，既简便、快速，又符合卫生要求。这类进餐只请与工作直接相关的人参加，不请配偶，有时由进餐者各自付费。双边工作进餐往往以长桌安排席位，其座位与会谈桌座位排列相仿，便于主宾双方交谈、磋商。

（二）宴会筹划

商务宴请是一种社交、礼宾活动，为获得成功，秘书必须事先作出周密的筹划与安排，其工作主要如下。

1.确定宴请的对象、范围和规格

确定宴请对象、范围和规格的依据是宴请的性质、目的及经费筹措等因素。秘书设计出初步方案，经领导审批后确定。一般来说，秘书应当根据宴请的目的、宾客的社会地位、职务身份，与领导确认被邀请的宾客名单和宴会的规格。

2.确定宴请的时间、地点

宴请时间的安排应根据领导的提议，充分考虑主宾双方的方便，若实在难以兼顾，应从宾客的方便着想，一般不宜安排在对方的重大节日、重要活动之际，如对信奉基督教的人士不要选13日，更不要选是星期五的13日；穆斯林在斋月内白天禁食，宴请宜在日落后举行。小型宴请应首先征询主宾意见，主宾同意后，时间即被视为最后确定，可以按此约请其他宾客。

确定宴请地点要考虑规格，规格高的安排在高级饭店或酒店；规格一般的，则根据情况安排在适当的饭店进行。除此之外，还要考虑宴请对象，一般文化素质高、有一定身份的宾客，对宴请地点的卫生和环境尤其讲究。

3.印制、分发请柬

凡是正式宴请，都应该发送请柬或请帖，这既是礼节，也是提醒被邀请人的一种方式。请柬应注明邀请人的姓名、被邀请人的姓名、称呼、宴请的方式及时间、宴请的地点、着装要求或提示等内容。请柬既可以送纸质的，也可以送利用 AI 技术制作的电子版。

请柬应提前 1~2 周发出，以便被邀请人安排时间。需要安排座次的宴请必须在请柬上注明并要求被邀请人答复能否出席。正式宴会通常还会在请柬上注明席次号。非正式的宴请通常只需口头打个招呼，在得到对方首肯后进行。

请柬示例：

请　柬

王×先生：

我公司谨定于××××年 1 月 6 日 18 时，在重庆路 58 号华洋大酒店二楼多功能厅，宴请新老客户，敬请光临。

此致

敬礼

××机械有限公司

××××年 1 月 1 日

4.布置宴会休息厅

宴会休息厅的布置，取决于活动的性质和形式。官方正式活动场所的布置，应该严肃、庄重、大方，不宜用霓虹灯作装饰，可用鲜花、盆景、常青树等作点缀，如配有乐队演奏国歌或席间乐，乐队不要离得太近，乐声宜轻，最好能安排几位主宾都喜欢的乐曲。宴会休息厅通常放小茶几或小圆桌，与酒会布置相同。

5.安排菜谱

宴请时的菜谱要根据宴请的性质、目的、形式与规格，在经费预算标准内合理确定。菜谱的安排一般有四条原则：

（1）主随客好。选菜的依据主要是宾客的口味喜好，选主方的地方特色菜，用本地产的名酒亦可。

（2）搭配合理。搭配包括冷热、甜咸、荤素、色香味、营养构成、时令菜与传统菜肴、菜点与酒品饮料等因素。

（3）营养平衡。西餐要讲究主菜配菜、海味肉食的协调；中餐应荤素搭配、南北口味搭配。

（4）量力而行。按照经费的预算，合理确定菜肴的品种、数量与价位等。

除此之外，还应当补充参考菜肴的精致可口、赏心悦目、突出特色、客人的饮食习惯、禁忌等因素。如印度教徒不能用牛肉；伊斯兰教徒用清真席，不用酒，甚至不用任何带酒精的饮料。大型宴请，应照顾到各个方面。

无论哪一种宴请，事先均应开列菜单，并征求主管负责人的同意。获准后，如是宴会，即可印制菜单，菜单一桌两三份，至少一份，讲究的也可每人一份。

6.安排座次和席位

宴请时的座次，尤其是正式宴请的座次，表达了主方对宾客的礼遇和尊重。因此，秘书要正确安排赴宴人员的座次。总的原则是既要遵循礼宾次序，又要有一定的灵活性。

（1）排定桌次。正式宴会桌次的高低，应按距主桌位置的远近而定，以主桌为基准，右高左低、近高远低。

（2）排定座位。正式宴会一般都应排定座位，也可只排部分客人的座位，其他人只排桌次或自由入座。无论采用哪种做法，都要在入席前通知到每一个赴宴人员，使大家心中有数，现场还要有人引导。座位确定后，应将桌次卡和座位卡分别放在桌前方、桌中间。

按照国际惯例，同一桌上，席位高低以离主人座位的远近而定，依然遵循右高左低、近高远低的原则。国外的习惯，男女相间安排，以女主人为准，主宾在女主人右上方，主宾夫人在男主人右上方。我国的习惯，按赴宴人员的职务排列，如夫人出席，通常把女方排在一起，即主宾坐男主人右上方，其夫人坐女主人右上方。两桌以上的宴会，其他各桌第一主人的位置可以与主桌主人位置同向，也可以面对主桌的位置为主位。

（三）宴请程序

非正式宴请无须讲究程序，只要双方彼此呼应就行。而正式宴请都有一些通用的程序。

1. 迎客

秘书要提前到达宴会场所，检查相关设备和准备工作。视宴请规格和来宾的重要性，在不同的地点迎接客人：如属社交宴请，作为主人的领导应在门口迎接客人，作为助手的秘书则应陪伴在其身后，协助与引领其应酬；如属商务宴请，领导一般在宴会厅内与客人寒暄，而秘书则作为主持人，站在门口迎候和招呼客人。秘书作为领导的代表，应恰当地行使自己的职责，不能喧宾夺主，但要面面俱到。接到客人后，秘书或其他同事将其引至休息厅或直接引荐给领导。休息厅内应有招待员照顾客人，或由其他接待人员陪同聊天，待主宾到达后，由领导陪同与其他客人见面并打招呼。对到来的客人，不论生疏、主次均应热烈欢迎，热情接待，并设法使客人之间有机会认识和交谈。

2. 入席

主人陪主宾进入宴会厅，先在主桌入座，全体人员陆续入座，也可等主桌以外的客人都坐定后，主桌人员最后入座。入座时，背对门口的座位一定要由主方人员来坐，这是下座。主宾入座后，宴会开始。通常由主办方代表或秘书作为主持人当众宣布宴会开始，并介绍主办方的领导、主宾。

3. 致辞

致辞要事先准备好，一般主人先讲，客人致答词，客人也可在宴会中间致答词。领导的祝酒词一般先由秘书拟写，再请领导过目，提出修改意见。祝酒词要求结构规范，语言精练明确，充满诚挚友好的欢迎和答谢之意。

4. 敬酒

入席后，主人应招呼客人进餐，并率先给客人敬酒。敬酒应以年龄大小、职位高低、宾主身份为序。主宾双方相互祝酒时，所有客人都应高举酒杯向主人示意，然后再在餐桌上相互交叉碰杯。

5.交谈

席间主人要引导客人愉快地参与交谈,巧妙地选择话题,使席间充满和谐愉快的气氛。要亲切友好地与同桌的人交谈,特别是左右邻座,不要只同一两个人说话。讲话要掌握分寸,内容要看交谈的对象,不要夸夸其谈,或谈些荒诞离奇的事引人不悦。

6.散席

吃完水果后,主人与主宾起立,宴会即告结束。主宾告辞,主人送至门口。主宾离去后,原迎宾人员依次排列与其他客人握手告别。

任务提示

学生根据所学秘书专业知识,通过图书馆、网络等方式查阅资料,结合实训完成任务。完成任务时应注意:

(1)该任务可选择在模拟餐厅进行。

(2)实训可分组进行,学生可依次轮流进行各类角色的扮演。

(3)在条件允许的情况下,餐桌上可放置桌次卡、座位卡、酒具、餐巾等物品。

(4)模拟演示必须严格按照宴请接待的要求和程序进行。

任务实训

(一)实训1:宴请

1.实训目标

通过实训,学生需要掌握宴请客人的方法。

2.实训背景

某公司为了庆祝公司成立十周年,计划举办庆祝大会及晚宴,邀请上级部门领导和各方客户出席。

3.实训内容

根据情景内容,模拟以下内容:

(1)场景1:模拟秘书陪同总经理在酒店门口迎接客人直至散席送客的全过程。

(2)场景2:模拟在宴请过程中,出现下列情况时的处理方法:在宴会进行过程中,气氛比较沉闷;在就餐过程中,客人不慎打翻酒水;在宴会上,你的领导或客人醉酒。

(二)实训2:确定宴请规格

1.实训目标

通过实训,学生能确定合适的宴请规格。

2.实训背景

前一阵子,哈维公司与祥乾公司谈合作,通过多次沟通,终于可以签订合作协议了。本来说好祥乾公司总经理和项目具体负责人小王一同来哈维公司签订协议,结果只有小王一个人来了。哈维公司该项目负责人小李去火车站接了小王,然后请他吃饭。小李选择了华宏国际大酒店,点了10多个荤菜,摆了整整一大桌。几天后,小李去报发票,老板看了一眼发票,问多少钱,小李说1 460元,他又问几个人,小李说两个人。老板把小李狠狠批评了一顿,原因如下:首先,不该带小王到华宏国际大酒店吃饭。原因是该项目的合作对双方都有利,地位平等,哈维公司并非请求合作方,且此次只是签订合作协议,并不能马上给哈维公司带来经济效益,具体要看以后的合作情况。再说小王只是项目负责人,还够不上这么高规格的待遇。如果说对方的总经理来了,那么那天他会亲自去接对方,并与他们在类似规格的饭店进餐。其次,吃饭不该花那么多钱。两个人中午吃个工作便餐,一般消费不超过200元就行了,而他们却消费了1 460元。

3. 实训内容

请根据实训背景,思考老板批评得对吗,为什么? 秘书应当根据什么确定宴请规格?

秘书灯塔

礼仪之邦,宴请有道。细节之处见尊重,举手投足皆学问。
在宴席上,最让人开胃的就是主人的礼节。

项目九
费用使用与报销规范

知识目标：

- 了解零用现金的用途、范围。
- 了解商务费用报销的程序。

能力目标：

- 能够有效管理零用现金。
- 能够履行恰当的商务报销手续。
- 能够填写零用现金凭单和出差报销单。

素质目标：

- 培养廉洁自律的素养。
- 培养规范报销手续的意识。

任务描述

秘书小朱负责××机械有限公司上海分公司办公室零用现金的管理。但办公室零用现金的管理经常出错,受到领导批评。吴总要求总公司秘书小尹给小朱好好讲讲该如何管理零用现金。

任务分析

办公室应有一笔零用现金,用于临时小数目开支。零用现金的管理包括以下两个方面的内容:

(1)设立零用现金。

(2)管理零用现金。

任务准备

(一)零用现金的设立

零用现金又叫备用金,是组织在办公室中设立的,用于临时小数目开支的现金,如支付本市交通费、邮资、接待用茶点费、停车费和添置少量小件办公用品等。零用现金的金额根据组织的规模和小额支出发生的次数来确定。零用现金通常在领导和财务负责人批准后,由秘书保管和支出,一般存放在上锁的办公室抽屉或者保险柜中。零用现金支出要在零用现金账簿上登记清楚,还要有收款人的签字。收据要保存在零用现金存放处,现金的总额加上收据的总额应当总是与最初的款项一致。账单(发票)可以附在零用现金收据后。秘书要严格遵守办公程序和财务制度,不应自己或者协助他人建立办公室的"小金库",也不能把零用现金和自己的钱混合使用。

(二)零用现金的管理

1.填单

员工需要使用和领取零用现金时,应填写零用现金凭单,填写花销的项目、用途、金额、日期。零用现金凭单示例见表9.1。

表9.1 ××机械有限公司零用现金凭单

项目名称和用途		金额	
申请人签字		日期	

续表

审批人员签字		日期	
账页编号支付		日期	

2. 核对

秘书要认真核对领款人提交的票据的项目和用途、金额等是否与零用现金凭单上填写的完全一致。核对后，秘书应将发票等票据附在零用现金凭单后面。

3. 审批

秘书核对完零用现金凭单，经授权人审批签字后，方可将现金支付给领款人。

4. 登记

秘书必须建立一本零用现金账簿，清楚注明收到现金日期、收据编号、金额；支出现金日期、用途；零用现金凭单的编号、金额和余额等。有的还应当在账目上进行分析，了解花销的情况和去向。对于每一笔零用现金支出，秘书都要及时在零用现金账簿上做好记录。

5. 报销

当零用现金支出的费用到一定数额后或月末，秘书应到财务部门报销，并将报销的现金返还到零用现金箱，使零用现金保持最初的数额。零用现金收据应当交给会计部门，据此登入会计记录。零用现金收据示例：秘书王亚接待客户，花费200元购买了茶叶。零用现金收据示例见表9.2。

表9.2　零用现金收据

编号：11

日期	××××年××月××日
付给	王亚
理由	接待用茶点费200元
借方账户	茶点费
收款人	王亚

任务提示

学生根据所学秘书专业知识，并搜集相关财务知识，结合实训完成任务。完成任务时应注意：

（1）该任务可以选择在模拟办公室、模拟财务室、教室等场所进行。

（2）零用现金凭单的内容、金额可以由教师拟定，每位学生填写一份。

（3）可以在训练之前收集一些票据，让学生产生更加直观的印象，从而提高训练效果。

（4）分组模拟报销零用现金的过程。

任务实训

(一)实训1:填写零用现金凭单

1.实训目标

通过实训,学生需要掌握零用现金凭单的填写方法。

2.实训背景

8月6日,行政处负责接待工作的小王发现用于接待的茶叶不够,而恰好明天将有一位重要客户来公司洽谈合同。领导吩咐要热情接待,要求小王采购一些果品。小王找到公司的李秘书要求支取零用现金。李秘书请小王填写零用现金凭单,并在领导签字后进行了登记,才给小王支付了现金。

3.实训内容

请根据实训背景,填写零用现金凭单。

(二)实训2:报销零用现金,记账训练

1.实训目标

通过实训,学生需要掌握零用现金的报销程序。

2.实训背景

小王是洪天公司办公室工作人员。某日,他受办公室主任委托到超市去购买一些一次性水杯、拖把等用品。小王估计了一下大概需要100元,可是他的口袋里只有50元。办公室主任告诉他可以使用公司的零用现金。

3.实训内容

请根据实训背景,模拟小王申请使用零用现金的过程。

秘书灯塔

> 清白做人,踏实做事;廉洁自律,口碑自立。

任务二　商务费用的报销

任务描述

××机械有限公司总经理吴宝华到北京参加现代企业经验交流会回来,他将此次出差的费用报销工作交给了秘书小尹。吴经理出差时间为××××年2月1—3日,共3天。住宿五星级酒店2晚,共1 600元,双程来回机票1 500元,行李费用60元,市内交通费500

元。按照公司规定,副总经理级别以上出差补贴为每天80元。单据共8张,所有费用暂时都由吴经理垫付。

任务分析

部门购买大宗设备或领导出差的费用,不从零用现金中支出,需要向单位申请报销。报销手续如下:

(1)填写申请表,并由主管领导审批。

(2)领款或垫付。

(3)提交相关票据,填写报销单,结算票款。

任务准备

(一)填写申请表,并由主管领导审批

申请人提交费用申请报告或填写费用申请表,详细说明需要经费的人员、部门、时间、地点、用途、金额等,并亲自签字。该报告或表必须经组织确定的授权人审核同意,并签字批准。

(二)领款或垫付

申请获准后,一种情况是将获得批准的费用申请报告或费用申请表提交财务部门,领取支票或现金借款。例如,领导准备出差时,秘书应根据领导出差的目的地和时间的长短,为领导做一笔差旅费预算,如交通费、住宿费和出差补贴等。关于出差补贴,公司一般都有现成的标准,职位高低不同,各种补贴标准也不同。根据预算,秘书填好费用申请报告或费用申请表后,可向财务部门负责人提出申请,在领导出发之前把现金准备好。若预借金额过多或者过少,商务活动完成后,比较预借金额和出差发生的实际费用,多退少补。另一种情况是先由申请人垫付,完成商务工作。当申请人出差回来后,由秘书代替报销差旅费。秘书将领导所有出差票据整理好后,填好财务部门指定的单据,分门别类地算出各项费用,然后将报销单提交财务部门负责人审核、签字。在商务活动过程中,无论是使用支票还是使用现金,使用者都要向对方索取相应的发票。发票内容中填写的时间、项目、费用等应与实际用途相符。

(三)提交相关票据,填写报销单,结算票款

商务活动结束后,申请人应将发票附在出差报销单后面,并签字提交出纳部门。由出纳部门对先前领取的现金数额和支出情况进行结算。如果费用是先由申请人垫付的,在提交票据和出差报销凭单后,即可返还现金。如果在商务活动中,计划的费用不够,需要超出时,应提前向有关领导报告,在得到批准后,超出的部分才可报销。出差报销单示例见表9.3。

表9.3 ××机械有限公司出差报销单

凭单编号：

报销日期： 年 月 日　　　　　附单据 张

部门		出差人姓名		事由				
起止时间、地点		车船票	住宿费		出差补贴		市内交通	其他费用	
			人/天	金额	人/天	金额		摘要	金额
小计									
原借支¥	核销¥	退补¥	共计人民币（大写）		元	角	分		
财务主管	记账	出纳	部门主管	报销人					

任务提示

通过所学秘书专业知识，并搜集相关财务知识，结合实训完成任务。完成任务时应注意：

（1）该任务可以选择在模拟办公室、模拟财务室、教室等场所进行。

（2）填写出差报销单。根据任务情景中提供的相关数据进行填写，内容不详的可以自拟。

（3）实训时，结合公司费用报销管理制度，让学生进一步了解相关财务知识和财务制度。

任务实训

（一）实训1：填写出差报销单

1.实训目标

通过实训，学生需要掌握出差报销单的填写方法。

2.实训背景

吴经理到广州进行商务谈判，出差5天，预借差旅费4000元，具体使用情况如下：

（1）6月1日，公司—首都机场，交通工具：出租车，金额：90元；北京—广州，交通工具：飞机，金额：1380元；广州机场—广州白云大酒店，交通工具：出租车，金额：120元。

（2）6月2日，广州市内，交通工具：出租车，金额：80元。

（3）6月3日，广州白云大酒店住宿费：350元/天，两天共700元；广州白云大酒店—

广州机场,交通工具:出租车,金额:120元;广州—北京,交通工具:飞机,金额:1 110元;首都机场—公司,交通工具:出租车,金额:88元。

3.实训内容

请根据实训背景,填写出差报销单。

(二)实训2:出差费用报销程序

1.实训目标

通过实训,学生需要掌握出差费用报销程序。

2.实训背景

××人工智能科技有限公司新成立的上海销售分公司有5名员工要出差,行政部经理吴良荣请尹秘书帮上海销售分公司列出商务出差申请费用以及报销结算的步骤。

3.实训内容

请根据实训背景,列出出差费用报销程序。

秘书灯塔

资源非无限,勤俭是远见;工作勤思考,节约出效益。

模块三　商务会议管理

项目十
认识商务会议

知识目标：

- 掌握商务会议的基本概念。
- 掌握会议的分类。
- 掌握会议的作用。

能力目标：

- 能够对会议进行分类。
- 能够提炼会议要素。
- 能够掌握会议的组成部分。

素质目标：

- 培养团队协作能力和决策能力。
- 培养商务沟通能力。
- 培养商务会议参与意识和基本素养。

任务 认识会议及会议流程

任务描述

××机械有限公司是一家跨国公司,主要生产和经营环保设备。公司已连续两年超额完成了生产任务和销售任务。经公司部门经理工作例会研究,为了答谢广大客户对公司的支持,公司决定于12月13—15日召开××××年度客户联谊会暨××××年产品订货会,听取客户对公司产品的意见和建议,并确定次年产品订购情况。

××机械有限公司总经理办公室秘书小张负责本次会议的筹办工作。作为会议组织者,她需要思考以下问题,才能最终完成本次任务:

(1)本次会议有什么特点,需要哪些人员参加?

(2)按照会议分类的标准,本次会议属于哪种类型,对××机械有限公司的发展能起到哪些作用?

(3)为完成这样一个任务,还需要小张规划出哪些相应的会议组织流程?

任务分析

要完成会议的筹备与组织工作,首先必须了解会议的基本概念,掌握会议的分类,弄清楚本次会议的类型,召开会议有什么样的作用。除此之外,还必须考虑会议的组成部分,每个部分由哪些环节构成。

任务准备

(一)商务会议的概念

商务会议是指企业为了解决某些问题或达成某些目标而召集在一起进行研讨、交流的活动。这种会议需要一定规模的人数和必不可少的时间,目的是促进公司内部交流、增强员工归属感以及确立公司运行方向等。商务会议的形式多种多样,可以包括新产品宣传推广会、大型培训沟通会议、上市公司年会、招股说明会、项目竞标会、跨国公司年会、集团公司年会、行业峰会、企业庆典、新闻发布会、巡回展示会、答谢宴会、商业论坛、项目说明会、项目发布会等。

商务会议与一般性会议存在一些差别。首先,商务会议更注重商业目的和效果,一般性会议更注重交流和信息分享。其次,商务会议的参会人员通常更加特定和专业化,包括公司高管、行业专家、潜在客户或合作伙伴等,他们通常具有明确的商业利益和目标。一般性会议的参会人员范围更广,讨论话题也可能更加多样和开放。最后,商务会议的议程通常更加详细和聚焦,以更好地实现会议的商业目的。一般性会议的议程通常较为灵活,旨在促进广泛参与和信息交流。

在商务会议的策划和组织过程中,需要注意一些关键要素。首先,要明确会议的目的和议程,并选择合适的会议时间和地点。其次,要确定参会人员和主持人员,并制订合理的会议日程和时间表。最后,要准备充分的会议资料和材料,以保证会议的顺利进行。在会议进行中,要注重主持技巧与参会人员的参与和互动,同时要处理好会议中的冲突和问题。在会议结束后,要及时总结、反馈和评估,落实会议决定和行动计划,并定期评估和总结会议效果。

总之,商务会议是企业经营和管理中常见的活动之一。它有助于企业解决实际问题、推动业务发展、加强内部沟通等。了解商务会议的概念、目的、要素和流程,对于成功策划和组织商务会议具有重要意义。

(二)会议的构成要素

会议的构成要素即会议的组成要素。任何会议都由一定的要素构成,缺少某些主要要素,会议就无法召开。会议的构成要素如下:

(1)形式要素,又称会议的基本要素和必备要素,主要包括会议的名称、时间、地点、参会人员、会议方式等。

(2)内容要素,主要包括会议的指导思想、议题、目的、任务、作用等。

(3)程序要素,主要包括会议准备、会议开始、会议进行、会议结束、会议决定的贯彻落实等。

(4)财务要素,主要是指会议经费、会议设备、会议服务设施等。

当然,并不是所有的会议都必须具备上述会议要素。不同的会议,由于会议主题、形式、时间、地点等不同,所需要的会议要素也有所不同。但是,会议的形式要素是所有会议必须具备的。

(三)会议的分类

根据不同的标准,会议可以划分为不同的类型。下面主要介绍几种常见的分类方法。

1.按照出席人数划分
(1)特大型会议:指万人以上的会议。
(2)大型会议:指千人以上,万人以下的会议。
(3)中型会议:指百人以上,千人以下的会议。
(4)小型会议:指三人以上,百人以下的会议。

2.按照会议的时间划分
(1)定期会议。
(2)不定期会议。

3.按照会议的组织类型划分
(1)内部会议和外部会议。
(2)正式会议和非正式会议。

4.按照会议采用的方式手段划分

(1)常规会议。

(2)广播会议。

(3)电话会议。

(4)电视会议。

(5)网络会议。

5.企业内部经常召开的会议

(1)经理例会:企业内部各部门经理定期召开的会议。

(2)部门员工例会:企业内部各部门员工定期召开的会议。

(3)股东会:企业股东之间的会议,通常用来作出企业内部的一些重要决策。

(4)董事会:企业定期召开的董事会会议,一般也用于作出企业的重大决策。

(5)企业年会:每年年末或次年年初,企业召开的年度总结大会。

(6)客户咨询会:企业为了方便客户了解产品和服务专门召开的会议。

(7)新产品发布及市场推广会:企业为了推广新产品而召开的一系列会议。

(四)会议的作用

会议是企业在社会活动中形成的一种互动方式,随着社会不断发展和信息流量的迅速增长,越来越受到人们的重视。如今,会议已成为各级领导机关、企事业单位重要的工作方法之一。其主要作用可概括为以下两个方面:

1.积极作用

(1)可以加强企业之间的信息交流和情报互通。

(2)可以充分发扬民主精神,为领导进行科学决策提供依据。

(3)有助于加强组织领导,推动企业工作的进一步发展。

(4)一些大型、特大型会议可以带动消费,促进当地经济发展。

(5)联络感情,塑造企业形象。

2.消极作用

(1)一些重复性的会议势必会造成时间、精力的浪费。

(2)造成经济上的浪费。

(3)造成信息的重复、浪费。

(4)滋长不正之风。

(五)会议的组成部分

会议一般由三个部分组成,包括会前准备、会中服务、会后落实。

会前准备主要包括拟订会议的议题、确定会议名称、选择布置会场、拟订会议议程和日程、确定参会人员名单并制发会议通知、安排会议食宿、准备会议资料与用具、会议经费预算、会场布置及会场布局和设备检查等工作。

会中服务包括接站工作、报到与签到工作、会议记录、收集会议信息、对外宣传、编制会议简报、传接电话、安排茶水和饮料等、会议的值班与保密、医疗卫生服务、照相服务等内容。

会后落实包括引导参会人员安全有序地离开会场、清理会场、安排车辆、整理会议室、归还会场用品、撰写会议纪要、做好会议总结与评估、整理会议文件、会议经费结算、送感谢信等工作。

任务提示

学生通过所学秘书专业知识,结合办会经验,结合实训完成任务。完成任务时应注意:

(1)参加过的会议包含线上会议、线下会议。

(2)实训时,可以通过PPT、视频等形式,以图文并茂的方式来展示。

任务实训

1.实训目标

通过实训,学生需要掌握会议的基本要点、会议的类型等。

2.实训内容

请同学们讨论,你参加过哪些会议,说说这些会议对你的启发。

秘书灯塔

计划于会议,执行于日常;开会,是战略与行动的纽带。

项目十一
线下商务会议组织

知识目标：

- 掌握会前准备的要素及流程。
- 掌握会中服务的内容及方法。
- 掌握会后落实的内容及方法。

能力目标：

- 能够进行会前准备。
- 能够进行会中服务。
- 能够进行会后落实。

素质目标：

- 培养团结互助的意识。
- 培养策划能力与组织能力。
- 培养领导能力。

任务一　会前准备工作

任务描述

　　××机械有限公司决定于12月13—15日召开××××年度客户联谊会暨××××年产品订货会,听取客户对公司产品的意见和建议,并确定次年产品订购情况。

　　9月6日下午,公司总经理吴宝华把办公室秘书小尹叫到办公室,让小尹做好客户联谊会的相关筹备工作。

任务分析

　　一次会议要取得成功,会前准备工作十分重要。可以说,会前准备工作是否充分能直接影响会议效果的好坏。会前准备工作主要包括以下内容:

　　(1)确定会议名称。

　　(2)拟订会议议题。

　　(3)选择会议地点。

　　(4)拟订会议议程和日程。

　　(5)确定参会人员名单并制发会议通知。

　　(6)安排会议食宿。

　　(7)准备会议资料和会议用具。

　　(8)会议经费预算。

　　(9)会场布置及会场布局。

　　(10)设备检查。

任务准备

(一)会议策划

1.会议策划的基本概念

　　会议策划是指在会议召开前,会议举办者根据会议目标,对一场具体会议的各项活动进行系统、完整的安排,以形成一份详细、具体的会议活动方案。这包括对会议主题、会议时间、会议地点、参会人员、会议议程和日程、会议材料、会议设备、会议餐饮、交通住宿等各项细节进行规划和安排,确保会议顺利进行并实现预期目标。

　　同时,会议策划也需要具备一定的灵活性和应变能力,以应对可能出现的各种意外情况和变化。因此,会议策划者需要具备丰富的经验和专业知识,能够熟练掌握各种策划技巧和方法,确保会议策划的成功。

2.会议策划的作用

(1)为会议提供指南与纲领,提高会议效率。

(2)可以帮助会议举办者充分考虑各种因素,合理安排资源,从而降低会议成本。

(3)为参会人员提供良好的会议体验,提高他们的满意度和获得感。

(4)可以引导会议朝着预定目标发展,从而实现会议的预期效果。

(5)可以促进不同部门和单位之间的交流与合作。

总之,会议策划在会议的成功举办和目标实现中发挥着重要的作用。科学、合理的策划和安排可以提高会议的效率和质量,提升参会人员的满意度和获得感,促进交流与合作。

3.进行会议策划

(1)会议策划的流程:

①确定会议目标。首先,需要明确会议希望实现什么目标。这将影响会议的主题、内容和结构。

②选择会议时间和地点。基于参会人员的日程安排和地理位置,选择一个合适的时间和地点。确保会议地点能够满足所有参会人员的需求,包括设施、交通和住宿等。

③确定参会人员。根据会议目标,确定需要邀请的参会人员名单,并发送正式的会议通知或会议邀请。

④制订会议议程和日程。详细的会议议程和日程包括开场白、主题演讲、小组讨论、问答环节等。为确保会议的高效进行,会议议程和日程应设计得紧凑、有序,并能够切实有效地实现会议目标。

⑤准备会议材料。根据会议议程和日程,准备必要的会议材料,如背景资料、讲稿、演示文稿等。

⑥技术准备和设施检查。确保会议所需的技术和设施(如投影仪、音响设备、麦克风等)都已经准备妥当,并进行必要的检查和测试。

⑦会前协调。与参会人员、场地提供方、技术支持团队等进行会前协调,确保所有事项都按照计划进行。

⑧会议进行。在会议期间,负责组织和协调会议的进行,确保会议议程和日程顺利进行,并处理突发情况。

⑨会议后的工作。会议结束后,进行必要的后续工作,如发送感谢邮件、整理会议记录、收集反馈等。

⑩评估和改进。对会议的整体效果进行评估,包括参会人员的满意度、会议目标的实现程度等。基于评估结果,对下一次的会议策划进行改进。

以上是一个基本的会议策划流程,具体的流程可能因会议的类型、规模和需求而有所不同。在实际操作中,可以根据具体情况进行调整和优化。

(2)会议策划方案的具体内容如下。

①明确会议背景和目标。会议背景通常包括为什么召开这次会议,以及会议要解决的主要问题。会议目标则是希望这次会议实现的具体效果,如加强交流、达成共识、推动合作等。这将有助于确定会议的规模、参会人员、议程内容等。确保所有参会人员都对

会议目标有清晰的认识,有助于会议的顺利进行。

②确定会议时间和地点。在确定会议时间时,需要考虑参会人员的时间安排和便利性,避免与其他重要活动冲突。会议地点的选择则需要考虑交通便利性、场地设施及参会人员的住宿和餐饮需求。

③确定参会人员。会议策划方案需要列出预期的参会人员名单,并明确各自的角色和责任。一般包括主办方、演讲嘉宾、参会代表等。明确角色和责任可以确保会议的顺利进行和各项任务的顺利完成。

④制订会议议程和日程。会议议程和日程详细描述了会议的具体内容和流程,包括开场白、主题演讲、分组讨论、互动环节、总结等。会议议程的制订需要充分考虑参会人员的需求和兴趣,确保会议内容紧凑且有序。

⑤制订预算和费用计划。详细的预算和费用计划包括场地租赁、设备租赁、餐饮、住宿、交通等的各项费用。制订预算和费用计划需要充分考虑各项费用的合理性和可行性,并明确各项费用的来源和支付方式。

⑥会议要求。安排会议活动时要严格遵守中央八项规定的精神和要求,确保会议高效、务实、节俭。

首先,会议应确保高效,避免形式主义。在制订会议日程时,应充分考虑会议目标和实际需求,合理安排会议时间和议题,避免会议时间过长、议题过多或过于烦琐。同时,要严格控制会议的规模和参会人员的范围,避免出现"陪会"现象。

其次,会议应注重务实,突出解决实际问题。会议议题应紧密围绕中心工作,突出重点,确保会议能够解决实际问题。在会议过程中,应鼓励参会人员积极发言、深入讨论,形成有针对性的意见和建议。

再次,会议应厉行节约,反对铺张浪费。在会议筹备和召开过程中,应严格遵守节约原则,合理安排场地、设备和用餐等事项,避免资源浪费。同时,要严格执行会议预算和经费使用规定,确保会议经费合理使用。

此外,会议还应强化监督问责,确保中央八项规定精神得到贯彻执行。相关部门应加强对会议活动的监督和管理,对违反中央八项规定精神的行为进行严肃处理。同时,要建立健全问责机制,对未能有效执行中央八项规定精神的单位和个人进行问责。

最后,会议还需要加强宣传教育。通过多种形式宣传中央八项规定精神,提高广大党员干部对会议纪律和规定的认识与理解,形成自觉遵守规定的良好氛围。

总之,在会议中融入中央八项规定精神,是加强作风建设、提高工作效率的重要举措。高效、务实、节约、监督问责和宣传教育等措施,可以确保会议活动更加规范、高效和节俭,推动各项工作顺利开展。

⑦宣传和推广。为了提高会议的知名度和影响力,会议策划方案需要制订详细的宣传和推广计划。这包括制作会议海报、发布会议通知、邀请媒体报道等。有效的宣传和推广可以吸引更多的参会人员,提高会议的质量。

⑧准备会议材料。根据会议议程和日程、参会人员的需求,会议举办方需要准备会议所需的材料和资料。这包括会议背景资料、会议议程和日程表等。确保所有参会人员都能获得所需的材料,以便更好地参与会议。

⑨会议前的准备工作。会议召开前的必要准备工作包括场地布置、设备调试、接待工作等。确保所有设施都准备就绪,能为会议的顺利进行提供保障。

⑩风险控制。会议策划方案需要充分考虑会议过程中可能出现的风险和问题,并制定相应的应对措施和预案。这包括安全风险、技术故障、参会人员纠纷等。提前识别和应对风险可以确保会议的顺利进行和参会人员的安全。

⑪后续工作。会议结束后,进行必要的后续工作。这包括收集参会者反馈、整理会议资料、发布会议纪要等。做好会议后续工作能确保会议成果得到有效的利用和传播,并为未来的会议策划提供参考和借鉴。

以上是会议策划方案的具体内容。在实际操作中,可以根据具体情况进行调整和补充,以确保会议策划方案的全面性和可行性。

(二)会前准备工作

1.确定会议名称

(1)会议名称。

会议名称是向外部提供关于会议基本信息的引领性标题。会议名称要能够概括表现会议的内容、性质、参加对象、单位以及时间、届次、规模等信息。

(2)确定会议名称的方法。

①由单位和会议内容两个要素构成。如"××机械有限公司第二次职工代表大会",其中"××机械有限公司"即单位,也可称组织名称,"第二次职工代表大会"即会议内容。

②由单位、时间和会议内容构成。如"××机械有限公司××××年度总结表彰大会",在这个会议名称中,体现了单位(××机械有限公司)、时间(××××年度)及会议内容(总结表彰大会)三个方面的信息。

③由会议时间、会议内容和会议类型构成。如"××机械有限公司××××年产品销售定价听证会"。

(3)确定会议名称的注意事项。

①会议名称要用确切、规范的文字表述。

②会议名称应与会议的内容相符,使人一目了然地了解会议所涉及的学科领域。有些会议为了能够吸引更多交叉学科和相关学科的人员参加,会议名称涵盖的学科范围可以适当放宽一些。

③一般情况下,企业单位不允许在会议名称中冠以"中国"或"中华"等称谓。

2.拟订会议议题

(1)会议议题。

会议议题是开会的前提,是会议所要讨论、报告的主要内容。会议开始之前要明确会议议题,并且要将议题及时地通知参加会议和筹备会议的人员,便于相关人员做好相应的准备工作。

(2)会议议题确定的基本原则。

科学合理地确定议题,是保证会议质量与效率的重要因素之一。确定会议议题时应该遵循必需、清晰、有限和相近的基本原则。

①必需原则，是指公司所拟订的议题有无在会议上讨论研究的必要。

②清晰原则，主要是指要求会议讨论研究的议题主旨一定要清晰，绝不能含糊不清。

③有限原则，是指一次会议议题的数量必须有一定的限度。

④相近原则，是指会议议题之间有一定的内在联系，尽量将那些内容相近、相互联系密切的议题放在一次会议上讨论。

（3）如何拟订会议主题和议题。

①切忌主题设定"空泛化"，议题设置"模糊化"。绝大多数会议都有明确的主题。但是，也有不少会议，为了吸引更多的参会人员，会议主题设置模糊，覆盖面过于宽泛；不少会议，其主报告人选题随意性较大，有的说来又不来，不得不临时调整，使得报告主题不集中；有的主报告人偏离主题，使人摸不清会议主旨。多数会议能根据主题设置若干议题。会议议题一般为2~4个，但是也有少数会议没有议题，或议题设置过多，甚至达十几个，使人无所适从。

②主题明确，目的单纯。首先应明确会议主题：如经销商座谈会，将全国各地的经销商召集起来，总结过去，展望未来；将公司新年度的营销策略介绍给各经销商，取得大家的支持和拥护；通过共同探讨，发现以前营销过程中存在的问题，预测市场发展趋势，提出应对的方案和举措，促进厂商"双赢"。会议主题要与当前市场实际需求相吻合，应该具有时尚、新颖、独特之处。就经销商座谈会而言，公司可采用一种时尚做法：如将"品牌缔造价值实力制胜未来——公司经销商营销会"作为座谈会主题，既可赢得公司高层的肯定，又可吸引与会经销商的眼球。

3.确定会议工作机构与人员分工

一次成功的会议，从筹划开始，到具体操作并落实每一个细节，牵涉到方方面面，各项工作相互联系，彼此交叉。仅凭秘书或者办公室的"一己之力"是很难胜任的，因此，必须合理分工，统筹安排。此外，还需要对会议任务进行分解，对人员进行分工，成立会议工作机构，各机构之间相互协作，共同完成会议的筹备和服务工作。会议工作机构与人员分工能够确保会议的顺利进行和达成预定目标，提高会议的专业性和效率，为参会人员提供更好的会议体验。

为筹备和组织特定的会议而临时组建的会议工作机构常见的名称有：××会议筹委会、××会议筹备组、××会议筹备办公室、××会议秘书处等，其内部还可分设秘书、宣传、保卫、后勤、组织、生活服务等分支机构，在会议领导机关的统一领导下，分头开展工作。

根据会议的规模、类型和内容，可以考虑成立不同的会议工作机构。

①一级工作机构，所对应的是小型会议，只有会议秘书组（或称会务组）这一级办事机构，由会议领导指定一个人牵头负责，并根据会务工作内容配备适当的人员，共同完成会议筹备与服务工作的全部有关事宜。

②二级工作机构，所对应的是中型会议，分为二级：第一级，会议筹备办公室；第二级，秘书组、宣传组、保卫组、后勤组等。

③三级工作机构。所对应的是大型会议或超大型会议，分为三级：第一级，大会筹备（或组织）委员会；第二级，大会筹备（或组织）委员会办公室；第三级，各职能组，如秘书

组、宣传组、外联组、保卫组、后勤组等。在这种类型的大会筹备(或组织)机构中,筹备(或组织)委员会的负责人即大会负责人,办公室负责人即筹备(或组织)委员会的组成人员,各职能组的负责人是筹备(或组织)委员会办公室的组成人员。若个别会议材料工作量较大,宜单独成立材料组。

4.拟订会议议程

(1)会议议程。

会议议程是为完成议题而做出的顺序计划,即将会议各项议题按照一定的原则和顺序编排起来,并以文书形式确定下来的大致安排。议程是会议活动的指南,会议主持人要根据议程主持会议。

拟订会议议程是秘书的任务,通常由秘书拟写议程草稿,交领导批准后复印分发给所有参会人员。会议议程是会议的概略安排,大、中型会议的议程一般安排如下:开幕式;领导和来宾致辞;领导作报告;分组讨论;大会发言;参观或其他活动;会议总结,宣读决议;闭幕式。

(2)编制会议议程的原则。

秘书在编排会议议程的时候,应遵守以下两个原则:

①明确轻重缓急的原则。

②明确时间原则。

(3)会议议程的结构和写法。

会议议程由标题、题注、正文、落款和制订日期五个部分组成:

①标题。标题由会议全称加上议程二字组成,如"××机械有限公司2024年年终表彰大会议程"。

②题注。法定性会议应当在标题的下方说明会议通过的日期、会议名称。一般企业或者单位会议议程可以没有题注。如"中国人民政治协商会议第十四届全国委员会第二次会议政治决议(2024年3月10日政协第十四届全国委员会第二次会议通过)"。

③正文。简要说明每次议题和活动的顺序,并冠以序首,将其清晰地表达出来,一般不用标点符号。大、中型会议的议程一般安排见前文。

④落款。由会议组织机构确定的议程应当标明机构的名称,如"秘书处"。由会议通过的议程不用标写落款。

⑤制订日期。无须大会通过的议程要标明制订的具体日期。

(4)会议议程表示例。

××机械有限公司××××年度客户联谊会暨××××年产品订货会议程(初稿)

××机械有限公司××××年度客户联谊会暨××××年产品订货会将于××××年12月13—15日在钟山宾馆举行。会议议程如下:

(1)主持人宣布会议议程。

(2)吴宝华总经理致辞。

(3)特邀嘉宾:××市环保局×××副局长讲话。

（4）客户代表发言。

（5）××机械有限公司环保产品生产报告。

（6）××××年国内外环保产品形势分析报告。

（7）××××年环保产品洽谈、预订。

（8）参观与考察。

××机械有限公司总经理办公室

××××年10月12日

5.拟订会议日程

会议日程是指会议在一定时间内的具体安排，如有说明可附于日程之后，一般情况下在会前发给参会人员。

（1）会议日程的格式。

会议日程多以表格形式出现，主要要素包括时间、地点、主要内容、主持人、参会人员等栏目。将会议时间分别固定在每天上午、下午、晚上三个单元里，使人一目了然，如有说明可附于表后。

（2）会议日程编排的原则。

编排会议日程要遵循两个原则：一是要高效、科学、合理；二是要张弛有度，劳逸结合，符合人体的生理和心理规律。会议日程安排表示例见表11.1。

表11.1　××机械有限公司××××年度客户联谊会暨××××年产品订货会日程安排表

时间		地点	主要内容	主持人	参加人员	备注
12月12日		钟山宾馆大堂	报到			
12月13日	9:00—9:20	钟山宾馆中山报告厅	×××总经理致辞	×××	公司中层以上干部、嘉宾、参会客户	
	9:30—9:50		环保局×××副局长讲话	×××	公司中层以上干部、嘉宾、参会客户	
	10:00—11:30		××机械有限公司环保产品生产报告	×××	公司中层以上干部、嘉宾、参会客户	
	12:00	钟山宾馆秦淮餐厅	午餐	×××	公司中层以上干部、嘉宾、参会客户	
	13:30—13:30	钟山宾馆中山报告厅	××××年国内外环保产品形势分析报告	×××	公司中层以上干部、嘉宾、参会客户	
	14:40—17:30		××××年环保产品洽谈、预订	×××	公司市场与产品研发部员工、参会客户	
	17:40	钟山宾馆秦淮餐厅	晚餐	×××	公司中层以上干部、嘉宾、参会客户	
	19:00	钟山宾馆梅兰芳艺术厅	文艺晚会	×××	公司中层以上干部、嘉宾、参会客户	

续表

时间		地点	主要内容	主持人	参加人员	备注
12月14日	8:00—11:30	钟山风景区	参观	×××	参会客户	
	12:00	东郊宾馆	午餐	×××	参会客户	
	13:30	南京浦口	江苏环保产品科技园	×××	参会客户	
	17:30	钟山宾馆秦淮餐厅	×××总经理宴请宾客	×××	公司中层以上干部、嘉宾、参会客户	
12月15日			返程			

6.选择会议地点

正确选择会议地点,主要注意两个方面的问题:一是会议召开所在地,是在本地还是在外地? 二是确定开会的具体地点,即开会的场所。正确选择会议地点,是会议取得预期效果的主要因素之一。因此,秘书必须协助领导做好这项工作。

在任何会议中,环境因素都起着重要的作用。不论什么场合,都要保证参会人员能集中精力开会,但又不要让他们舒适得想打瞌睡。在众多环境因素中,最重要的一个因素就是会议所在地和会场。

(1)确定会议所在地。

会议所在地的选择对于会议成功有着较为重要的作用。会议所在地的选择一般遵循以下原则:一是国际性或全国性会议,要考虑政治、经济、文化等因素,一般应在首都北京或其他中心城市如上海、武汉、广州、西安等地召开;二是专业性会议,应选择富有专业特征的城乡地区召开,以便结合现场考察;小型的、经常性的会议就安排在单位会议室。

(2)选择会场。

在选择了会议所在地以后,就必须根据会议的主题、参加人数和会议费用等因素,选择合适的会场。选择具体的会场应考虑以下几个因素:

①交通便利。会场的位置必须让领导和参会人员方便前往。一般应选择在距领导和参会人员的工作地点均较近的地方;若是在外地,则要选择在大部分参会人员方便到达的地点。

②会场的大小应与会议规模相符合。一般来说,每人平均有2~3平方米的活动空间比较适宜。同时,应考虑会议时间的长短,时间长的会议,场地不妨大些。

③会场要有良好的设备配置。桌椅家具、通风设备、照明设备、空调设备、音像设备等要尽量配置齐全。同时,应该根据会议的需要检查是否需要租用的特殊设备,如演示板、电子白板、放映设备、音像设备、录音机、投影仪、计算机、麦克风等。

④会场应不受外界干扰,尽量避开闹市区。同时,外界干扰还包括室外的各种噪声、打进会场的电话,以及来访者和参观者等。因此,场外应挂起"会议正在进行,谢绝参观"的牌子,并要求关闭所有手机。会场内部也应具有良好的隔音设备,以保证会议能在安静的环境中顺利进行。

⑤应考虑有无停车场和安全设施问题。大型会议应该考虑到一部分与会代表会自

行驾车前往,必须解决这些车辆和参与接待的公司车辆的停放问题,所以选择会场的同时要考虑该会场是否有与会议规模相符合的停车场。大型会议,还必须考虑会场有无消防、防盗等安全设施。

⑥会场租借的费用必须合理。场租费用是必须考虑的一个重要因素,且必须在会议经费预算范围之内,或者必须符合单位的相关规定。

⑦会场周围有必要的餐饮和其他服务保障配备。会场的选择还必须考虑参会人员的餐饮、娱乐活动等问题,尤其是大型会议,会场周围最好有能容纳参会人员的餐饮和其他服务保障配备。

(3)选择会议地点的步骤:

①确定会议召开地。

②确定会场。

③将选好的会场报请主管领导批准。

④签署会场租用协议。

7. 拟写会议通知

制发会议通知,首先,要弄清楚会议的时间、地点,会议的主要内容,参会人员等要素;其次,要注意带回执的会议通知的格式应规范;最后,秘书要清楚自己的工作性质,自己草拟的会议通知,必须经主管领导审核同意后才能发出。

(1)会议通知的作用。

会议通知是参会人员出席会议的重要凭据,也是会议组织者同参会人员沟通的重要渠道。参会人员可以通过会议通知了解会议召开的具体情况。

(2)会议通知的类型:

①口头通知。这种方式最突出的优点是快捷、省事,适合参会人员少的小型会议。

②电话(传真)通知。大多数会议都采取这种通知方式。以电话(传真)为媒介传递信息,快捷、准确,一般情况下,成本也不高。当然,以这种方式传达通知时,会务人员必须对通知情况进行书面记录。

③书面通知。书面通知是一种传统的方式,适合大型会议。由于书面通知在传递过程中需要一定的时间,所以要提前准备,如果在预定的时间里对方没有收到,还需要及时采取补救措施。

④电子邮件。这是信息时代的产物,综合了上述三种方式的优势——快捷、准确、低成本,而且内容清楚,一目了然。目前,通过电子邮件传达会议通知的情况越来越多。

(3)会议通知的主要内容和格式。

会议通知的主要内容一般包括会议名称、主办单位、会议内容、起止时间、参加人员、会议议题、会议地点、联络信息等报到事宜及相关要求,如需要带到会议上的交流材料等。制发带回执的会议通知的格式一般包括以下五部分:

①标题。主办单位名称+会议名称+通知,这种结构一般用于重要会议;只写"会议通知"或"通知"的结构一般用于事务性或行政性会议。

②通知对象,可以是单位也可以是个人。

③正文。会议的目的和主题、会议时间，包括报到时间和结束时间；会议地点，包括报到地点、会议地点、住宿地点、路名、门牌号等，必要时可以附上简要的地图或从机场、车站、码头到会议地点可乘坐的公交线路等。参加对象，如发给单位，要写明参加人员的基本职务、性别、参加会议的人数；其他事项，包括费用、联系方式、报名方式等。

④落款和日期。

⑤回执。

（4）会议通知的发送。

①确定会议通知的发送对象。会议通知的发送对象即会议的参加对象。确定发送对象的要点有以下几方面：a.参加对象的职务或级别，即明确会议必须担任什么职务和级别的人员才能参加。b.参加对象的身份，即明确一个对象是按照正式成员、列席成员、旁听成员、特邀成员等几种身份中的哪一种来参加会议的。c.参加对象的代表性。d.参加会议的总人数。

②会议通知的发送方式。会议通知的发送方式多种多样，既可通过邮局挂号信、邮局特快专递、快递公司寄送，也可通过传真、电子邮件发送会议通知的扫描文本。会议通知发送方式的选择，应该根据参会人员的要求和公司的实际情况来选择。一般情况下，多以通过邮局挂号信的方式发出。

③发送会议通知的注意事项。a.参会人员名单确定后，在正式发送之前将要发送会议通知的对象再次送交领导审核，最终根据领导确定的名单发送会议通知。b.书面通知的地址、邮编等要填写正确。c.装信封和邮票时要注意，不要错装、漏装，信封上要注明"会议通知"字样。d.落实发送的回复环节（如了解发送对象有没有及时收到通知和落实情况，可以通过电话、口头询问、电子邮件等方式检查）。e.在会议前夕，最好能和所有发出通知的人员联系，进一步确认是否能够到会，以便安排食宿，代订回程车票等。f.对于一些经常参加会议的客户的信息，应用电脑打印出来，制作成通讯录，以便下次发送通知时利用。

（5）会议通知样式。

××机械有限公司关于召开××××年度客户联谊会
暨××××年产品订货会的通知

尊敬的客户/××公司：

为了进一步加强与贵公司的合作关系，听取客户对我公司产品和售后服务的意见与建议，以及做好××××年产品的订货工作，我公司定于××××年12月13—15日，在钟山宾馆召开客户联谊会。现将有关事项通知如下：

一、会议主题

1.××××年生产、销售情况报告。

2.××××年产品订货说明。

二、参加会议人员

××机械有限公司各地区代理商、客户代表、合作公司负责人等。

三、会议时间

12月13—15日。12月13日在南京钟山宾馆大堂报到。

四、会议地点

南京钟山宾馆二楼圆形会议厅。

五、其他事项

1.大会将为各参会人员免费提供食宿。

2.参加会议的代表请按要求填写本通知所附的会议报名表（见附表2），于11月20日前寄回会务组。需接车、接机及购买回程机票、车票的人员，务请在会议报名表中注明。

3.联系方式

联系人：张秘书

联系电话：×××××××

电子邮箱：××@21cn.com

通信地址：南京市××路××号××机械有限公司总经理办公室

邮编：××××××

附件1：会议日程安排表

附件2：××机械有限公司客户联谊会报名表

附件3：钟山宾馆乘车指南

××机械有限公司

××××年10月19日

附件1：会议日程安排表（略）

附件2：××机械有限公司客户联谊会报名表

××机械有限公司客户联谊会报名表

姓名		性别		出生年月	
公司名称			职务		
联系电话			电子邮箱		
通信地址					
同行人数及性别					
是否需要接站 （请写明乘坐交通工具及到达时间）					
是否需要预订返程票 （请写明乘坐交通工具及大概时间范围）					

附件3:钟山宾馆乘车指南

1.从火车站:乘出租车(车费约18元);或乘17路、36路公交车到明故宫站下;或先乘59路公交车到马标站下车,再转乘52路、91路公交车到黄埔路站下车;或乘118路公交车到黄埔路站下即到。

2.从机场:乘机场大巴到汉中门站下车,转乘出租车(车费约12元);或乘机场大巴到汉中门站下车,转乘5路、9路公交车到解放路站下车即到。

3.到宾馆的公交车:乘5路、9路、25路、29路、5路1、65路、游1路、游2路到解放路站下车;52路、91路、118路到黄埔路站下车。

8.编制会议经费预算

编制会议经费预算是会议前期准备工作中的一项重要工作。编制会议经费预算必须考虑会议内容、会议时间、会议规模、参会人数等因素,拟订会议经费预算方案时必须本着节约的原则,符合公司的财务制度。

(1)制订会议经费预算的原则:

①严格遵循节俭办会的宗旨,根据实际需要科学合理地分配各项开支,并保证会议资金专项使用。

②严格控制经费总量,每一次会议的经费都有一定的限度,所有开支都必须控制在适度范围内,不能无限制地增加,会议成本总量不能超过会议预期收益,否则开会就没有任何必要了。

③在经费数量限定的情况下,或当经费不足时,要确保重点,将有限的经费花在刀刃上。

④对会议经费的每一笔开支都应严格审核,力求达到预算经费与实际开支的平衡,能省则省,能减就减。

⑤要充分考虑会议期间可能出现的一些不可预测的费用开支,预算时要适当留有余地。

(2)会议预算经费的构成:

①场地费,即租借会场的费用,包括会场内基本设施使用费、停车场的费用。

②设备费,包括购买或租借会议所需的各种视听设备、通信设备、印刷设备等的费用。

③会场装饰费,包括制作会标、会徽、标语、购买或租借花卉、彩旗、拱门等的费用。

④文具、资料费,包括公关、宣传、制作各类会议文件资料和证件的费用及相应的文具费。

⑤交通费,包括参会人员往返的差旅费、接送费和会议期间各种接待、参观等所需的交通费。如果参会人员的差旅费由自己负担,则不必列入预算,但要注明。

⑥茶水食宿费,时间较长的会议要考虑茶水、饮料、果点等的费用,需要住宿的会议还要预算餐饮费和住宿费。如食宿费自理,则不计算在内。

⑦人工费,包括支付给参会人员和工作人员的补贴或报酬。如支付给报告人、演讲

者、专家、临时借用人员的酬金。参会人员和工作人员的工资一般不计算在其中。

⑧参观考察费用,如果会议安排了参观考察活动,还要预算参观考察相关费用。

(3)会议经费的筹集方式。

会议经费的筹集是多渠道的,主要来源有:

①企业单位内部会议经费一般从行政经费中开支。

②由几个单位共同主办的会议,主办单位之间通过协商分担费用。

③通过向社会各界寻求赞助筹得资金。

④参会人员个人或其所在单位全部承担或部分承担个人费用,如交通费、食宿费、资料费等。

⑤由于一些大型会议活动影响较大,因此可以在法律允许范围内通过转让会议无形资产来筹集资金。

⑥其他方式。秘书应当通过有效的公关活动多渠道获取资金,确保会议有足够的经费开支,并得到合理有效的使用。

9.会议预算方案举例

××机械有限公司××××年度客户联谊会暨××××年度产品订货会经费预算方案

公司定于××××年12月13—15日在江苏省会议中心钟山宾馆会议室召开××××年度客户联谊会暨××××年产品订货会,参会人员预计300人,现就会议所需各项经费提出预算如下。

一、场地租用费

江苏省会议中心钟山宾馆会议室租金一天8 000元,三天共计24 000元。

二、摄像机设备租用费

拟租摄像机2台,租金共计2 000元。

三、会场装饰费

为了烘托气氛,会场须进行装饰,其中:鲜花1 000元;横幅5条,每条100元,共500元;拱门2个,一个500元,共1 000元;其他装饰用品2 000元,共计4 500元。

四、聘请嘉宾咨询费

拟请嘉宾2人,每人每天支付5 000元,共计10 000元。

五、宴请费用(早餐费除外)

10人一桌,每桌标准1 000元,共计60 000元。

六、交通费用

租用旅行车2辆,每辆每天500元,两天共计2 000元。

七、会议用品费

制作宣传手册,每份宣传手册成本为5元,500份,共2 500元;制作会标和会议代表证、购买文具等2 500元,共计5 000元。

八、纪念品及考察费

每人一份纪念品价值100元左右,共计30 000元;考察费5 000元,共计35 000元。

九、其他(机动)费用

为了保证会议正常进行,机动费用为10 000元。

综上所述,此次会议经费总计××万元,其中,中国移动公司江苏省分公司赞助30 000元,其他费用由公司行政费用列支,共需××万元。

此预算已提交总经理办公室审查批准。

会议筹备小组

××××年11月10日

10.准备会议资料和会议用具

会议资料和会议用具是会议取得成功的重要因素之一。因此,会议组织者在会前应该精心准备会议资料和会议用具,主要包括会议物品和会议资料的准备。会议物品的准备主要包括会议期间使用的各种证件和指示标识、会议必需的设备和用品;会议资料主要包括来宾资料、会务资料和沟通资料等。

(1)会议物品。

①会议证件。会议证件是会议组织者发给参加会议的代表、嘉宾以及会议工作人员佩戴的统一制作的证件。会议证件主要包括代表证、列席证、工作证、记者证等。

代表证发给参加并有表决权和选举权的代表;列席证发给旁听但无表决权的列席人员;工作证只能证明是会议工作人员,出入行走有一定的限制;记者证只是发给新闻媒体方面的有关人员,工作区域有一定的限制。

会议证件有以下作用:参会人员、嘉宾、工作人员的身份证明;控制会议出入人员;便于统计到会人数;有利于维持会议秩序。

②会议指示标识。会议指示标识是在会场和相关服务区域摆放或设置的某些标识物,如各种指示牌,接待处和签到处的标志,贵宾室、饮水处、洗手间的标志等。a.指示牌。大中型会议应制作标识牌或指示牌,方便参会人员顺利找到相关区域或地点。b.区域图或路线图。在一些会场,为方便参会人员入座,事先画出区域图,张贴在入口处。c.名签或台签。在主席台或各种办事地方摆放名签或台签,以标明相关人员的身份或办事机构的名称。

③会议设备和用品。会议必需的设备和用品应在会议筹备过程中就准备好,以免耽误会议的进程。会议设备包括空调、笔记本电脑、打印机、复印机、传真机、饮用水、灯具、音响、通风设备、录音设备、摄像设备和安全设备等。会议用品包括一次性水杯、电池、剪刀、纸张夹、裁纸刀、胶带纸、双面胶、订书机、订书钉、尺子、绳线、回形针、大头针、胶水、白板、白板笔、粉笔、信封、信纸、便笺、铅笔、钢笔、禁烟标志、放大的公司标识、公司电话簿等。

另外,应有一些可能用到的用品和设备,如国歌和国际歌伴奏带、投票箱、旗帜、仪仗队、鲜花等。

④会议物品准备注意事项。a.根据会议经费的预算,量力而行。b.所备物品应经济

适用,严禁奢华,避免产生浪费。c.学会精打细算,必需的开支应优先考虑,如宣传材料、传真复印、纸笔等;观光用品、纪念品、奖品等附属支出可适当压缩。d.会议物品的准备有时可结合公关宣传工作进行,如在发放的纸笔或资料袋上印制企业及会议名称。e.准备就绪的物品在会议前要做适当的试用或调试,如需用到黑板、白板,应将其附带的粉笔、水笔、指示棒或荧光笔、板擦等一起准备;会议正式开始前两小时开空调进行预冷或预热等。f.使用各种视听设备时,应安排专人负责调试、维修和保管。现在会议中常用的视听设备有表决投票系统、同声传译系统、发言讨论系统、多媒体设备(投影机、投影屏、投影仪)、摄像机、录像机、电视机、电视墙、数据监视器、音响设备、办公设备、音频视频会议系统等。

专门负责视听设备的维护人员应注意:做好使用及维修记录;准备一些应急的配件,如保险丝、电工盒、空白磁带、光盘、彩色粉笔等;租赁的设备若较多,应向出租方要求配备专门的应急维修人员和电话号码;一切设备最好能在会议前预演一遍,陈旧的设备宁可更换新的,避免在会议期间出现故障。

(2)会议资料。

会议资料可分为来宾资料、会务资料和沟通资料三类。秘书应提前做好充分的准备,按时分发并恰当使用。

①来宾资料。来宾资料是来宾报到时分发的资料,应包括会议文件资料(如重要人物讲话提纲等)、会议手册(会议日程表、会议须知等)、分组名单、代表证、房卡、餐券等,形成一份完整的材料袋,在参会人员报到时一并交与。

②会务资料。会务资料包括接站一览表、会议签到表、住宿登记表、用餐分组表、会议讨论分组表、会间乘车分组表、订票登记表、会务组成员通讯录(每人一份)等。

③沟通资料。沟通资料主要包括会议宣传资料、会议参考文件、与会议有关的此前各种记录、各种与会议有关的协议书和合同书等相关资料。

11.会场布局与布置

会场布局与布置是会议筹备中的一项重要的工作。会场布局与布置是否和会议主题相符等,会直接影响会议的效果。

(1)会场布局。

会场布局可以有多种形式,要根据会议的性质、规模、需要等来选择和安排。常见的会场布局形式有礼堂式、教室式、弦月式、方形中空式、马蹄形或"U"形等。

①礼堂式。礼堂式也叫剧院式,面向房间前方摆放一排排座椅,中间留有较宽的过道。其特点是在留有过道的情况下,最大限度地摆放座椅,但参会人员没有地方放资料,也没有桌子可用来记笔记。

②教室式。房间内将桌椅端正摆放或成"V"形摆放,按教室式布置房间,应根据桌子大小而有所区别。其特点是可针对房间面积和观众人数安排布置,有一定的灵活性。

③弦月式。房间内放置一些圆形或椭圆形桌子,椅子只放在桌子的一面,以便所有参会人员都面向房间前方。

④方形中空式。将会议室里的桌子摆成方形中空式,前后不留缺口,椅子摆在桌子外围,通常桌子都会围上围幔,中间通常会放置较矮的绿色植物,在最前端会有一个专用

的小桌子放置投影仪。此种类型的布置常用于学术研讨会一类的会议,前方设有主持人的位置,可分别在每个位置上摆放麦克风,以方便不同位置的参会人员发言。此种台型容纳人数较少,对会议室空间有一定的要求。

⑤马蹄形或"U"形。将桌子连接着摆放成长方形,在长方形的前方开口,椅子摆在桌子外围,椅子套上椅套会显示出较高的档次,通常开口处会摆放放置投影仪的桌子,中间通常会放置绿色植物做装饰。这种会议不设主持人的位置,以营造比较轻松的氛围,可多摆设几个麦克风以便自由发言。

(2)会场布置。

会场布置主要有以下几个方面的内容:

①会场环境布置。会场环境布置的基本要求是庄重、美观、舒适,体现出会议的主题和气氛,同时还要考虑会议的性质、规格、规模等因素。会场环境布置包括整个会场色调的选择、会场的装饰、会场内座位的布置。

②主席台布置。一般情况下,大中型会议的会场应设主席台,主席台与代表席成面对面形式。主席台的设置有利于体现会议的庄重气氛,便于会议主持人主持会议。主席台要精心布置,一般情况下主席台前或者正中央要摆放鲜花,桌上要摆放话筒、水杯或者矿泉水等。

③主席台座次排列。主席台必须排座次、放名签,以便领导能对号入座,避免上台之后互相谦让。领导为单数时,主要领导居中,2号领导在1号领导左边位置,3号领导在1号领导右边位置;领导为偶数时,1、2号领导同时居中,2号领导依然在1号领导左边位置,3号领导依然在1号领导右边位置。

几个领导同时上主席台,通常按机关排列次序排列,可灵活掌握,不必生搬硬套。如对于一些德高望重的老同志,也可适当往前排;而对于一些较年轻的领导同志,可适当往后排。另外,对于邀请的上级单位或兄弟单位的来宾,也不一定非得按职务高低来排,通常掌握的原则是上级单位或同级单位的来宾,其实际职务略低于主人一方领导的,可安排在主席台适当位置就座。这样,既体现出对客人的尊重,又使主客都感到较为得体。

对于上主席台的领导届时能否出席会议,在开会前务必逐一落实。领导到达会场后,要安排在休息室稍候,再逐一核实,并告知上台后就座的位置。如主席台人数很多,还应准备座位图。如有临时变化,应及时调整座次、名签,防止主席台上出现名签差错或领导空缺。此外,还要注意认真制作名签,谨防出现错别字。

任务提示

学生根据所学秘书专业知识,通过图书馆、网络等方式收集会议筹备工作的相关信息,完成上述任务。完成上述任务,最好通过以下方式进行:

(1)将班级学生分成若干小组,以小组为单位,进行会议筹备。

(2)各小组成员必须有明确的分工,责任到人。

（3）该任务可以在文秘专业实训室进行。

（4）在实训过程中,注意将会议筹备过程中形成的文字资料保存好,根据要求整理归档。

任务实训

(一)实训1:拟订会议议程

1.实训目标

通过实训,学生需要掌握拟订会议议程的方法。

2.实训背景

××职业技术学院新闻传播系拟在7月10日9:00,在南京××宾馆召开中国高教秘书学会××职业技术学院新闻传播系分会的成立大会。该系将邀请全国各地职业院校文秘专业负责人参加本次会议。

3.实训内容

如果你是该系办公室秘书,请根据实训背景,拟订一份会议议程,要求格式正确、规范,要素齐全。

(二)实训2:拟订会议日程

1.实训目标

通过实训,学生需要掌握拟订会议日程的方法。

2.实训背景

××职业技术学院新闻传播系拟在7月10日9:00,在南京××宾馆召开中国高教秘书学会××职业技术学院新闻传播系分会的成立大会。该系将邀请全国各地职业院校文秘专业负责人参加本次会议。

3.实训内容

如果你是该系办公室秘书,请根据实训背景,拟订一份会议日程,要求格式正确、规范,要素齐全。

(三)实训3:改错题

下面是一份会议议程表,该议程表在格式、内容、安排等方面存在问题,请根据所学内容进行修改。

××机械有限公司将举行销售团队会议,研究下一季度的销售工作目标,以及人员招聘、选拔等问题。秘书小张在编制议程前,先请总经理、销售总监等有关领导提出议题,再询问各位主管在会上讨论的事情,并提请主管领导定夺,然后将要讨论的问题排上顺序。在设计具体的议程表时,小张把要在会上讨论的议题编排了一下,便打印交给了领导。会议议程如下:

公司销售团队会议将于5月25日星期一9:00在公司总部的三号会议室举行。

（1）销售二部经理的人选。

（2）东部地区销售活动的总结。

（3）上次会议记录。

（4）销售一部关于内部沟通问题的发言。

（5）下季度销售目标。

（6）公司销售人员的招聘和重组。

秘书灯塔

筹备细，会议顺。精心而细致的筹备工作是会议成功的基础。

任务二　会中服务工作

任务描述

××机械有限公司决定于12月13—15日在全国范围内召开××××年度客户联谊会暨××××年产品订货会，听取客户对公司产品的意见和建议，并确定次年产品订购情况。

经过一段时间的筹备，会议如期召开，会议召开之前，公司总经理吴宝华把办公室秘书小尹叫到办公室，让小尹做好此次会议的相关服务工作。

任务描述

一次会议的成功与会前的准备工作密切相关，但会中服务工作也会影响会议效果。会中服务工作主要包括以下内容：

（1）会议接站与报到工作。

（2）完成会议记录。

（3）编写会议简报。

（4）处理会议中的突发事件。

必备知识

（一）会议接站与报到工作

会议接站，首先要清楚嘉宾选用的交通工具，是乘船、乘汽车、乘火车，还是乘飞机，要根据不同到会途径安排不同的工作人员；其次要了解嘉宾的身份、职务级别的高低，在坚持平等原则的前提下，适度有所区分。到达会议地址后，要组织好报到工作，同时发放会议相关资料。

1.接站工作

会议接站是会议报到工作的第一步。一般而言,只有跨地区的会议接待才有接站工作。对于中型会议,由于参会人员较多,因此,秘书要充分重视,并妥善做好接站工作准备。接站工作的步骤如下:

(1)组成接待小组并完善接站信息。对于参会人员比较多的会议,为了保证接站时不会出现错漏的情况,要专门成立相应的接待小组,由专人负责,形成统一的指挥调度系统,并安排好信息完善、车辆使用、人员分工的工作。

①完善接站信息。在完善接站信息的工作方面,要根据与会代表的回执,查找相应的飞机、火车、轮船班次抵达的准确时间,将其编制成一目了然的表格,并要掌握与会代表的联络方式,拟订会议代表接站安排表,注明代表姓名、单位、职务、联系方式、车次/航班、到达(出发)时间、随行人数、接站司机和车号、接站工作人员、接站领导、接站出发地点和时间等。

②确保车辆安排。在车辆安排方面,要根据单位车辆的实际情况(或外租车辆的情况),以及与会代表的参会时间,进行合理分配。

③完善人员分工。在人员安排上,要根据会议筹备小组的分工,并结合嘉宾、参会人员到达的方式,进行必要的调整和安排,保证各项工作顺利进行。

④提供详细的路线图。对于无须接站、自行参会的本地以及外地参会人员,要事先制作详细的报到路线图,通过邮件、传真或电话的形式告知。

(2)接站工具。准备好车辆、会议代表接站安排表、手提式扩音器、工作证、胸卡、醒目的接站条幅和接站牌等接站标识物品,还要有一张急用电话号码表,应包含主要航空公司、出租车公司和会议有关方面的电话号码。

接站牌有两种最基本的形式:一种是为团体和一般客人接待所准备的接站牌;一种是为重要客人单独准备的接站牌。

准备车辆时,要根据参会人员的身份、职务级别的高低,在坚持平等原则的前提下,适度有所区分。对于一般或团体客户,可提供商务车或面包车接站;对于重要客户或者嘉宾,则必须提供轿车,最好有一定级别的领导参与接站。

(3)接站。接站时,要注意把握以下几个方面:①对提前预订远道而来的客人,应主动到车站、码头、机场迎接。一般要在班机、火车、轮船到达前15分钟赶到,这样可以杜绝经过长途跋涉到达目的地的客人因等待而产生不快。应在出口处比较醒目的地方高举接站牌等待客人到来,这样,客人一出站就能看到接待牌。②服饰穿着要整齐、大方,体现公司的形象与风貌,不可过于随意。③接到客人后,首先核实客人的身份,以免错接。在确认客人的身份后,指引或带领客人在休息地点休息,或指引或带领客人上车。④做好服务。与到站的客人简短寒暄后,应主动帮客人把行李搬上车,在车辆返途中,可以选择合适的话题跟客人交流。

(4)乘车返回。乘车时一定要分清座次的"尊卑",并在适当之处就座。就双排五座轿车而言,一般情况下,由主人亲自驾驶时,座位顺序应当依次是副驾驶座、后排右座、后排左座、后排中座[图11.1(a)]。由专职司机驾驶时,座位顺序应当依次是后排右座、后排左座、后排中座、副驾驶座[图11.1(b)]。

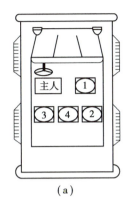 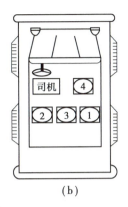

(a) (b)

图11.1 双排五座轿车

乘车返回时,除了安排好客人的座位,在车上要和客人寒暄,不能让客人感觉自己受到了冷落。

2.会议报到

会议报到一般以签到的方式进行。会议签到主要有以下几种形式:

(1)秘书点名。即由秘书根据预先拟好的报到册点名,做记号。会议报到册应包括序号、姓名、工作单位、职务、备注等栏目。这种方法适用于单位内部的小型会议和工作例会,因为秘书对参会人员比较熟悉。

(2)本人签到。即由参会人员本人在签到本上签名报到。这种方法适用于邀请性会议,亲自签名还有纪念意义。

(3)凭证件报到。即参会人员凭会议通知换取出席证或代表证报到,然后进入会场。这种方法适用于大中型会议。

(4)电子签到。即参会人员领取磁卡出席证,在进入会场时插入专用机签到,与此相连的电脑终端在签到结束后能立即统计出席人数和缺席人数。这种方法适用于参会人员人数较多的大中型会议。

(二)完成会议记录

会议记录是具有一定法律效力的文字材料,是编发会议简报、会议纪要等的基础性材料。

1.会议记录的格式

一般会议记录的格式包括两部分:一部分是会议的组织情况,要求写明会议名称、时间、地点、出席人数、缺席人数、列席人数、主持人、记录人等;另一部分是会议的内容,要求写明发言、决议和问题,这是会议记录的核心部分。

对于会议上的发言,一种是详细具体的记录,尽量原话实录,主要用于比较重要的会议和重要的发言,另一种是摘要性记录,只记录会议要点和中心内容,多用于一般性会议。

会议结束,记录完毕,要另起一行写"散会"二字,如中途休会,要写明"休会"字样。

会议记录格式示例。

××公司会议记录

会议时间:××××年××月××日××时

会议地点:×××

出席人(数):×××(主持人)、×××、×××、×××、××× ……×××(记录人)

缺席人(数):×××、×××、×××

会议主持人:×××(职务)

记录人:×××(职务)

会议内容记录如下:

×××:××××××××××××××××××××××××。

×××:××××××××××。

……

散会(会议于××时××分结束)。

主持人:×××(签名)

记录人:×××(签名)

(本会议记录共××页)

2.会议记录的基本要求

会议记录要求准确、真实、清楚、完整。记录人应当有高度的责任心,以严肃认真的态度忠实记录发言人的原意,重要的意见应记原话,不得任意取舍增删。会议的主要情况、发言的主要内容和意见,必须记录完整,不要遗漏。记录字体力求清晰易认,不要过于潦草,不要使用自造的简称或文字。会议记录的基本要求如下:

(1)准确写明会议名称(要写全称)、开会时间、地点、会议性质。

(2)详细记录会议主持人、出席会议应到人数和实到人数,缺席、迟到或早退人数及其姓名、职务,记录者姓名。如果是群众性大会,只记参加的对象和总人数,以及出席会议的较重要的领导成员即可。如果是某些重要的会议,出席对象来自不同单位,应设置签名簿,请出席者签署姓名、单位、职务等。

(3)忠实记录会议上的发言和有关动态。会议发言的内容是记录的重点。其他会议动态,如发言中插话、笑声、掌声、临时中断以及其他重要的会场情况等,也应予以记录。

(4)记录会议的结果,如会议的决定、决议或表决等情况。会议记录要求忠于事实,不能夹杂记录人的任何个人情感,更不允许有意增删发言内容。会议记录一般不宜公开发表,如需发表,应征得发言人的审阅同意。

此外,会议记录前,要做好相关准备工作,如熟悉会议情况和文件、熟悉参会人员、熟悉会议环境、做好物质上的准备等。

3.会议记录的重点

会议记录应该突出的重点如下:

(1)会议中心议题以及围绕中心议题展开的相关活动。

(2)会议讨论、争论的焦点及各方的主要见解。

(3)权威人士或代表人物的言论。

(4)会议开始时的定调性言论和结束前的总结性言论。

(5)会议已议决或议而未决的事项。

(6)对会议产生较大影响的其他言论或活动。

4.会议记录的整理

会议记录的整理原则如下：

(1)忠实于讲话人、发言人的原意。

(2)保持讲话人、发言人的风格。

(3)整理要完整、全面，不仅会议内容、讲话人主要精神、关键句子不要遗漏，而且重要的插话、会场动态，如表决等都要整理上去。

(4)整理时要做到层次分明，段落清楚，语句通顺，标点符号和字迹清晰，避免出现错别字。

(5)会议记录整理出来后，如果是一个人的讲话记录，应送讲话人本人、会议主持人或召集人审阅。

(6)整理录音记录稿时，要注意辨别讲话人的声音，不可张冠李戴。

(三)编写会议简报

会议简报是简报的一种，是党政机关、人民团体、企事业单位广泛使用的一种事务文书。它是指在会议期间为反映会议进行情况，包括参会人员在讨论中提出的意见、建议及会议的决定事项而编写的简明报告，又称"动态""简讯""要情""摘报""工作通讯""情况反映""情况交流""内部参考"等。也可以说，会议简报就是简要的调查报告、简要的情况报告、简要的工作报告、简要的消息报道等。

会议简报便于领导了解情况，推动会议深入进行；便于沟通情况，交流经验；便于归档存查备查。由此可见会议简报的重要性。

1.会议简报的特点

会议简报有些近似于新闻报道，其特点主要体现在简、快、新、实四个方面。

"简"是会议简报最重要的特点，是指会议简报应内容集中、篇幅短小、提纲挈领、不蔓不枝，无关的东西不说，一般性的东西少说，专业性的东西多说。

"快"是指报道迅速及时。

"新"是指内容新鲜。

"实"是会议简报的本质特点，是指内容真实准确，用事实说话。

此外，会议简报一般在编报机关管辖范围内的各单位之间交流，不宜甚至不能公开传播，特别是涉外机关和行政机关主办的会议简报更是如此。有的会议简报，往往是专给某一级领导人看的，有一定的保密要求，不能任意扩大阅读范围。

2.会议简报的写法

会议简报一般由会议秘书处或主持单位编写。规模较大、时间较长的会议常要编发多期简报，以起到及时交流情况、推动会议的作用。小型会议一般是一会一期简报，常常在会议结束后，写一期较全面的总结性的情况反映。会议简报通常由报头、报核(正文)、报尾三部分构成。会议简报简易结构图如图11.2所示。

密级

××会议简报

(第　期)

××××××××编　　××××年××月××日

按语:××

××

××××××(标题)

导语:×××××××××

主体:××

×××××××××××

结尾:×××××××××

送:×××、×××

共印××印

图11.2　会议简报简易结构图

(1)报头。①简报名称一般使用套红印刷的大号字体。如有特殊内容而又不必另出一期简报,就在名称或期数下面注明“增刊”或“××专刊”字样 。秘密等级写在左上角,也有的写“内部文件”或“内部资料,注意保存”等字样。②期号,写在名称下一行,用括号括上。③编印单位与印发日期,两者在同一行,前者居左,后者居右。

在下面,用一道横线将报头与报核隔开。

(2)报核。报核即会议简报所刊的一篇或几篇文章。会议简报的写法是多种多样的,因此,它的形式也较灵活。报核的文体大多数是消息,包括按语、标题、导语、主体、结尾和穿插在叙述中 的背景材料。除了消息,还有别的文体,所以不是每篇会议简报都有这几项内容。①按语,即对整个会议情况的大概说明。②简报的标题类似新闻标题,要揭示主题,简短醒目。简报正文标题在报头横线之下居中书写,如果需要,也可以使用副标题。使用两个标题时,正标题是虚题,用以概括全文的思想意义或者内容要点,副标题是实题,用以交代单位及事件,对正标题起补充说明的作用。③导语,通常用简明的一句话或一段话概括全文的主旨或主要内容,给读者一个总的印象。导语的写法多种多样,有提问式、结论式、描写式、叙述式等。导语一般要交代清楚谁(某人或某单位)、什么时间、干什么(事件)、结果怎样等内容。④主体,用足够的、典型的、有说服力的材料把导语的内容加以具体化。写作时要注意合理地划分层次。一般来说,主体层次的划分常有两种:一是以时间先后为序,把材料按照事件由发生、发展到结局的过程,逐层予以安排。这种写法多用于典型事件及一次性全面报道某一会议的会议简报,其优点是时序清楚、一目了然。二是按事件之间的逻辑关系,从材料的主从、因果、递进等关系入手,安排层次。这种写法的优点是便于揭示、表现事件的内在本质,突出主要内容和思想意蕴。⑤结尾,或总结全文内容、点明文旨,或指明事情发展趋势,或提出希望及今后打算。是否写结尾,要根据会议简报内容表达的需要而定。如果内容较多,篇幅较长,读者不易把握,就应在结尾概括一下;如果内容单一,篇幅较短,且在主体部位已把话讲完,就不必另写结尾。⑥背景,即对人物、事件起作用的环境条件和历史情况。背景可以穿插在各个部分。

(3)报尾。在会议简报最后一页下部,用一横线与报核隔开,横线下左边写明发送范围,在平行的右侧写明印刷份数。

(四)处理会议中的突发事件

1.突发事件概述

(1)突发事件与会议突发事件的定义。突发事件可被广义地理解为突然发生的事情:第一层的含义是事件发生、发展的速度很快,出乎意料;第二层的含义是事件难以应对,必须采取非常规方法来处理。

会议突发事件是指会议过程中发生的、无法预料的、难以应对的、必须采取非常规方法来处理的事件。

(2)突发事件的特点。①突发性;②危害的严重性;③变化发展的不确定性;④处置的紧迫性;⑤广泛的影响性。

2.突发事件的类型

一般中大型会议的突发事件主要包括以下几个方面:

(1)紧急医疗事件。对于紧急医疗计划,要看参会人员的平均年龄、活动范围和过去会议经验。不管如何,紧急医疗事件可能在任何时间发生,但是有些参会人员比其他人更容易受伤与生病,出现可能性较大的病症是心脏疾病、中风和其他危害生命的病症。有些参会人员因为改变饮食、饮酒、睡眠不足、疲劳、不熟悉的环境、孤独、远离亲人而致病,因此要使那些人得到照顾。

(2)卫生问题。卫生问题是筹办会议的另一项重大挑战,包括饮食卫生与环境卫生两方面。国际会议通常是在发达国家和发展中国家举行,而且争取到国际会议的国家,都会选择环境良好的地方作为会议与活动的场地,因此环境卫生大致不会有问题。而餐饮卫生是主办单位最大的挑战,特别是上千人甚至上万人参加的大型国际会议,更要慎选餐饮合作对象,如果其中有人因食物不洁而造成腹泻甚至食物中毒,那么将造成无法弥补的损失,对主办国家、城市的形象也会产生负面影响。

(3)火灾。每一个参会人员都要知道在活动中遇到火灾的逃生途径和技能,浓烟和惊慌往往比火灾本身造成的死亡率还高。饭店有责任告知客人逃生步骤,如紧急逃生通道的位置等,但是会议主办方扮演着更重要的角色,应保护参会人员并提供这方面的资料。例如,很多主办方会印制防火手册,放在资料袋中一起给参会人员参考。

(4)签证问题。签证问题也是突发事件处理中的一项。通常,在国际会议的通知中都会说明签证的细节，但是仍然有些国外参会人员忽略这方面的问题。特别对于重要的贵宾，更要再三叮咛签证问题。

（5）盗窃。国外参会人员若在会议当地遇到盗窃事件会留下不良印象，因此在重要国际会议期间，应要求地方政府加强警力，避免发生盗窃事件。同时，主办方也应该以书面资料告知参会人员尽量少去人多复杂的地方。国外参会人员对夜市很感兴趣，如果一定要去，尽量不要带贵重物品，如现金、珠宝、护照等，同时最好有当地人陪同，这样比较安全。

3.处理突发事件的基本要求

一般企业组织的中大型会议突发事件主要包括会场设备故障、主持人（或某嘉宾）突然不能到会、会中因意见分歧产生纠纷、参会人员突发疾病等。

（1）赶赴现场协调处理突发事件（事故）。详细了解事件（事故）发生的时间、地点、经过、人员伤亡情况和损失情况，并及时报告。

（2）妥善处理善后工作。事件（事故）处理工作结束后，写出事件（事故）处理经过，报领导审阅后归档。

（3）做好赴现场所需物品的保管和日常维护工作。

（4）处理突发事件，既要大胆、果断，又要注意细致、稳妥。

任务提示

学生根据所学秘书专业知识，通过情景模拟的方式完成上述任务。完成上述任务，最好通过以下方式进行：

（1）将班级学生分成若干小组，以小组为单位，进行会议过程的服务工作。

（2）各小组成员必须有明确的分工，责任到人。

（3）该任务可以在模拟会议室或多功能厅进行。

（4）注意对实训过程进行摄影或摄像，以保存会议服务过程的影像资料。

任务实训

（一）实训1：拟订会议接站工作方案

1.实训目标

通过实训，学生需要掌握会议接站方案的写作方法。

2.实训背景

由中国力学学会、中国腐蚀与防护学会、中国机械工程学会、中国材料研究学会、中国航空学会和中国金属学会联合主办的"第十六届全国疲劳与断裂学术会议"定于××××年11月2—5日在福建厦门召开。这是一次内容丰富、形式多样、人员广泛的学术盛会。本届会议旨在通过广泛的学术和信息交流，活跃学术思想，明确研究方向，推进我国的疲劳与断裂研究领域的学术与应用技术的发展和进步。

3.实训内容

如果你是组委会办公室秘书,请根据实训背景,拟订一份接站工作方案,要求格式正确、规范,要素齐全。

(二)实训2:制作会议记录

1.实训目标

通过实训,学生需要掌握会议记录的一般方法和要求。

2.实训背景

百脑公司于××××年9月1日在公司会议室召开由公司各部门主任参加的项目会议,会议由公司马副总经理主持、办公室齐秘书做记录。

3.实训内容

如果你是公司办公室秘书,在召开会议期间,总经理安排给你的主要工作就是做会议记录。根据实际情况,演练会议记录的一般方法和要求。

(三)实训3:制作会议简报

1.实训目标

通过实训,学生需要掌握编制会议简报的一般方法和要求。

2.实训背景

××矿区于××××年×月××日在矿区办公楼会议室召开行政办公会议。会议主持人为矿区主任程××,参会人员有矿区副主任刘××、劳资科科长赵××、财务科科长刘××、安全科科长熊××、人事科科长范××、办公室主任张××。

会议议题:××××年第二季度奖金发放办法;自然减员招工方案;有关人员的调动问题;对违反劳动纪律人员的处理。

会议决定事项:

(1)矿区二季度奖金按照××总公司××××年××月制订的《奖金发放办法(试行)》第六条、第七条办理。

(2)这次自然减员招工,招收××××年以前参加工作的职工子女,并实行文化统考,择优录取的办法(详细规定由劳资科负责制订)。

(3)同意刘××同志因父母身边无人照顾而调往××容器厂工作。

(4)同意陈××同志与硫铁矿吴××对调,解决陈××同志夫妻长期两地分居问题。

(5)对矿工盛××无故旷工3天的行为,责成劳资科在全矿区给予通报批评,并扣发旷工日工资及当月奖金。

3.实训内容

请你根据上述材料,写一份会议简报。

(四)实训4:如何处理会议突发事件

1.实训目标

通过本实训,学生需要掌握处理会议中突发事件的具体方法。

2.实训背景

临近年末,公司在大礼堂设宴,招待全公司近2 000名员工。在公司总经理讲话时,突然停电了。作为总经理秘书的小燕,由于事先准备了几套方案,在这个时候,她冷静沉着地处理好了这件事情。

3.实训内容

根据实际情景,演练秘书处理突发事件的过程。

秘书灯塔

独行速,众行远。分工明确,协作无间,是办好会议的关键。

任务三 会后落实

任务描述

××机械有限公司决定于12月13—15日召开××××年度客户联谊会暨××××年产品订货会,听取客户对公司产品的意见和建议,确定次年产品订购情况。

由于会议前期准备充分,加上会议期间有序的安排,会议取得了圆满成功,达到了预期的效果。公司总经理吴宝华把办公室秘书小尹叫到办公室,让小尹做好此次会议的善后工作,并对会议进行总结,以便在下次组织会议时取得更大的成效。

任务分析

一次会议是否取得成功,除了会前的充分准备、会中的精心安排和服务外,会议的善后工作也十分重要。会议的善后工作主要有以下几个方面:

(1)引导参会人员安全有序地离开会场。

(2)会议经费结算。

(3)撰写会议纪要。

(4)会议文件资料的整理。

(5)会议总结与评估。

任务准备

(一)引导参会人员安全有序地离开会场

会议结束并不意味着会务工作的完成。秘书要适时做好善后工作,让会议善始善终,圆满完成。引导参会人员安全有序地离开会场、安排参会人员返程、清理会场是会议善后工作中最重要的工作之一。

1.引导与会人员离场

会议一结束,秘书就要与会务人员一道引导参会人员有秩序地离开会场。在通常情况下,待主席台上的领导离场后,参会人员再离场。如果会场有多条离场通道,领导和参会人员可以各行其道。大型会议还要注意散会后引导车辆迅速有序地离场,必要时可派专人指挥。

2.送别参会人员

会议结束后,参会人员就要返程。秘书应提前摸清情况,如参会人员什么时候返程、怎么返程。一般情况下有以下四项工作要做:

(1)进行会议费用结算。会议结束时,秘书应协助参会人员对会务费用、住宿费用等进行结算。

(2)对于参加会议的外埠(或外国)人员,应事先登记。对于需购买返程机(船、车)票的参会人员,秘书应根据他们离会的时间和交通工具,在会议期间帮助他们代为购买。当机(船、车)票送到会议秘书处后,秘书要把票妥善交到订票者手中,并请其在领取单上签字。费用按照会议事先确定的方式办理。

(3)组织送别参会人员。与接站工作相同,要掌握参会人员各自乘坐的交通工具的班次、离开时间等情况,制作成表,便于协调安排送站的车辆和时间。当参会人员离去时,秘书要安排好车辆,将其送至机场、港口或车站,身份较高者应由领导到机场或车站送别。

(4)对于个别需要暂留的参会人员,秘书要妥善安排好他们的食宿。

(二)会议经费结算

会议经费结算是会议主办方在会议结束后对整个经费使用情况,即会议开支费用的结算。

1.会议期间发生的费用

广义的会议成本包括时间成本、金钱成本和机会成本。我们统计的会议期间发生的费用主要是指狭义的会议成本,即会议的直接经费支出。其主要包括以下几项内容:会场租用及布置费、会议设备租用费、会议通信费、会议培训费、会议交通参观费、会议食宿费、会议资料费、会议宣传费、纪念品购置费、水电费、其他符合规定的杂费等。

2.会议经费结算的方法

(1)收款的方法和时机。会议经费开支主要有两种方式:一种是由会议主办方直接承担全部会议费用,参会人员不需要支付任何费用;另一种是参会人员向主办方支付一些必要的费用,如资料费、培训费、住宿费、餐饮费等。对于要向参会人员收取相关费用的会议应注意以下事项:①应在会议通知或预订表格中,详细注明收费的标准和方法。②应注明参会人员可采用的支付方式(如现金、支票、信用卡等)。③如用信用卡支付,应问清姓名、卡号、有效期等。④开具发票的工作人员事先要与财务部门确定正确的收费开票程序,不能出任何差错。另外,如果有些项目无法开具正式发票,应与参会人员协商,开具收据或证明。

(2)付款的方法和时间。会议结束后,会议主办方应对会议期间发生的费用进行统计,将应该由公司支付的费用根据公司相关规定,及时支付给对方。会议中一般需要支付的费用有场地租借费、设备租借费、场地布置费、专家咨询费和餐饮费等。

(三)撰写会议纪要

会议纪要适用于记载与传达会议情况和议定事项,产生于会议后期或者会议结束后,属纪实性公文。会议纪要是根据会议情况、会议记录和其他各种会议材料,经过综合整理而形成的概括性强、凝练度高的文件,具有情况通报、执行依据等作用。任何类型的会议都可印发纪要,尚待决议的或者有不同意见的问题,也可以写入会议纪要。会议纪要是一个具有广泛实用价值的文种。

一般来讲,中小型会议、日常工作性例会和协调性会议,均需要撰写会议纪要。撰写会议纪要的目的在于将会议的议事过程和议定的事项,用精练的文字归纳出来,一方面便于留存备查,另一方面便于分发给有关部门贯彻执行。

会议纪要既是记载、传达会议情况和议定事项、指导工作、解决问题、交流经验的重要工具,也是传达会议信息的主要媒介之一。撰写会议纪要还是一项思想性、政策性和技术性都很强的工作,是整个会务工作的重要组成部分。撰写会议纪要,必须了解会议纪要的内容、特点、拟写要求和格式。

1.会议纪要的内容

(1)会议情况简述,包括召开会议的背景、目的、时间、地点、参会人员、会议讨论的问题及会议的成果。

(2)会议纪要的主体部分,即对会议主要精神的阐发。

2.会议纪要的特点

(1)全面反映会议内容。

(2)表现形式灵活多变。

(3)行文方向不固定。

3.会议纪要的拟写要求

经过领导签发的会议纪要是会议的正式文件。这种文件应当简短扼要、观点鲜明、确切说明事项,不必发表议论和交代情况。其具体要求如下:

(1)实事求是,忠于会议实际。

(2)内容要集中概括,去芜存菁,提炼归纳。

(3)条理清晰,层次分明,一目了然。

4.会议纪要的格式

会议纪要由标题和正文组成。在结构格式上不用写主送单位和落款,成文时间多写在标题下方,也可写在正文的最后。

(1)标题。通常由"会议名称+会议纪要"构成,如"××公司第五届职代会会议纪要"。

(2)正文。会议纪要的正文由导言、主体和结尾三部分组成。①导言。导言主要用来记述会议的基本情况,包括召开会议的名称、时间、地点、主持人、主要出席人、会议的主要议程、讨论的主要问题等。导言无须写得太长,简明扼要,让人们对会议有个总体的了解即可。②主体。主体是会议纪要的核心部分。会议的主要精神、会议议定的事项、会议上达成的共识、会议上布置的工作和提出的要求、会议上各种主要观点等,都在这一部分予以表述。③结尾。结尾一般写对参会人员的希望和要求,也有的会议纪要不写专门的结尾。

(四)会议文件资料的整理

会议文件资料的整理是秘书部门的日常工作之一。会议结束后,秘书要做好会议文件资料的收集、整理和归档工作,并及时送交有关部门或人员妥善保管。

秘书应先确定会议文件收集、整理的范围,包括会前分发的文件、会中产生的文件和会后产生的文件,然后根据会议文件资料收集的要求做好相关工作,最后按照文书立卷的原则和工作步骤完成会议文件资料的立卷归档工作。

1.会议文件收集、整理的范围

(1)会前分发的文件,包括指导性文件、审议表决性文件、宣传交流性文件、参考说明性文件、会务管理性文件等。

(2)会议期间产生的文件,包括决定、决议、议案、提案、会议记录、会议简报等。

(3)会后产生的文件,包括会议纪要、传达提纲、会议新闻报道等。

2.收集会议文件资料的要求

(1)确定会议文件资料的收集范围。会前分发的保密文件要按会议文件资料清退目录和发文登记簿逐人、逐件、逐项检查核对清退,以杜绝保密文件清退的死角。

(2)收集会议文件资料要及时,确保文件资料在参会人员离会之前全部收集齐全。

(3)选择收集文件资料的渠道,运用不同的方式、方法收集文件资料。

(4)与分发文件资料一样,收集会议文件资料也要履行严格的登记手续,并认真检查文件资料是否有缺件、缺页的情况,如有,要及时采取措施补救毁损的文件资料。

(5)收集整理过程中要注意保密。

3.会议文件资料的立卷归档

会议结束后,要及时做好会议文件资料的立卷归档工作。会议文件资料的立卷归档是指会议结束后,依据会议文件资料的内在联系加以整理,分门别类地组成一个或一套案卷,归入档案。这是将现行会议文件资料转化为档案的重要步骤,是档案工作的基础。

(五)会议总结与评估

为总结会务工作经验,不断改进会议的组织服务工作,会议结束后还应及时进行工作总结。

1.会议总结工作的目的

(1)检查会议目标的实现情况。

(2)检查各个小组的分工执行情况。

(3)将员工自我总结和集体总结相结合。

(4)总结经验、激励下属、提高工作水平。

2.会议总结的内容和方式

会议结束后，秘书要对会务工作进行及时、认真的总结，一方面总结经验、肯定成绩、表彰先进；另一方面发现问题、找出不足、分析原因，为以后的会务工作提供借鉴，不断提高办会水平。

(1)会议总结的主要内容包括会议准备工作情况，会议方案所制订的各项会议工作的准确性和全面性，会务工作部门之间的协调状况及会务工作人员的工作状态，参会人员数量的合理性、信息交流的有效性，会议目标的实现情况，在提高会议效果方面需要改进的地方。

(2)会议总结的方式，包括会务工作人员的个人书面总结，各会务工作部门的总结，由领导组织相关人员进行总结，必要时进行大会交流、总结、表彰，有质量的书面总结可以用简报的形式散发并收集、整理、归档。

3.对会议效果进行评估

要做好会议的总结工作，首先要对会议进行评估。会议评估程序如下：

(1)明确会议评估对象，主要包括对会议总体管理工作、会议主持人和会议工作人员的评估三个方面。

(2)确定会议评估因素：①会议总体管理工作评估覆盖会议工作的方方面面，包括会议目标、会议方案、会场情况、时间、参会人员的范围、食宿安排、会议经费、会议文件资料和其他各项活动内容。秘书应根据会议的性质和类型决定评估问题的内容。②会议主持人评估，主要侧重于对主持人的主持能力、修养、业务水平、工作作风、会议进程的控制能力和引导会议决议形成能力的评估。秘书可请参会人员填写事先设计好的表格，再整理汇总。③会议工作人员评估，主要侧重于对工作人员的行为表现、工作态度、业务水平和工作效果的评估。

(3)设计评估表格，收集评估数据。设计评估表格应注意表格的长度、问题的相关性、提问的方式、填写的难易程度、分析数据的方式等。

(4)分析数据，得出结论。秘书应根据会议的类型和分析的目的，获得数据并分析，得出结论，以形成分析报告。注意采用科学的数据分析方式，当参会人员较多时，可采用计算机分析数据，并以简易的方式整理和展示会议评估所获得的数据，如柱形图、饼形图、散点式图等。

4.撰写总结汇报

秘书在撰写会议总结汇报时，应将评估数据和分析结果写到总结报告中去，并将形成的分析报告递交领导审核，形成备忘录。

任务提示

学生利用所学秘书专业知识，通过情景模拟的方式完成上述任务。完成上述任务，最好通过以下方式进行：

(1)将班级学生分成若干小组，以小组为单位，进行会议完成后的服务工作。

(2)各小组成员必须有明确的分工，责任到人。

(3)该任务可以在模拟会议室或多功能厅进行。

(4)注意对实训过程进行摄影或摄像，以保存会议服务过程的影像资料。

任务实训

(一)实训1：引导参会人员离场并安排返程

1.实训目标

通过实训，学生需要掌握引导参会人员离场与返程的方法。

2.实训背景

宏远公司拟在市花园宾馆会务大厅召开全国经销商业务洽谈及订货会，会议日程安排如下：10月9日报到；10月10—11日进行相关业务洽谈；10月12日安排与会代表返程。会场共有两条离场通道。

3.实训内容

如果你是该公司办公室秘书，请根据实训背景，合理安排引导参会人员正确离场并制作返程人员时间安排表，要求保证会场秩序，送别时热情周到。

(二)实训2：财务费用报销的方法和程序

1.实训目标

通过实训，学生需要掌握财务费用报销的一般方法和程序。

2.实训背景

浙江华宇有限公司总经理办公会研究决定，为了规范单位的财务管理制度，要准备给各分公司、各部门负责报销的人员进行业务培训，培训主要内容是报销的一般方法和程序。由公司副总经理兼财务部主管王武负责培训，王武让办公室秘书小夏整理了一份关于报销方法和程序的培训资料。

3.实训内容

如果你是该公司办公室秘书小夏，你如何拟写这份培训资料。

(三)实训3：做好会议总结工作

1.实训目标

通过实训，学生需要掌握会议总结工作的目的和内容。

2.实训背景

大华啤酒有限公司于2018年由一名德国的老板投资建立，初期仅以生产灵泉啤酒为主。公司于2024年开发了新品啤酒，生产经营上取得了显著成绩，其中"清凉一夏"系列啤酒是2024年推出的新品，其特点是色泽呈浅金黄色，清亮透明，泡沫洁白细腻，具有明显的麦芽香气，酒体醇厚，口味清爽，包装高雅。

公司决定于2024年4月10—11日召开新品介绍和订货会议,邀请全国各地的经销商共十家,以及本市著名三大酒店的总经理参加此次会议。会议将大力推出2024年新品"清凉一夏"系列啤酒。

3.实训内容

如果你是该公司总经理秘书王芃,会议结束后,回顾这两天的会议内容,总结出一些经验教训:比如,可以在会议期间安排新闻媒体参与并作报道,以扩大影响,起到更好的宣传效果;后勤部门应将会议期间的生活服务安排得更为妥当,争取今后此类会议办得更好等。请将会议经验教训写成总结,上报给总经理,并演示会议总结工作的过程。

秘书灯塔

会议落幕非终点,会后落实显匠心。总结经验,反馈改进;善后工作,未来之基。

项目十二
线上商务会议组织

知识目标：
- 了解线上商务会议的基本概念、目的和重要性。
- 熟知各种线上会议平台的操作方法。

能力目标：
- 能够提高在线沟通与表达能力。
- 能够掌握线上商务会议的策划与组织技巧。

素质目标：
- 培养团队互助意识。
- 培养信息化素养。
- 培养领导能力。

任务 认识线上商务会议

随着全球市场竞争日益激烈,××机械有限公司决定12月1日召开一次全国范围内的线上商务会议,旨在与全球各地的合作伙伴共同讨论并制定未来一年的合作策略。

11月10日下午,××机械有限公司总经理吴宝华把办公室秘书小尹叫到办公室,让小尹做好线上商务会议的相关筹备工作。

任务分析

线上商务会议已成为现代企业中不可或缺的一部分,特别是在全球化的影响下,线上商务会议更是成为主要的沟通方式。

任务准备

(一)线上商务会议概述

1.线上商务会议的定义和重要性

(1)线上商务会议的定义。

线上商务会议,又称为网络会议或远程协同办公,是一种通过互联网连接不同地点的用户,实现数据共享和协作的会议形式。它允许参会人员在不受地域限制的情况下,实时交流、讨论和决策,从而提高商务活动的效率和效果。线上商务会议通常包括视频会议、在线演示、实时聊天、文件共享等功能,为参会人员提供了一个全面、便捷的沟通平台。

(2)线上商务会议的重要性。

①提高效率和便捷性。线上商务会议打破了地域和时间的限制,使参会人员可以在任何时间、任何地点都可以参加会议。这样就大大减少了旅行、等待等造成的时间和成本浪费,提高了会议的效率和便捷性。

②降低成本。传统商务会议需要支付场地租赁、交通、住宿等费用,而线上商务会议则无须这些额外支出。此外,线上商务会议还可以降低请假、缺席等造成的生产力损失。

③增强协作和沟通。线上商务会议提供了多种沟通工具,如视频、音频、文字聊天等,使参会人员可以更加直观、全面地了解彼此的信息和意图。这有助于增强团队之间的协作和沟通,提高决策的质量和效率。

④扩大影响力和参与范围。线上商务会议可以吸引更多的参会人员,包括那些因时间、地点等无法参加传统商务会议的人。这有助于扩大会议的影响力和参与范围,增加

商业机会和合作可能性。

　　⑤适应多种需求。无论是跨地域的团队协作、紧急的项目进度讨论，还是客户关系的维护、新产品的线上发布会，线上商务会议都能提供一个便捷、实时的交流平台。

2.线上商务会议与传统商务会议的区别

　　线上商务会议与传统商务会议在多个方面存在显著的区别。

　　(1)会议形式。传统商务会议通常是在固定的会议室或酒店等场所进行的需要参会人员到场参加。而线上商务会议则通过互联网平台进行，参会人员可以在任何地点、任何时间通过网络参加，不受到地域和时间的限制。

　　(2)会议成本。传统商务会议需要支付场地租赁、交通、住宿、餐饮等费用，成本较高。而线上商务会议则无须支付这些费用，只需要支付网络设备和软件的使用费用，大大降低了会议成本。

　　(3)会议效率。线上商务会议可以实现实时沟通、即时反馈，参会人员可以随时提问、发言，提高了会议的互动性和效率。而传统商务会议则需要等待，轮到自己才能发言，沟通效率相对较低。

　　(4)参与范围。线上商务会议可以吸引更多的参会人员，有助于扩大会议的影响力和参与范围。而传统商务会议则受限于场地和时间，参会人员的人数有限。

　　(5)会议体验。线上商务会议可能会受到网络质量、设备性能等因素的影响，导致画面卡顿、语音失真等问题，影响会议体验。而传统商务会议则通常能够提供更加稳定、高质量的会议体验。

3.线上商务会议的优势与挑战

　　(1)线上商务会议的优势。

　　①提高会议效率。线上商务会议可以节省参会人员的时间，无须花费时间在交通和住宿上。同时，实时沟通、即时反馈的特点也能加快会议的决策速度。

　　②降低成本。线上商务会议无须支付场地租赁、交通、住宿、餐饮等费用，只需要支付网络设备和软件的使用费用，大大降低了会议成本。

　　③扩大参与范围。线上商务会议由于不局限于特定的物理空间，因此可以吸引更多的参会人员，包括那些因时间、地点等无法参加传统商务会议的人，增加了商业机会和合作可能性。

　　④灵活性。线上商务会议可以随时随地进行，不受地域和时间的限制，为参会人员提供了更大的灵活性。

　　(2)线上商务会议面临的挑战。

　　①技术问题。线上商务会议依赖互联网和设备的正常运行，如果网络不稳定或设备出现问题，就可能影响会议的进行。

　　②沟通效果。线上商务会议可能无法提供与传统商务会议相同的面对面沟通效果，容易出现沟通障碍和误解。

　　③安全性。线上商务会议涉及信息的传输和存储，如果安全措施不到位，就可能导致信息泄露或会议受到攻击。

　　④参与度。线上商务会议可能难以维持参会人员的注意力，尤其是当会议时间较长

或内容较为枯燥时。

(二)线上商务会议平台选择

1.常见的线上商务会议平台

(1)腾讯会议(Tencent Meeting)。腾讯会议是腾讯公司推出的一款在线会议工具,具有强大的音视频通信能力,支持屏幕共享、实时聊天、录制回放等功能。腾讯会议适用于各种规模的会议,特别受到教育、企业等机构的青睐。它可以免费使用,同时也提供付费版以满足更多高级需求。

(2)钉钉。作为阿里巴巴集团推出的企业级通信工具,钉钉不仅提供了即时通信、文件共享等功能,还集成了视频会议、在线协作等高级功能。钉钉的会议功能支持多人同时音视频通话,适合企业进行远程协作和沟通。

(3)华为云WeLink。华为云WeLink是华为公司推出的企业级协同平台,提供了全面的线上商务会议功能。它支持音视频通信、屏幕共享、即时聊天等,还提供了丰富的会议管理功能,如会议预约、参会人员管理等。

(4)飞书。飞书是字节跳动公司推出的一款企业级协同工具,融合了即时通信、在线协作、音视频会议等功能。飞书的会议功能支持高效的音视频通信,以及屏幕共享、互动批注等实用功能,能帮助团队更好地协作和沟通。

(5)好视通。好视通专注为政府、公检法司、教育、集团企业等用户提供"云+端+业务全场景"的云视频解决方案。它的产品支持高清音视频通信、大屏幕共享、互动批注等功能,适用于各种规模的线上商务会议。

(6)Microsoft Teams。Microsoft Teams是一款基于聊天的智能团队协作工具,也提供了丰富的线上商务会议组织功能。用户可以创建会议、管理日程、共享文件、进行实时聊天等,能满足商务会议的各种需求。

(7)WebEx。WebEx是思科公司开发的一款在线会议平台,支持超过1 000人同时在线,提供语音、视频、屏幕共享、文件传输等功能。它还具有多种安全机制来保障会议信息的安全。

(8)Google Meet。Google Meet是谷歌提供的一款在线视频会议工具,适用于个人用户和企业用户。它提供高清视频通话、屏幕共享、实时字幕等功能,支持不同设备间的无缝协作。

这些线上商务会议平台都具备稳定、高效、易用的特点,能够满足不同行业和企业的会议需求。用户可以根据自己的实际情况选择适合自己的平台。

2.如何选择合适的线上商务会议平台

选择合适的线上商务会议平台需要综合考虑多个因素,包括平台的功能性、易用性、安全性、稳定性、价格、兼容性、技术支持和试用体验等。

(1)功能性。首先要明确会议的需求,如需要多少人同时参会、是否需要屏幕共享、实时聊天、录制回放等功能,根据需求选择具备相应功能的平台。

(2)易用性。选择界面简洁、操作方便的平台,以降低参会人员的学习成本。此外,确保平台支持多种终端设备,如电脑、手机和平板等,以便参会人员可以随时随地加入会议。

（3）安全性。确保平台具备完善的安全措施，如数据加密、身份验证和访问控制等，以保护会议内容和参会人员的隐私。

（4）稳定性。选择具有稳定性的平台，以确保会议过程中不会出现卡顿、延迟或中断等问题，可以参考其他用户的使用评价和平台的性能指标来评估其稳定性。

（5）价格。根据会议的预算选择合适的平台。注意比较不同平台的价格与功能之间的平衡，选择性价比高的平台。

（6）兼容性。确保平台能够与其他常用的工具或系统兼容，如与视频会议设备、在线协作工具等的兼容性。

（7）技术支持。了解平台的技术支持和客户服务情况，包括客服响应速度、问题解决能力等。这有助于在遇到问题时及时获得帮助。

（8）试用体验。在正式选择之前，尽量试用多个平台，以了解它们的实际使用效果和体验。这有助于更准确地评估平台是否满足自己的需求。

综合考虑以上因素，可以根据会议的实际情况选择适合的线上会议平台。同时，随着技术的不断发展和市场的变化，秘书也可以定期评估和调整所选平台，以确保满足不断变化的需求。

（三）线上参会人员的邀请与管理

1.线上参会人员的邀请

（1）明确邀请对象。首先确定需要邀请的参会人员名单，包括内部员工、外部合作伙伴、嘉宾等。

（2）选择邀请方式。根据参会人员的不同，选择适当的邀请方式，可以通过电子邮件、短信、即时通信工具（如企业微信、钉钉等）或专用的线上商务会议平台发送邀请。

（3）制定邀请内容。邀请内容应清晰明了，包括会议名称、时间、地点（线上链接或平台）、议程安排、参会要求等。

（4）发送邀请。在选定的时间提前发送邀请，确保参会人员有足够的时间做准备。

（5）跟进确认。在会议开始前，通过邮件或即时通信工具跟进确认参会人员的出席情况，以便及时调整会议安排。

2.线上参会人员的管理

（1）创建名单。创建一个参会人员名单，包括姓名、职务、联系方式等信息，以便在会议期间进行管理和沟通。

（2）设置权限。根据参会人员的角色和职责，设置相应的权限，如发言、投票、查看资料等。

（3）维护秩序。在会议期间，通过主持人或管理员来维持会议秩序，确保会议能够高效、有序地进行。

（4）收集反馈。在会议结束后，可以通过问卷调查、邮件反馈等方式收集参会人员的意见和建议，以便对今后的会议进行改进。

（5）资料整理。将会议期间的讨论、发言、文件等资料进行整理归档，方便后续查阅和使用。

通过以上的邀请与管理措施,秘书可以有效地提高线上商务会议的效率和参与度,确保会议能够取得预期的效果。

(四)线上商务会议时间与地点的确定

1.时间的确定

(1)考虑参会人员的时区。当组织线上商务会议时,要考虑参会人员可能来自不同的时区。选择一个对所有或大多数参会人员都合适的时间段,以确保他们不会因为时差而感到不便。

(2)考虑参会人员的日程安排。在选择会议时间时,要考虑参会人员可能已有的其他日程安排。尽量避开他们的忙碌时段,以确保他们能够参加会议。

(3)避免干扰时段。尽量避免在一天中的早高峰或晚高峰时段安排会议,这些时段人们可能忙于其他事务或通勤,参与度可能较低。

(4)预留额外时间。考虑可能的网络延迟或技术问题,建议在会议开始之前预留一些额外时间,以便进行必要的准备和调整。

2.地点的确定

(1)使用专业的视频会议平台。选择稳定、可靠且功能丰富的视频会议平台,以提供高质量的音视频体验和便捷的会议管理功能。

(2)确保网络连接质量。选择在网络连接质量良好的地点进行会议,以确保音视频传输的稳定性和清晰度。

(3)考虑设备兼容性。在选择会议地点时,要确保所使用设备(如电脑、摄像头、麦克风等)与视频会议平台兼容,并提前进行测试。

(4)提供清晰的会议指南。在会议开始前,向参会人员提供清晰的会议指南,包括如何加入会议、如何操作音视频设备等,以便他们能够顺利参与。

(5)预留备用会议地点。考虑可能的技术问题或突发情况,建议预留一个备用会议地点,以备不时之需。

(五)线上商务会议技术准备

1.网络连接测试与稳定性保障

(1)网络连接测试。

①Ping测试。使用ping命令来检查目标服务器或设备的响应时间和丢包率。这可以帮助了解网络连接的稳定性和速度。

②Traceroute测试。通过tracert命令或网络监测工具(如PingPlotter、MTR等)来检查数据包从设备到目标设备之间的路径。这有助于发现网络中的瓶颈或故障点。

③长时间测试。运行长时间测试,观察网络连接是否会在一段时间后出现波动或中断。这可以帮助评估网络的可靠性。

(2)稳定性保障。

①硬件检查。确保网络硬件设备(如路由器、交换机、网卡等)工作正常,并及时更换或修复有问题的设备。

②网络配置检查。检查网络配置(如IP地址、网关、DNS服务器等)是否正确,以确保网络连接符合要求。

③使用网络监控工具。网络监控工具可以实时监测网络连接状态,并提供有用的诊断信息。这些工具可以及时发现并解决问题。

④升级硬件和软件。保持网络硬件设备和软件的最新状态,及时升级以修复已知的错误和漏洞,提高网络连接的性能和稳定性。

⑤网络安全保护。确保网络安全,防止网络连接受到攻击或干扰。使用防火墙、VPN等安全工具来保护网络连接。

2.音视频设备检查与调试

(1)设备检查。

①麦克风。确保麦克风接口良好、无损坏,并检查其灵敏度。在安静环境下测试录音效果,确保音质清晰、无杂音。

②扬声器。检查扬声器声音是否清晰、音量是否调节正常,无噪声或失真。

③摄像头。检查摄像头图像是否清晰、无模糊或失真,并调整其角度和焦距以获得最佳画面。

④显示器。检查显示器显示是否正常、无色差或闪烁,分辨率设置是否合适。

⑤连接线。检查所有音视频连接线是否插好、无松动或断裂。

(2)设备调试。

①音频调试。录制、播放音频以检查音质是否正常。调整音量和音调设置以获得最佳听觉效果。

②视频调试。拍摄、播放视频以检查图像质量是否正常。调整摄像头角度和光线以获得最佳画面。

③输入输出测试。连接其他音视频设备(如电脑、投影仪等)以测试输入输出功能是否正常。

(3)注意事项。

①提前准备。在会议开始前尽早进行设备检查和调试,避免会议过程中出现问题。

②备份设备。准备备份设备以防万一,确保会议不会因为设备故障而中断。

③专业人员。如有条件,请专业人员进行设备检查和调试,以确保设备处于最佳状态。

3.屏幕共享与互动功能测试

(1)屏幕共享功能测试。

①共享设置。测试屏幕共享功能是否可以正常启动,并检查共享设置中的选项是否符合要求,如分辨率、帧率等。

②兼容性测试。测试不同操作系统和设备之间的屏幕共享兼容性,确保在各种平台上都能正常工作。

③延迟测试。测试屏幕共享的延迟情况,观察延迟是否在可接受范围内,以及在不同网络环境下的表现。

④画质测试。测试屏幕共享的画质是否清晰,是否出现模糊、卡顿等现象。

（2）互动功能测试。

①标注与画笔功能。测试标注与画笔功能是否可用，观察标注是否准确、画笔是否流畅。

②聊天与消息传递。测试聊天和消息传递功能是否正常，检查消息是否能够实时同步，并测试发送文件、图片等附件的功能。

③远程控制。测试远程控制功能是否可用，并检查控制是否稳定、无延迟。

（3）注意事项。

①测试环境。确保测试环境与实际会议环境相似，包括网络环境、设备配置等，以便准确地评估功能表现。

②多种场景测试。测试不同场景下的屏幕共享与互动功能，如多人同时共享、多人同时互动等。

③用户反馈。邀请实际用户参与测试，收集他们的反馈和建议，以改进和优化功能。

4.会议录制与回放功能测试

（1）会议录制功能测试。

①录制启动与停止。测试会议录制功能的启动和停止是否顺畅，确保不会遗漏任何重要内容。

②录制质量。检查录制的视频和音频的质量，包括分辨率、清晰度，确保满足会议的需求。

③兼容性测试。验证会议录制功能在不同操作系统、设备和浏览器上的兼容性，确保在各种环境下都能正常录制。

（2）回放功能测试。

①回放启动与播放。测试回放功能的启动和播放是否顺畅，确保参会人员可以流畅地观看录制内容。

②回放质量。检查回放的视频和音频的质量，确保与录制时一致，并且不会出现卡顿或跳帧现象。

③控制功能。测试回放过程中的控制功能，如暂停、继续、快进、快退等，确保参会人员能够方便地操作。

（3）注意事项。

①存储空间。确保有足够的存储空间来保存录制的会议内容，并定期检查存储空间的使用情况。

②隐私保护。在会议录制和回放过程中，要保护参会人员的隐私，确保录制的内容不会被未经授权的人员访问。

③备份与恢复。测试录制的会议内容是否可以进行备份，并在需要时能够成功恢复。

会议录制与回放功能对线上商务会议的记录和回顾至关重要。细致的测试可以确保这些功能在会议中稳定、可靠地运行，为参会人员提供完整的会议内容记录。同时，要注意保护参会人员的隐私和数据安全，确保录制的会议内容不会被滥用或泄露。

任务提示

学生利用所学秘书专业知识,通过情景模拟的方式完成上述任务。完成上述任务,最好通过以下方式进行:

(1)将班级学生分成若干小组,以小组为单位,进行线上商务会议的相关筹备工作。

(2)各小组成员必须有明确的分工,责任到人。

(3)该任务可以在模拟会议室或多功能厅进行。

(4)注意对实训过程进行摄影或摄像,以保存会议服务过程的影像资料。

任务实训

1.实训目标

通过实训,学生需要掌握线上商务会议的各项工作。

2.实训背景

××机械有限公司决定 12 月 1 日召开一次全国范围内的线上商务会议,旨在与全球各地的合作伙伴共同讨论和制定未来一年的合作策略。

11 月 10 日下午,公司总经理吴宝华把办公室秘书小尹叫到办公室,让小尹做好线上商务会议的相关筹备工作。

3.实训内容

如果你是该公司办公室秘书小尹,请根据实训背景,做好线上商务会议的相关筹备工作。

秘书灯塔

会前准备充分,线上才能沟通流畅。精简议程,聚焦重点。效率之源,在于细节。

模块四　商务活动管理

项目十三
庆典、典礼活动

知识目标：

· 掌握庆典、典礼活动前期准备工作的内容。

· 掌握庆典、典礼活动组织与实施工作的内容。

· 掌握庆典、典礼活动善后工作的程序。

能力目标：

· 能够进行庆典、典礼活动的前期准备。

· 能够组织与实施庆典、典礼活动。

· 能够掌握庆典、典礼活动善后工作的方法。

素质目标：

· 培养高度的专业性和责任感，确保文件准确、信息保密，并全程提供优质的商务支持。

· 培养团队协作能力与沟通能力，在庆典、典礼活动中，发挥桥梁作用，与各方有效沟通，协助解决问题。

· 培养应变思维与创新思维，在庆典、典礼活动中快速应对突发情况，确保活动顺利进行，同时提出新颖的建议，为企业活动提供优质服务。

任务一　庆典、典礼活动的前期准备

任务描述

为迎接公司成立十周年,××机械有限公司决定在6月6日举办一次庆典活动。在公司的例会上,总经理把这个任务交给了副总经理兼行政部经理吴良荣。

5月20日上午,副总经理兼行政部经理吴良荣来到秘书小尹的办公室,和小尹商量如何做好本次庆典活动的前期准备工作。

任务分析

庆典、典礼活动是指公司为了提高知名度、招徕顾客、争取生意兴隆,或为了宣传新形象、明确今后的发展目标、密切与公众的关系等,围绕自身或所处社会环境中的重要事件、节日、纪念日等举办的各种仪式或庆祝活动。庆典、典礼活动形式多样,如开业庆典、周年庆典、颁奖庆典、开工庆典、竣工庆典等,以开业庆典、周年庆典最为常见。

秘书在庆典、典礼活动准备阶段要做的工作有:

(1)确定庆典、典礼活动的主题。

(2)做好宣传。

(3)邀请来宾。

(4)确定主持人和致辞人。

(5)拟订庆典、典礼活动的程序。

(6)安排剪彩事宜。

(7)做好接待准备。

(8)做好场地准备。

(9)做好音响准备。

(10)其他准备。

(一)确定庆典、典礼活动的主题

不同的商务庆典、典礼活动有不同的主题,举办方应当根据举办庆典、典礼活动的具体目的及社会环境、人文环境等因素来确定本次活动的主题,然后围绕主题安排整个活动的内容。内容的安排要注意突出主题。

(二)做好宣传

举办各种商务庆典、典礼活动的主旨在于塑造本企业或组织的良好形象,吸引社会各界的关注,争取公众的认可和接受,而舆论宣传的作用则至关重要。

企业或组织可以选择有效的大众传播媒介,如在报纸、电台、电视台等进行集中的广

告宣传,内容一般包括庆典、典礼活动的举办日期、地点、主要活动内容等。

企业或组织还可以邀请新闻记者在庆典、典礼活动举办期间到现场进行采访报道,以便进一步正面宣传。

(三)邀请来宾

1.拟订邀请名单

商务庆典、典礼活动影响的大小,往往取决于来宾身份的高低与数量多少。一般来讲,邀请来宾的范围包括上级领导、社会名流、同行人士、社区代表、员工代表等。

2.及时发出邀请

拟订好邀请来宾名单,经领导审定后,应分别印制成精美雅致的请柬,提前两周左右寄达或送呈给被邀请者,以便被邀请者安排时间,按时赴会。在活动举办前三天再次电话核实有无变动,对于贵宾,宜在活动举办前再核实一次。

(四)确定主持人和致辞人

主持人既可以是相关领导,也可以是有一定影响的电台、电视台或礼仪庆典公司的主持人。主持人应当仪表端庄、仪态大方、反应机敏、口才良好,并熟悉整个活动的程序。

致辞人除举办方的领导外,还要在来宾中选择嘉宾致辞人,一般由上级领导和来宾中身份较高者担任,并事先与对方进行沟通和确认。致辞人确定好后,要为其准备好致辞稿。

(五)拟订庆典、典礼活动的程序

每次商务庆典、典礼活动的程序应视具体情况而定,一般包括以下内容:

(1)主持人宣布庆典、典礼活动开始。

(2)升国旗、奏国歌或升公司旗、奏公司歌。

(3)介绍领导、嘉宾。

(4)举办方负责人和来宾代表致辞。

(5)剪彩、授奖、参观等。

(6)酌情安排宴请或文艺演出。

(7)留影、题字等。

(六)安排剪彩事宜

如果是公司成立、商场开业或大型工程奠基仪式、竣工仪式等活动,一般都需要举行剪彩仪式。安排剪彩事宜主要包括以下三个方面的工作。

1.剪彩者的确定

剪彩者一般请上级领导、合作伙伴或社会知名人士担任。根据惯例,剪彩者可以是一个人,也可以是几个人,但是不应当多于五个人。剪彩者名单一经确定,应当尽早告知对方,让其早做准备。在一般情况下,确定剪彩者必须尊重对方的个人意见,需要由几个人同时剪彩时,应当分别告知每位剪彩者届时将与何人同担此任。

2.助剪者的挑选

助剪者是指在剪彩过程中为剪彩者提供帮助的人员,即通称的礼仪小姐。礼仪小姐常由举办方挑选年轻、精干、身材高挑和相貌姣好的年轻女职员担任,也可以到专业组织聘请。礼仪小姐确定并做好分工后,要进行必要的培训和演练,让她们熟悉礼节,保证剪彩仪式的顺利进行。

3. 剪彩用品的准备

剪彩用品主要有红色缎带、新剪刀、白色薄纱手套、托盘及红地毯等。

(1)红色缎带,即剪彩仪式中的"彩"。按照传统做法,它应当由一整匹未曾使用过的红色绸缎在中间结成数朵花团而成,现在为了节约,通常使用长2米左右的红色缎带。一般来说,红色缎带上所结的花团,不仅要醒目硕大,而且具体数目往往同现场剪彩者的人数相关。通常,红色缎带上所结的花团数目较现场剪彩者的人数多一个,使每位剪彩者总是处于两朵花团之间,尤显正式。

(2)新剪刀,专供剪彩者在剪彩仪式上正式剪彩时使用。它必须是剪彩者人手一把,而且是崭新锋利的,避免因剪刀不好用而让剪彩者尴尬。因此,在剪彩仪式前,要逐一检查,确保剪彩者一刀剪断,切忌一再补剪。在剪彩仪式结束后,举办方可以将每位剪彩者所使用的剪刀包装好,送给对方作为纪念。

(3)白色薄纱手套,专供剪彩者在剪彩仪式上正式剪彩时使用。在准备白色薄纱手套时,除要确保人手一副外,还需使之大小适度,确保手套洁白无瑕,以示郑重和尊敬。

(4)托盘,专供盛放剪刀、白色薄纱手套使用。托盘最好是崭新洁净的,通常为银色的不锈钢制品。为了显示正规,还可以在使用时在托盘内铺上红色绒布或绸布。在剪彩时,礼仪小姐可以用一只托盘依次为各位剪彩者提供剪刀和手套,也可以为每一位剪彩者各提供一只托盘,后一种方法尤显正式。

(5)红色地毯,主要用于铺设在剪彩者正式剪彩时站立之处。红色地毯的长度可视剪彩者的人数多少而定,宽度不应少于1米。在剪彩现场铺设红色地毯,主要是为了提升仪式的档次,营造一种喜庆的气氛。

(七)做好接待准备

在庆典、典礼活动开始前,举办方必须做好一切接待准备工作,事先指派专人负责。安排好接待和服务人员,使他们各就各位,各司其职。安排专门的接待室,以方便来宾在活动正式开始前休息或与相关人员交谈。接待室中要求茶杯洁净,茶几上放置烟缸,如果不允许吸烟,应当将提示标牌放置在接待室中,提示来宾。重要来宾应由组织负责人亲自接待。入场、签到、剪彩、宴请、留言等活动均需提前安排好专人领位。

(八)做好场地准备

庆典、典礼活动现场的选择应该结合庆典、典礼活动的内容、规模、影响力及企业或组织的实际来定,一般选择企业或组织的正门之外的广场、正门之内的大厅等处,也可以是工程现场等地。场地的大小要同出席的人数相适应。

为了烘托热烈、隆重、喜庆的气氛,场地布置可以充分利用飘空气球、彩虹门、步道旗、花篮、花卉植物、红地毯等,还可悬挂印有会标、宣传标语、庆祝或欢迎词语的彩带条幅等。

（九）做好音响准备

在举行庆典、典礼活动之前，举办方要把音响设备准备好，尤其是供来宾讲话使用的麦克风和传声设备，不能在关键时刻出现问题，让主持人手忙脚乱、大出洋相。在庆典、典礼活动举行前后，通常应播放一些喜庆欢快的乐曲，以烘托气氛。对于播放的乐曲，要事先进行审查，以免随意播放背离庆典、典礼主题的乐曲。相关的摄影、录像等设备也要准备和调试好。

（十）其他准备工作

准备文字材料，如庆典、典礼活动的程序表，来宾名单，主持词，致辞、答词及企业或组织的宣传册等。准备贵宾留言册，应当用红色或金色锦缎面高级留言册，并同时准备好毛笔、砚、墨或碳素笔。准备礼品，因为庆典活动中向来宾赠送礼品也是一种宣传手段，注意选择礼品要有象征性、纪念性、宣传性。其他各种必需的物料也应准备齐当。

任务提示

学生利用所学秘书专业知识，通过图书馆、网络等方式收集相关信息。完成上述任务，最好通过以下方式进行：

(1)将班级学生分成若干小组，以小组为单位，进行庆典、典礼活动的筹备。

(2)各小组成员必须有明确的分工，责任到人。

(3)该任务可以在文秘专业实训室进行。

任务实训

1.实训目标

通过实训，学生需要掌握开工典礼请柬的拟写方法。

2.实训背景

××机械有限公司引进外资50万美元，计划建设一条现代化的环保产品生产流水线，定于10月28日举行开工典礼，拟邀请市里有关部门的领导参加，需要写若干份请柬。

要求：格式完整，内容明确，书写工整，标点符号规范，无错别字。

3.实训内容

如果你是公司秘书小尹，请根据实训背景完成写作，并通过电子邮件的方式发送给总经理审核。

秘书灯塔

洞察需求，结合实际，用心策划才能触动人心。

任务二　庆典、典礼活动的组织与实施

任务描述

为迎接公司成立十周年,××机械有限公司决定在6月6日举办一次庆典活动。在公司的例会上,总经理把这个任务交给了副总经理兼行政部经理吴良荣。在吴经理的布置下,庆典的各项准备工作已经就绪。

6月5日上午,副总经理兼行政部经理吴良荣来到秘书小尹的办公室,通知小尹进入临战状态,一定要做好本次庆典活动的组织与实施工作。

任务分析

各种庆典、典礼活动的组织与实施因事而异,但又有一定的规律可循。秘书在庆典、典礼活动的组织和实施过程中,应做好以下环节的辅助工作:

(1)签到。

(2)接待。

(3)剪彩。

(4)致辞。

(5)配套节目。

(6)附加活动。

(7)赠送礼品。

任务准备

(一)签到

来宾来到后,应安排专人请他们签到。签到簿一般为红色封面,内部纸张以装饰美观的宣纸为宜。在签到的同时,工作人员可以将本企业或组织的宣传资料或说明资料发给来宾,以扩大企业或组织的知名度,还可以准备两个盒子或碟子,一个放单位领导或公关部经理的名片,另一个放来宾的名片,便于今后联系或制作通讯录。

(二)接待

来宾签到后,由接待人员引领到备有茶水、饮料的接待室,让他们稍事休息并相互认识。本企业或组织人员应当陪同来宾进行交流,可以谈一些本企业或组织的事情,或对来宾的到来表示感谢。

(三)剪彩

1.宣布开始

主持人宣布剪彩仪式开始,礼仪小姐率先登场。在上场时,礼仪小姐应当排成一行前进,从两侧同时登台或从右侧登台。登台之后,拉彩者与捧花者应当站成一行,拉彩者站于两端拉直红色缎带,捧花者双手捧一朵花团。托盘者站立在拉彩者与捧花者身后1米左右,并且自成一行。

2.剪彩者就位

主持人宣布剪彩者的单位、职务、姓名后,剪彩者从右侧出场登台,步履稳健地走向红色缎带。引导者应当在其左前方进行引导。当剪彩者都已到达既定位置之后,托盘者应当前行一步,到达剪彩者的右后侧,以便为其递上剪刀和手套。

若剪彩者为一人,剪彩时要让他在中间站定。若剪彩者有几个人,同时上场剪彩时,还要根据剪彩者的身份地位分出位次。一般的规矩是中间高于两侧,右侧高于左侧,距离中间站立者越远位次越低,即主剪者应居于中央的位置。

3.正式剪彩

在正式剪彩前,剪彩者应当先向拉彩者、捧花者示意,待其有所准备后,集中精力,右手持剪刀,庄严地将红色缎带一刀剪断。若多位剪彩者同时剪彩时,其他剪彩者应当注意主剪者的动作,主动与其协调一致,力争大家同时将红色缎带剪断。

按照惯例,剪彩以后,红色花团应该准确无误地落入托盘者手中的托盘里,切勿使之坠地,为此需要捧花者与托盘者通力合作。剪彩者在剪彩成功后,可以右手举起剪刀,面向全体到场者致意,然后把剪刀、手套放在托盘之内,举手鼓掌。

4.退场

剪彩完毕,剪彩者可以依次与主人握手道喜,并列队在引导者的引导下退场。退场时,一般宜从右侧下台。待剪彩者退场后,其他礼仪小姐再井然有序地列队由右侧退场。

(四)致辞

由举办方领导和嘉宾代表致辞。无论是贺词、答词均应言简意赅、热烈庄重,切忌长篇大论。

(五)配套节目

典礼完毕,宜安排一些气氛热烈的节目,如敲锣打鼓、舞狮耍龙、播放喜庆的音乐等。在允许燃放鞭炮的地区,还可以燃放鞭炮、礼花、礼炮等,营造喜庆的氛围,此外,还可以请乐队演奏。

(六)附加活动

主持人宣布仪式结束后,可以根据实际情况引导来宾参观本企业或组织的生产设施、服务设施及产品或商品陈列室,以融洽关系,宣传自己。举办方也可以进行短时间的座谈或请来宾在留言簿上留言,广泛征求意见,之后,还可以安排舞会、宴会答谢来宾。

(七)赠送礼品

举办方可以制作或准备纪念性的礼品赠送给来宾和自己的员工,使来宾有受到尊重的感觉,使员工感到主人翁的优越意识,以此达到感情交流的目的。

此外,举办方还可以根据庆典的具体内容,进行职工文艺表演,举行大型促销活动等。

任务提示

学生利用秘书专业知识,通过图书馆、网络等方式收集信息,结合实训完成任务。完成上述任务,最好通过以下方式进行:

(1)将班级学生分成若干小组,以小组为单位,进行开业典礼策划方案的写作。

(2)各小组成员必须有明确的分工,责任到人。

(3)该任务可以在文秘专业实训室进行。

任务实训

1.实训目标

通过实训,学生需要掌握开业典礼策划方案的写作方法。

2.实训背景

××机械有限公司决定在江苏省太仓市成立第一分公司,准备在开业当天举办一次大型的开业典礼,总经理吴宝华要求秘书小尹找一些相关资料做参考,撰写一份开业典礼策划方案,写好后将电子文档发给他。

3.实训内容

如果你是该公司秘书小尹,请根据实训背景,搜集相关资料完成写作,并通过电子邮件的方式将策划方案发送给吴总经理,要求格式正确、规范,要素齐全,不写错别字。

秘书灯塔

寻常之中见非常,创新让日常工作焕发新生。

任务三　庆典、典礼活动的善后工作

任务描述

为迎接公司成立十周年,××机械有限公司在6月6日搞了一次庆典活动。公司副总经理兼行政部经理吴良荣担任庆典工作的总负责人。6月6日下午,庆典活动顺利结束了,副总经理兼行政部经理吴良荣提醒秘书小尹,还有许多善后工作要做。

任务分析

庆典、典礼活动结束了,可善后工作仍在继续。秘书要做的善后工作主要有:
(1)欢送嘉宾。
(2)清理现场。
(3)活动总结。
(4)经费结算。

任务准备

(一)欢送嘉宾

庆典、典礼活动结束后,秘书要负责送嘉宾离开活动现场或到车站。如有嘉宾在活动中途离开,秘书应安排专人负责跟进送别,安排嘉宾顺利返程,送别过程中应注意礼貌,给嘉宾留下良好的印象。

(二)清理现场

庆典、典礼活动结束后,工作人员应马上进行清理现场的工作,整理各种物品并入库存放,尤其是那些可以反复利用的物品,不能轻易扔掉。

(三)活动总结

庆典、典礼活动结束后一周内,各部门负责人和各组组长要写一份活动总结交给活动总负责人。总结应包括各部门、各组在活动过程中发现的问题、吸取的经验以及对以后同类活动的建议等。

(四)经费结算

庆典、典礼活动结束后一周内,执行人员应核算出活动经费使用情况,制成清单,并发给总负责人。

任务提示

学生利用所学秘书专业知识，通过图书馆、网络等方式收集信息，结合实训完成任务。完成上述任务，最好通过以下方式进行：

(1)将班级学生分成若干小组，以小组为单位，进行庆典、典礼活动善后工作的演练。

(2)各小组成员必须有明确的分工，责任到人。

(3)该任务可以在文秘专业实训室进行。

任务实训

1.实训目标

通过实训，学生能掌握庆典、典礼善后工作的主要内容。

2.实训背景

公司成功举行一次庆典、典礼活动，由于是第一次举办这样的活动，缺乏经验，公司领导不知道在庆典、典礼活动结束后，有哪些善后工作要做。因此，公司总经理要求秘书小华找一些相关资料来做参考。

3.实训内容

如果你是该公司秘书小华，请根据实训背景，搜集相关资料作出回答，并通过电子邮件的方式发送给总经理，要求格式正确、规范，要素齐全，不写错别字。

秘书灯塔

纸上得来终觉浅，绝知此事要躬行。

听闻千遍，不如手做一遍。

项目十四
签字仪式

知识目标：

- 掌握签字仪式计划编制工作的内容。
- 掌握签字仪式现场布置与安排工作的内容。
- 掌握签字仪式善后工作的程序。

能力目标：

- 能够编制签字仪式计划。
- 能够组织与实施签字仪式。
- 能够掌握签字仪式善后工作的方法。

素质目标：

- 培养细致严谨的工作态度，确保签字仪式每个环节完美执行。
- 树立高度的责任感，确保签字仪式符合企业要求和期望。
- 强化团队协作能力与沟通能力，确保签字仪式成功完成。

任务一　编制签字仪式计划

任务描述

　　××机械有限公司和同行业的金鼎公司达成了合作意向,双方决定于7月举行一次重大经济合作项目的签字仪式。这天,总经理吴宝华向秘书小尹布置了工作,让她编制一份签字仪式计划。

任务分析

　　签字仪式是指在商务活动中,合作双方或多方经过磋商、讨论或谈判,就某项重要交易或重大经济合作项目达成协议后,由双方或多方代表在有关协议、协定或合同上签字的一种形式。编制签字仪式计划时,秘书要注意以下事项:

　　(1)准备协议文本。

　　(2)确定签字人员。

　　(3)选择签字仪式场所。

　　(4)布置签字仪式场所。

　　(5)注意服饰礼仪。

任务准备

(一)准备协议文本

　　举行签字仪式是一件庄严的大事。在决定正式签署协议的同时,应着手拟定协议的最终文本。协议文本一旦签字,就成为具有法律效力的文件。因此,协议文本的准备一定要严谨。

　　按照国际惯例,在正式签署协议之前,应由举行签字仪式的主方负责准备待签协议的正式文本。提供待签协议文本的主方,应会同有关各方一道,组织专业人员按谈判达成的协议做好文本的定稿、校对、翻译、印刷、装订等工作,并按规定为签字的有关各方提供一份待签的协议文本。

　　签署涉外商务协议时,按照国际惯例,待签的协议文本应同时使用谈判各方法定的官方语言,或者使用国际上通行的英文、法文。在撰写外文协议文本时,应反复推敲、字斟句酌,不要不解其意而乱用词语。

　　待签的协议文本应以精美的纸张印制而成,按大八开的规格装订成册,并以真皮、仿皮、软木等高档材质做封面。

（二）确定签字人员

主签人应随协议文本的性质由协议各方确定，但各方主签人的身份应大体相当。

参加签字的各方，事先要安排一名熟悉签字程序的助签人，负责为主签人翻页，并指明签字处。参加签字仪式的其他成员，基本是双方参加会议的全体人员，以双方或各方人数相等为宜。为表示对谈判的重视或对谈判成员的祝贺，往往邀请更高一级的领导人出席签字仪式。

（三）选择签字仪式场所

签字仪式举行的场所，一般根据参加签字仪式人员的规格、人数及协议中商务内容的重要程度等因素来确定。

签字仪式场所多选择在客人所住宾馆、饭店或东道主的会客厅、洽谈室内，有时为了扩大影响，也可选择在某些新闻发布中心或著名的会议、会客场所举行。

（四）布置签字仪式场所

在布置签字仪式场所时，一般在厅内设置长方形签字桌，桌面覆以深绿色的台布。桌后放两把椅子，作为双方签字人员的座位。主签人面对正门，右为客人，左为主人。桌上摆放由各自保存的文本，文本上端分别放置签字用的文具，文具前端中央摆一旗架。如与外商签署涉外商务协议，应悬挂双方国旗。总之，签字场所的布置要庄重、整洁、干净。地上可铺设地毯，并悬挂写有"×××项目签字仪式"的横幅。同时，注意保持签字仪式现场空气清新、光线明亮。

（五）注意服饰礼仪

由于签字仪式的礼仪性极强，因此对签字人员的穿着也有具体要求。按照规定，主签人、助签人及随员在出席签字仪式时，应当穿着具有礼服性质的深色西服套装或西装套裙，并配以白色衬衫与深色皮鞋。

在签字仪式上露面的礼仪人员、接待人员，可以穿自己的工作制服，或旗袍一类的礼仪性服装。

签字人员应注意仪态、举止，要落落大方，得体自然，既不要过于严肃，也不要喜形于色。

任务提示

学生利用所学秘书专业知识，通过图书馆、网络等方式收集相关信息。完成上述任务，最好通过以下方式进行：

（1）将班级学生分成若干小组，以小组为单位，编制签字仪式计划。

（2）各小组成员必须有明确的分工，责任到人。

（3）该任务可以在文秘专业实训室进行。

任务实训

请通过图书馆、报纸、网络等,收集查找关于签字仪式的相关资料,并将这些资料摘录下来,形成剪报或资料文摘,供公司领导参考。

秘书灯塔

工作无小事,严谨为常态;习惯成自然,卓越随之来。

任务二　签字仪式现场布置与安排

任务描述

××机械有限公司和同行业的金鼎公司达成了合作意向,双方决定于7月举行一次重大经济合作项目的签字仪式。在各项准备工作就绪后,总经理吴宝华向秘书小尹布置了工作,要求做好签字仪式现场布置和程序安排工作。

任务分析

签字仪式是签订协议的高潮阶段,时间虽不长,但程序应规范、严格。秘书在签字仪式过程中的任务如下:

(1)接待入场。
(2)正式签字。
(3)交换文本。
(4)退场结束。

任务准备

(一)接待入场

主办方秘书应热情接待各方人员进入签字厅,有礼貌地引导主签人按主左客右的位置入座,助签人站立在主签人的外侧,其他参加签字仪式的人员依职务、身份高低为序,客方自左向右,主方自右向左,分别站立于各方主签人的后面。

(二)正式签字

在签字仪式上,应遵循"轮换制"的原则,即主签人先签署己方保存的合同文本,且各签首位,这样使签字各方均有机会居于首位一次,以示各方平等,然后交由他方签字人员签字。

(三)交换文本

双方签字人员交换文本,相互握手祝贺。此时,摄影师可以拍照。主办方还可以拿出准备好的香槟酒,由签字人员共同举杯庆贺,以增添签字仪式的喜庆色彩。

(四)退场结束

签字仪式完毕后,应先请双方最高领导退场,然后请客方退场,东道主最后退场。整个签字仪式的时间以半小时为宜。

任务提示

学生利用所学秘书专业知识,通过图书馆、网络等方式收集相关信息。完成上述任务时,最好通过以下方式进行:

(1)将班级学生分成若干小组,以小组为单位,进行签字仪式现场布置与安排。

(2)各小组成员必须有明确的分工,责任到人。

(3)该任务可以在文秘专业实训室进行。

任务实训

(一)实务题

中俄双方在北京就有关问题达成协议,举行签字仪式。双方代表团各由5人组成:部长(A)、副部长(B)、主任(C)、随员(D)、翻译员(E)。由双方部长做主签人,翻译员做助签人。请画出俄方人员座次与位次图。

(二)实训

实训:签字仪式的程序。

1.实训目标

通过实训,学生需要掌握签字仪式的程序。

2.实训背景

××机械有限公司决定和合作方A公司举行一次合作签字仪式,但公司吴宝华总经理不太清楚签字仪式的程序,他让秘书小尹帮他查找一些相关资料,以电子文档的形式发给他。

3.实训内容

如果你是该公司秘书小尹,请根据实训背景,搜集相关资料完成写作,并通过电子邮件的方式发送给吴总经理,要求格式正确、规范,要素齐全,不写错别字。

秘书灯塔

秘书如同幕后导演,精心策划,让一切井然有序。台前的光鲜,幕后英雄功不可没。

任务三　签字仪式的善后工作

任务描述

××机械有限公司和金鼎公司的重大经济合作项目签字仪式结束了。总经理吴宝华找到秘书小尹,要求她做好本次签字仪式的善后工作。

任务分析

签字仪式结束后,秘书的工作还远远没有结束,一定要做好善后工作。这既是善始善终的表现,也是良好职业素养的体现。秘书在签字仪式善后阶段主要做以下工作:

(1)送别客人。

(2)清理场所。

(3)做好总结。

任务准备

(一)送别客人

迎来送往是秘书必不可少的工作内容之一。签字仪式结束后,秘书要有礼貌地送别客人,给客人留下良好的印象。如果是外地客人,秘书还要做好提前订票和送站等工作。

(二)清理场所

送别客人后,秘书要安排人员清理签字的场所,使其恢复原貌,以方便以后开展工作。

(三)做好总结

签字仪式结束后,秘书可做一次深入的工作总结,积累经验,指出不足,以指导今后的工作。

任务提示

　　学生利用所学秘书专业知识,通过图书馆、网络等方式收集相关信息。完成上述任务,最好通过以下方式进行:
　　(1)将班级学生分成若干小组,以小组为单位,进行签字仪式和善后工作演练。
　　(2)各小组成员必须有明确的分工,责任到人。
　　(3)该任务可以在文秘专业实训室进行。

任务实训

　　××化妆品公司与新加坡××有限公司于××××年12月28日15:00在帝豪酒店会议室举行合作项目签字仪式。××化妆品公司办公室组织本部门员工进行训练,做好签字厅布置的准备工作。
　　请完成:
　　(1)列出布置签字厅要注意的问题。
　　(2)在模拟实训室进行布置练习。

秘书灯塔

　　尊重差异,共筑桥梁;尊重为先,合作无疆。

项目十五
商务谈判的辅助工作

知识目标：
- 掌握商务谈判前期准备工作的内容。
- 掌握商务谈判组织与实施工作的内容。
- 掌握商务谈判善后工作的程序。

能力目标：
- 能够做好商务谈判前期准备工作。
- 能够组织与实施商务谈判。
- 能够掌握商务谈判善后工作的方法。

素质目标：
- 培养细致规划前期准备工作的习惯，确保谈判基础坚实稳固。
- 培养敏锐洞察谈判过程的能力，为谈判提供精准的辅助支持。
- 培养严谨总结善后工作的意识，为未来的谈判积累经验。

任务一　商务谈判的前期准备

任务描述

　　××机械有限公司马上要和国外一家公司就进口设备的问题开展一次谈判,总经理吴宝华非常重视这次谈判,因为它关系着公司的长远发展和切身利益。吴总经理向秘书小尹提出了要求,让她尽全力做好这次谈判的前期准备工作。

任务分析

　　虽然谈判在表面上主要是领导者的事情,但谈判是一项系统工作,不是一个人就能完成的,大量的前期准备工作还是要由秘书来辅助完成。谈判前期的准备工作主要包括收集信息、提供资料,拟订谈判计划,设计谈判方案。

任务准备

(一)收集信息、提供资料

　　古语云:"知己知彼,百战不殆。"在谈判前期充分了解双方情况,尤其是对方的实力、目标意图和双方退让的幅度,是必不可少的准备工作。商务谈判的成败、谈判者地位的强弱,往往取决于其中一方对信息资料的掌握程度。掌握的信息资料越多,在谈判中越容易驾驭谈判的进程。

　　只有做好了充分准备,秘书才能胸有成竹地独自或陪同领导坐在谈判桌前,与对方就共同感兴趣的事情进行磋商。因此,收集谈判双方的信息资料,整理后提供给领导是秘书的重要工作。尤其是对方的真实情况,如对方的法人资格、资信状况、法定地址、法人身份、经营范围及企业现状,对这些基本情况应事先予以审核或取得旁证。如果对方是外商,这些信息资料最好请我国驻外商业机构和可靠的外国商社或外国朋友提供,也可由外商自行提供,不过要判断其是否可靠。

　　对于对方谈判负责人的个人情况,秘书也要深入了解,如性别、年龄、学历、资历、个性、爱好、习惯、价值观念等。

　　通过这些了解和分析,谈判人员对双方在谈判中所处的地位,各自最大的需求和让步的范围、幅度、谈判的时限等才会有一个清醒的认识。这样,谈判人员在谈判中就能做到审时度势、进退自如。

(二)拟订谈判计划

　　一般来说,谈判的准备工作就是要制订一个简明、具体而又有弹性的谈判计划。

谈判计划应尽可能简洁,以便谈判人员记住其主要内容,使计划的主要内容与基本原则能够清晰地印在他们的大脑里,使他们能得心应手地与对方周旋,而且能随时与计划进行对照应用。

计划必须具体,不能只求简洁而忽略具体内容,既不能有所保留,也不能过分细致。

此外,计划还必须有弹性。谈判人员必须善于领会对方的谈话意图,判断对方的想法与己方计划的出入所在,从而灵活地对计划加以调整。在实际工作中,谈判人员要收集许多情况,阅读档案中相关的大量文件,尽量与这次谈判有关的人员交换意见,收集不同的见解。谈判人员乘汽车或飞机前往谈判地的路上,要充分利用这段时间,从杂乱如麻的情况中理出头绪。

1.确定谈判目标

谈判都以目标的实现为导向。目标是谈判的前提,只有在明确、具体和可行的目标指引下,谈判才可能处于主动地位。盲目和含混的目标意味着谈判的失败。

2.确定谈判策略

谈判策略是指为达到谈判目标而制订并运用的基本纲领或指导原则,它是通过调查和分析双方的需要及实力后制订出来的。为谈判的每个部分制订一个总的策略是必不可少的。针对不同的谈判主题或对手,秘书可以设计出不同的谈判策略。比如,在某一特定条件下,可以采取拖延时间、长期施加压力的战略;而在另一特定条件下,则可以采取速战速决的闪电战略。

3.培养谈判人员的素质

谈判人员的素质是构成基本谈判能力的最基本要素,是谈判取得成功的重要因素之一。以下各项能力对谈判人员来说非常重要:

(1)用语言表达想法的能力。

(2)说服别人的能力。

(3)思路清晰、判断准确、反应敏锐。

(4)巧妙运用谈判谋略的能力。

(5)对可觉察的感情具有自我表现和克制的能力。谈判人员应该学会控制自己的情绪,处事冷静。在谈判陷入困境时,谈判人员更要注意控制自己的情绪。因为对手会利用你的情绪,使谈判朝他们计划的方向进行。

(6)遇到压力和不确定事件时的应对能力。

(7)赢得对方尊重和信任的能力。

(8)具有较强的心理平衡能力和扮演不同谈判角色的能力。

4.提高谈判能力

谈判能力简称谈判力,从主观来说是个人能力问题,但从客观来说,谈判人员的谈判力受到诸多客观条件的限制。谈判力包括综合谈判力和具体谈判力两部分。综合谈判力是指谈判人员所属国家或企业的实力。综合谈判力是客观存在的事实,是个人无法改变的。比如,你的谈判对手是发达国家的大公司,这一事实本身就使你在谈判中处于弱势地位。遇到这种情况,只有尽量发挥你在具体谈判力方面的优势,才能努力取得谈判的成功。具体谈判力包含的内容很多,它依据谈判主题的不同而不同。

（三）设计谈判方案

秘书要协助领导拟定谈判方案，并按方案进行预演，以保证谈判有条不紊地进行。

1.确定谈判班子

选择适当的成员组成谈判班子，是谈判取得成功的关键。谈判班子一般以三四人为宜，由领导领军，他既是导演又是主演。其他助手包括秘书则是配角，以各自的专业经验协助领导谈判。

针对商务谈判，通常需要成立相应的谈判小组，确保谈判以专业的方式得到双方都能接受的结果。这个谈判小组的搭配涉及人员安排的结构性、配套性、主次性、互补性。

凡是参与商务谈判的人员，均应具备基本素质，即专业品质和专业能力。而其中个别人，更是必须具有特殊素质，即专业知识和专业经验。

2.确定谈判时间

谈判于何时举行、何时结束很有讲究，有时候甚至会影响谈判的过程和结果。因此，谈判必须等待合适时机，否则难以达到预期目标。除此之外，要避免在领导或其他重要谈判成员身体不适、过度疲劳、精神或心情不佳时安排谈判。另外要尊重对方，在征求对方意见的基础上，选择双方都认可的时间举行谈判。

3.确定谈判地点

选择谈判地点，对自己来说越熟悉的环境越好。因为每个人天生都具有领域感，在自己熟悉的环境里，能得心应手地发挥自己的睿智与口才，更容易说服对方。

谈判环境不仅是指谈判地点，还包括谈判时的气氛和情绪。谈判环境会对谈判结果产生重要影响。在舒适明亮、色彩悦目的房间里，人们容易心平气和、思维清晰，便于倾听和理解对方的意愿和要求，做出恰当的反应。反之，人们就会感到烦躁不安，思维呆滞，情绪恶劣。

4.确定谈判主题

谈判主题就是谈判所要达到的目的，一定要言简意赅。谈判主题是纲领性的东西，主题确定了，谈判的方向和"度"也就随之明确了。

5.确定谈判事项日程表

秘书在设计方案时，要对对方可能提出的方案作出预测，并提出自己的应对方案。只有这样，在对方提出方案时，己方才能应对自如。谈判方案应尽量切实可行，并且留有现场发挥和见机行事或者必要调整的空间。

所有成员都应谙熟谈判方案，争取达到最理想的效果，还要绝对保守谈判方案的秘密，一旦泄密，将可能致使谈判失败。

任务提示

学生利用所学秘书专业知识，通过图书馆、网络等方式收集相关信息。完成上述任务，最好通过以下方式进行：

（1）将班级学生分成若干小组，以小组为单位，进行商务谈判的前期准备工作演练。

(2)各小组成员必须有明确的分工,责任到人。

(3)该任务可以在文秘专业实训室进行。

任务实训

在一场涉及机械设备买卖的国际谈判中,谈判双方在价格问题上出现了分歧。买方代表提出卖方所提供的设备的价格比其他国家的同类产品的价格高出近10%。面对买方代表对价格的反对意见,卖方代表该如何应对?

秘书灯塔

磨刀不误砍柴工,事前规划胜过事后补救。

任务二　商务谈判的组织与实施

任务描述

××机械有限公司和国外一家公司就进口设备谈判的准备工作已经完成,这天,总经理吴宝华来到秘书小尹的办公室,让她尽全力做好这次商务谈判的组织与实施工作。

任务分析

秘书在商务谈判的组织和实施阶段要做的工作如下:

(1)布置商务谈判现场。

(2)营造融洽的商务谈判气氛。

(3)做好商务谈判的辅助性工作。

任务准备

(一)布置商务谈判现场

通常要安排一间主要谈判室和一间备用谈判室,如果条件允许,还可以准备一间休息室。

商务谈判现场的布置一般要典雅、舒适,具有一定的地方特色,采光充足,并配有相应的视听设备。主要谈判室的桌子以长方形为宜,也可以用圆形或椭圆形的桌子。主要谈判室通常不设录音设备,如设置录音设备需经谈判各方同意。

备用谈判室是商务谈判各方都可以使用的隔音较好的房间。该房间可以供商务谈判某一方内部协商之用,也可以供商务谈判各方就某个专项问题谈判之用。备用谈判室通常不要离主要谈判室太远,最好是紧邻主要谈判室。备用谈判室同样要布置得典雅、舒适,采光要好,准备相应的桌椅、纸笔等。

休息室的布置应本着舒适、轻松、明快的原则,可配备一定的茶水、饮料、水果、点心等。

谈判所需设备,如扩音设备,通信设备、传真机、打印机、复印机、计算机、投影机、网络服务等,都要事先准备和调试好。涉外谈判还要准备好双方的国旗。

在商务谈判中,座位的安排是很有讲究的。如果座位安排得不妥当,将会对整个商务谈判造成不良影响。

(二)营造融洽的商务谈判气氛

谈判人员的言行,谈判的空间、时间和地点等都是构成谈判气氛的因素。秘书应注意把一些消极因素转化为积极因素,使谈判气氛向友好、和谐、富有创造性的方向发展。

要想形成融洽的谈判气氛,秘书应该做好以下几方面的工作:

(1)提醒谈判人员在谈判气氛形成过程中起主导作用。

(2)提醒谈判人员要心平气和,坦诚相见。

(3)提醒谈判人员不要在一开始就涉及有分歧的议题。

(4)提醒谈判人员不要一见面就提出要求。

(三)做好商务谈判的辅助性工作

在商务谈判过程中,秘书要做的辅助性工作有很多,概括起来有下面几类。

1.各种文件资料的准备

秘书需要准备各种文件资料,如谈判名单、时间、地点等信息,并要及时通知对方,谈判中所需的各种资料要打印装订成册,发到谈判人员手中。在商务谈判过程中,秘书还要注意随时传递信息,复印或打印文件。

2.安排各种仪式

秘书在商务谈判过程中需要安排的各种仪式包括谈判开始仪式、致辞、赠礼及签约仪式等。

3.做好谈判的记录

谈判中的记录非常重要,秘书要全面、准确地做好谈判记录。每一次洽谈之后,对于重要的事情,秘书都应写一份简短的报告或纪要,并向双方公布,以防止达成的条件在以后被撕毁。在大型谈判中,有时甚至在每个问题谈妥之后,双方都要通读对方的记录,以查对一致。在最后阶段,秘书要检查、整理记录。经双方共同确认记录正确无误后,这份记录的内容便是起草书面协议的主要依据。

4.拟订初步协议

谈判取得初步的成果后,就要形成初步协议。秘书在起草协议时,要注意以下几点:遵守相关法律、法规的要求;重要条款应反复推敲后再落笔;内容要具体,表达要严谨,不能含混不清或产生歧义。

5.正式签约

初步协议经谈判双方修改后,即成为正式协议文本。只有经双方签字、公证后,该协议才正式生效,成为法律性文件,并开始对双方产生约束力。

任务提示

学生利用所学秘书专业知识,通过图书馆、网络等方式收集相关信息。完成上述任务,最好通过以下方式进行:

(1)将班级学生分成若干小组,以小组为单位,进行商务谈判的组织和实施工作演练。

(2)各小组成员必须有明确的分工,责任到人。

(3)该任务可以在文秘专业实训室进行。

任务实训

××××年4月20日,德国某大公司的总裁带领包括副总裁和技术、财务等部门的负责人及他们的夫人组成的高级商务代表团前往日本进行为期8天的谈判。他们刚下飞机便受到了日方公司的热情接待。在盛情款待中,总裁夫人告诉了对方接待人员回程机票的日期。日方公司便安排了大量的时间让德国公司一行人到处参观、游览,让其领略日本文化并赠送了大量礼品,直到最后两天,才把一大堆问题摆在谈判桌上来讨论。由于时间仓促,德国公司不自觉地作出了许多不必要的让步。

问题:日方公司在此次谈判中使用了哪些战略? 如果此次与日方公司谈判的主角是你,你将采取什么对策?

秘书灯塔

妥协非弱,双赢是金。谈判成功的真谛,在于共同增值。

任务三　商务谈判的善后工作

任务描述

××机械有限公司和国外一家公司关于进口设备的谈判工作终于结束了，秘书小尹松了一口气。总经理吴宝华适时地提醒小尹，此时还不能松懈，因为还有商务谈判的善后工作要做。

任务分析

善后工作并不是可有可无的，而是非常重要的。秘书在商务谈判结束后，应该做好如下善后工作：

(1)管理谈判资料。

(2)维护业务关系。

(3)做好谈判总结。

(4)开展宣传报道。

任务准备

(一)管理谈判资料

谈判结束后，秘书要在第一时间进行谈判所涉资料的整理工作，包括：及时清退重要的谈判文件；根据谈判的原始档案或已签订的协议撰写和分发谈判纪要；及时将谈判材料、原始档案、协议和合同立卷归档；等等。

(二)维护业务关系

谈判结束后，秘书还要注意适当地同谈判对手保持经常性的联系，以确保协议得到认真彻底的履行，同时可以继续发展双方的业务关系。为使双方保持良好的关系，秘书也可以和对方保持经常的私人交往。

(三)做好谈判总结

谈判结束后，不论成败，秘书都要对谈判工作进行全面、系统的总结，通过回顾、检查、分析和评定谈判过程，总结经验，吸取教训，以利于下一次提高谈判水平。

做总结时，秘书可以从谈判双方在主要交易条件上的分歧、对手的谈判实力等方面入手。

(四)开展宣传报道

如果需要,秘书要做好对谈判的宣传和报道工作,以展示公司的形象,提高公司的知名度。

任务提示

学生利用所学秘书专业知识,通过图书馆、网络等方式收集相关信息。完成上述任务,最好通过以下方式进行:

(1)将班级学生分成若干小组,以小组为单位,进行商务谈判的善后工作演练。

(2)各小组成员必须有明确的分工,责任到人。

(3)该任务可以在文秘专业实训室进行。

任务实训

1. 实训目标

通过实训,学生需要了解商务谈判过程中的各项工作。

2. 实训背景

某校的试验中心竣工了,准备建设8个平均能够容纳100名学生的微机室,拟采购计算机800台、计算机桌800张、多媒体设备8套,预计投资300万元。

3. 实训内容

由学生组成两个谈判小组,分别扮演校方和供应商的角色,开展模拟谈判。

实训完成后,学生上交实训心得体会并开展讨论。

秘书灯塔

自信如盾,耐心似水,诚意是金。谈判场上,心态决定高度。

项目十六
商务旅行

知识目标：

- 掌握编制商务旅行计划的内容。
- 掌握预订酒店工作的内容。
- 掌握办理出国商务旅行手续的程序。
- 掌握为领导进行商务差旅费报销的程序。

能力目标：

- 能够编制商务旅行计划。
- 能够预订酒店。
- 能够办理出国商务旅行手续。
- 能够为领导报销商务差旅费。

素质目标：

- 培养细致周密的计划编制素质，确保商务旅行高效有序。
- 培养精确高效的酒店预订素质，为商务旅行提供保障。
- 培养规范细致的出国手续办理素质，确保国际商务旅行顺利进行。

任务一　编制商务旅行计划

任务描述

××机械有限公司和北京一家公司建立了业务联系。为了加强合作,总经理吴宝华决定率领各部门经理到北京考察。这天,吴总经理给秘书小尹布置了工作,让她编制一份到北京的商务旅行计划。

任务分析

编制商务旅行计划是秘书经常要做的工作之一。秘书应从以下方面着手编制商务旅行计划:

(1)了解商务旅行计划的编制方法。

(2)掌握商务旅行计划的基本内容。

(3)掌握日程表的编制方法。

任务准备

(一)商务旅行计划的编制方法

商务旅行计划是领导差旅全过程的一个计划,编制前要清楚单位的差旅费用、交通方式、食宿等级的标准范围及有关规定和程序。编制时尽量按时间顺序编排,做到简单明了。要将时间的浪费降至最低,同时还要考虑领导的身体状况,时间上留有余地。可以多编制几个旅行方案,供领导参考和选择。商务旅行计划通常用表格形式展现。计划制订好后,秘书要复制三份,一份给领导,一份存档,一份自己保留。

(二)商务旅行计划的基本内容

一份商务旅行计划至少应当包括以下内容:

(1)出差的时间、启程及返回日期,接站安排。

(2)出差的路线、终点及途经地点和住宿安排。

(3)会晤计划(人员、地点、日期和时间)。

(4)交通工具的选择:飞机、火车、大巴或轿车。要列明飞机客舱种类及停留地的交通安排。

(5)需要携带的文件、合同、样品及其他资料,如谈判合同、协议书、产品资料、演讲稿和旅行目的地的指南等。

(6)领导或接待人的特别要求。

(7)领导旅行目的地的天气状况。

(8)行程安排,约会、会议计划,会晤人员的名单和背景,会晤主题。

(9)差旅费用:现金、兑换外币、办理旅行支票。

商务旅行计划制订完后,要向领导报告,依其指示决定旅程。

(三)日程表的编制方法

日程表的内容一般比商务旅行计划更详尽。日程表的制订实际上一般是出访方与接待方共同商议之后,由接待方拟订并经出访方认可后定下来的。出访方秘书可据此制订己方的日程表,也可添加一些更具体的内容。秘书安排日程时,在时间上要留有余地。日程表一般以表格形式展现。日程表应当一式三份(或几份),一份存档,一份给领导及其家属,一份给秘书留存。一般而言,一份周密的日程表主要包括以下内容:

(1)日期。指某年、某月、某日、星期几。

(2)时间。出发和返回的时间,包括目的地的抵离时间和中转时间,开展各项活动的时间,就餐、休息的时间等。

(3)地点。领导本次出差的目的地(包括中转地点)、旅行过程中开展各项活动的地点、食宿地点等。

(4)交通工具。出发和返回时使用的交通工具、停留地的交通安排等。

(5)具体事项。商务活动,如访问、洽谈、会议、宴请娱乐活动及私人事务活动等。

(6)备注。记载提醒领导注意的事项,如抵达目的地需要中转的中转站或中转机场、休息时间、飞机起飞时间,以及某国家为旅客提供的特殊服务,在当地需要注意的一些风俗习惯和礼仪等。

表16.1为商务旅行日程表示例。

表16.1 商务旅行日程表

日期	时间	地点	事项	备注
6月7日 (星期一)	9:00—11:00	重庆江北国际机场	出发	
	11:00	北京	公司驻京代表×××在机场迎接	驻京代表联系电话 136××××××××
	12:00—14:00	北京××酒店	办理入住手续、午餐	驻京代表陪同
	下午	北京	自由活动	
6月8日 (星期二)	略	略	略	略

任务提示

学生利用所学秘书专业知识,通过图书馆、网络等方式收集相关信息。完成上述任务,最好通过以下方式进行:

(1)将班级学生分成若干小组,以小组为单位,进行商务旅行计划的编制。

（2）各小组成员必须有明确的分工,责任到人。

（3）该任务可以在文秘专业实训室进行。

任务实训

1. 实训目标

通过实训,学生需要掌握制订商务旅行计划和日程表的方法。

2. 实训背景

下周吴总经理要去广州出差,吴总经理已将具体日期、时间等资料交给新来的秘书小燕,由她为吴总经理拟订商务旅行计划并制作日程表,但小燕对如何制订商务旅行计划和日程表的事宜不太清楚,她想请秘书小尹为她提供相关资料,用传真的形式发给她。

3. 实训内容

假如你是秘书小尹,请完成以上工作,并以传真的形式将整理好的资料发给秘书小燕。

秘书灯塔

行前规划细,商务之旅顺。

任务二　预订酒店

任务描述

××机械有限公司吴总经理要去广州出差,这天,行政经理吴良荣给秘书小尹布置了工作,让她替吴总经理预订一家酒店。

任务分析

秘书可以通过互联网、电话、手机 App 等多种方式获得酒店预订服务,通过酒店预订服务查询、预订满意的酒店。秘书在预订酒店过程中,需要注意以下问题:

（1）确定酒店档次。

（2）获取酒店信息。

（3）预订。

（4）确认预订。

任务准备

(一)确定酒店档次

秘书预订什么等级或档次的酒店和房间？一是要清楚公司的相关规定；二是要了解领导的习惯；三是要兼顾业务的重要程度。秘书在预订之前一定要征求领导的意见再作决定。

(二)获取酒店信息

秘书可以通过查找旅行手册、打电话、咨询旅行社、上网搜索等方式获取目的地酒店信息。

(三)预订

秘书可以通过旅行社、网络、800免费电话等途径预订酒店和房间。如果单位与要预订的酒店有经常的业务往来，秘书可以直接通过电话等方式与酒店联系。

预订时，秘书要提供住宿者的姓名、性别、抵达时间、大概离开时间、房间的类型与特殊要求等。秘书在预订房间时要根据领导的要求，考虑楼层、朝向、设施等因素。房间尽量不在一楼，不临街，有足够的安全保障等。

如果需要交纳订金，秘书要事先安排，以便酒店保留房间。如果要取消预订，秘书必须在酒店结账时间前通知对方，否则当晚就要收费。因此，秘书预订时要询问好酒店的结账时间并告知领导。

(四)确认预订

当预订房间后，秘书一定要拿到酒店确认预订的传真或其他书面形式的证明，并将其附在商务旅行计划或日程表后面，这样才能使领导到达后的住宿有保障。

任务提示

学生利用所学秘书专业知识，通过图书馆、网络等方式收集相关信息。完成上述任务，最好通过以下方式进行：

(1)将班级学生分成若干小组，以小组为单位，进行预订酒店的演练。

(2)各小组成员必须有明确的分工，责任到人。

(3)该任务可以在文秘专业实训室进行。

任务实训

1.实训目标

通过实训，学生需要掌握预订酒店和机票的方法。

2. 实训背景

公司行政经理吴良荣将于11月10日到广州出差,行程安排如下:10日乘机抵达广州,11—13日参加贸易洽谈会,14日返回南京,请协助吴良荣经理做好以下工作:

(1)准备好预订机票时应提供的信息。

(2)弄清预订酒店时应提供的信息。

(3)准备好出差所需携带的相关资料及必备物品。

3. 实训内容

假如你是秘书小尹,请完成以上工作,并将整理好的资料以传真的形式发给吴经理。

秘书灯塔

敏于观察,勤于搜集。善用工具,事半功倍。

任务三　办理出国商务旅行手续

任务描述

××机械有限公司吴总经理一行5人将赴美国纽约进行商务洽谈,行政经理吴良荣给秘书小尹布置了工作,让她替吴总经理一行办理出国商务旅行的手续。

任务分析

出国商务旅行的手续和在国内旅行的手续有所不同,秘书要多加注意。办理出国商务旅行手续时,要从以下几个方面着手:

(1)撰写出国申请。

(2)办理护照。

(3)办理签证。

(4)办理《国际预防接种证书》。

(5)办理出境登记卡。

(6)购票。

(7)办理保险。

(8)出行前的准备。

任务准备

(一)撰写出国申请

出国申请包括出国事由、出国路线、出国日程安排、出国组团的人数等内容。

(二)办理护照

办理护照时需要携带主管部门的出国任务批件、出国人员政审批件、所到国有关公司的邀请书、2寸正面免冠半身相片等。因公出国人员的护照应到外交部或其授权的机关办理,因私出国人员的护照由公安部授权的机关办理。

(三)办理签证

我国政府规定,因公出国的中国公民出入国境凭有效护照可不办理签证,而持因私普通护照出入国境的中国公民必须办理有关的签证。办理签证要上交护照并填写一份签证表。取得签证后,要检查签证的有效期及签字盖章。

(四)办理《国际预防接种证书》

出国人员在办理了有效护照和签证后,应该持单位介绍信到所在地的卫生检疫部门进行卫生检疫和预防接种,并领取《国际预防接种证书》,即"黄皮书"。拿到"黄皮书"后,应该进行认真查验。

(五)办理出境登记卡

在办妥上述各项手续后,秘书再携带出国人员的护照、户口簿、居民身份证办理临时出国登记手续。

(六)购票

秘书可在国内各航空公司及其售票代理点办理购票手续,也可在外国航空公司驻我国办事处购买。购买国际机票需出示护照。秘书拿到机票后必须查验票面,如果所到之处对方有接待,这时可向对方发出通知,最好以书面形式通知相关信息,以便对方做好接待工作。

(七)办理保险

秘书可以通过代理人与保险公司办理保险。保险的险种应适用于意外事故,如医疗及行李丢失等。

(八)出行前的准备

(1)确定最佳旅行方案。

(2)兑换外币。

(3)准备好随身携带物品。

(4)准备必须携带的各种文件。

(5)检查相关证件。

(6)收集所到国的背景资料。

任务提示

　　学生利用所学秘书专业知识,通过图书馆、网络等方式收集相关信息。完成上述任务,最好通过以下方式进行:

　　(1)将班级学生分成若干小组,以小组为单位,进行办理出国商务旅行手续的演练。

　　(2)各小组成员必须有明确的分工,责任到人。

　　(3)该任务可以在文秘专业实训室进行。

任务实训

1.实训目标

通过实训,学生需要掌握办理出国商务旅行手续的方法。

2.实训背景

11月末,××机械有限公司吴宝华总经理一行五人将赴美国纽约进行商务洽谈,具体洽谈时间从当地的11月26日9:00开始,行政经理吴良荣要求秘书小尹做好以下几项工作,并用备忘录的形式发给他:

　　(1)说明出国前需要办理的手续。

　　(2)办理有关手续时应携带哪些必备资料。

　　(3)出行前秘书要做哪些准备工作。

　　(4)洽谈开始时间为北京时间的几点。

3.实训内容

假如你是秘书小尹,请完成以上工作,并将整理好的资料以备忘录的形式发给吴经理。

秘书灯塔

　　交流无国界,文明有共鸣。商务之旅中,文明是必备的行李。

任务四　为领导报销商务差旅费

任务描述

　　××机械有限公司吴总经理一行5人结束了在美国纽约的商务洽谈,今天回到了公司。行政经理吴良荣给秘书小尹布置工作,让她替吴总经理一行报销商务差旅费用。

任务分析

领导出差回到公司后,秘书应及时为其办理差旅费的报销手续。报销手续一般有以下步骤:

(1)填写报销单。

(2)会计人员审查。

(3)出纳人员审核。

任务准备

(一)填写报销单

秘书如实填写差旅费报销单的相关内容,如出差事由,出发与到达的时间、地点,乘坐的交通工具的车别、等级、金额等,并将相关车票、船票、飞机票、住宿发票等原始凭证粘贴在报销单的背后,经所在部门和单位领导审查签字后,送财务部门。

财务部门有关人员应审查单据是否真实、合法,按照本单位差旅费开支管理办法计算应报销的交通费金额、应发给的伙食补助费、住宿费包干结余、未购卧铺补贴等,对差旅费进行结算,编制会计凭证后交出纳员具体办理现金收付。

(二)会计人员审查

企业会计人员应对差旅费的开支范围、开支标准等进行审查并编制记账凭证。审查的内容主要包括以下三个方面。

1.差旅费的开支范围

(1)交通费是指出差人员乘坐火车、飞机、轮船及其他交通工具所支付的各种票价、手续费及相关支出。

(2)住宿费是指出差人员因住宿需支付的房租及其他相关支出。

(3)伙食补助费是指出差人员在外期间因伙食费用较高等而按一定标准发给出差人员的补贴。

(4)邮电费是指出差人员在出差期间因工作需要而支付的各种电话费、电报费、邮寄费等。

(5)行李运费是指出差人员因工作需要而携带较多行李时,支付给铁路、民航、公路等运输单位的行李运输、搬运等费用。

(6)杂费是指出差人员因工作需要而支付的除上述费用以外的其他费用。

2.开支管理方法

对于差旅费的开支,可以实行不同的管理方法,各行政机关、事业单位、部队等一般都要求实行总额包干办法,即出差人员的住宿费、交通费、伙食补助费等,实行分项计算、总额包干、调剂使用、节约奖励、超支不补的办法。本办法对交通费、住宿费、伙食补助费等规定一定的包干标准,超过标准部分由出差人员自理,低于标准部分按一定比例发给出差人员作为奖励。企业单位可以实行实报实销办法,也可以参照实行总额包干办法。各单位可以根据上级主管部门和本单位的具体情况,制订本单位人员的差旅费开支管理办法,便于本单位有关人员遵照执行。

3.开支标准

各单位在制订本单位的差旅费开支管理办法时,一般都规定有差旅费的开支标准。比如,出差人员在出差期间可以乘坐卧铺而不买卧铺票的,按硬席座位票价的一定比例发给出差人员作为奖励;出差伙食补助费不分途中和住宿,每人每天补助标准一般地区若干元、特殊地区若干元等。

(三)出纳人员审核

出纳人员应按规定对报销单据和记账凭证进行审核复算,如交通费、住宿费的金额是否符合规定标准,伙食补助费、住宿费包干结余、不买卧铺补贴等的计算是否正确,记账凭证和报销单的金额是否一致等,审核无误后才可办理现金收付。对实行定额备用金的,出纳人员按实际报销金额全部用现金付给报销单位或出差人员;实行非定额备用金的,出纳人员将出差人员多借的现金收回,少借的部分补给出差人员。

任务提示

学生利用所学秘书专业知识,通过图书馆、网络等方式收集相关信息。完成上述任务,最好通过以下方式进行:

(1)将班级学生分成若干小组,以小组为单位,进行商务差旅费报销的演练。

(2)各小组成员必须有明确的分工,责任到人。

(3)该任务可以在文秘专业实训室进行。

任务实训

1.实训目标

通过实训,学生需要掌握报销差旅费的方法。

2.实训背景

吴总经理从广州出差回来,已将车票、住宿发票等材料交给新来的秘书小燕,由她为吴总经理报销差旅费。但小燕对如何报销差旅费的相关事宜不太清楚,便向秘书小尹请教。

3.实训内容

假如你是秘书小尹,请你为小燕提供相关资料,并以传真的形式发给她。

秘书灯塔

报销虽细,诚信为先;真实准确,账目自清。

模块五 文书处理与档案管理

项目十七
收发文处理

知识目标：

- 掌握收文处理的程序。
- 掌握发文处理的程序。

能力目标：

- 能够按照程序进行收文处理。
- 能够按照程序进行发文处理。

素质目标：

- 培养严格遵守收文处理程序的职业素质，确保信息准确流转。
- 培养高效规范发文处理的素质，提升公文传递效率与专业性。

任务一　收文处理

任务描述

　　××机械有限公司是一家大公司,每天都会有大量的文件、邮件需要处理。小尹是这家公司的办公室秘书,她每天都要帮领导整理和处理很多文件和邮件,稍微粗心就会产生疏漏。因此,小尹每天都要对自己工作中例行处理的问题做一个简单的记录,并在工作结束后进行整理。这天一上班,前台就给她送来了一大摞邮件,她马上开始处理。

　　假如你是秘书小尹,请演示收文处理的过程。

任务分析

　　收文处理是秘书一项非常重要的工作。秘书要做好收文处理,必须熟练掌握收文处理的流程。在收文处理中,秘书主要应做好以下工作:

　　(1)签收。
　　(2)登记。
　　(3)审核。
　　(4)分发。
　　(5)拟办。
　　(6)批办。
　　(7)承办。
　　(8)催办。

任务准备

　　收文处理是指秘书对收到的文件进行处理的过程,主要包括以下程序。

1.签收

　　签收是指秘书收到来文后在送件人的文件投递单上签名的工作环节。签收是接收文件时应履行的一种手续,也是收到文件的标志。

　　签收的任务是对外来文件进行检查,清点无误后在送件人的投递单或登记簿上签署收件人姓名和收件日期。检查环节主要包括检查来文是否应由本单位接收,检查包装和封口是否牢固、严密等,还要对来文的件数、页数等进行清点。如发现问题,秘书要及时向发文单位查询并采取措施进行妥善处理,对错封、启封等有问题的文件应拒绝签收。对确需由本单位接收的文件,秘书收到后还应进一步核查,以便对文件进行处理。

　　对发至本单位已经检查、清点无误但尚未拆封的文件,秘书还要在启封后进行进一步的核查,清点封内文件的份数是否短缺,查看有无缺页、重页和倒页等情况,核对文件标题、主送组织、正文、附件编号等是否与文件回执单上注明的情况相符。如发现问题，秘书应及时与发文单位进行沟通并视具体情况妥善处理，进一步核查无误后才能对收文进行登记。

2. 登记

登记是指秘书用文字形式记录收文的具体情况的工作环节。登记是收文处理工作的基础和重要程序。

登记的具体内容是指收文的存在、来源、去向、时间、编号、内容和处理情况等。登记的范围应是重要文件，一般性文件可不作登记，如公开发表的决议、决定、公报、通告，事务性的介绍信、通知等。

登记可根据具体情况采用不同的登记方式和登记方法。一般单位目前使用较多的登记方式是簿册登记式，即用预先印制好的收文登记簿进行登记。登记时，采用流水的方法对来文进行编号。一般情况下，规模较小、收文量较少的单位用总流水编号法进行登记；规模较大、收文较多且分类较细的单位，多采用分类流水编号法进行登记。

3. 审核

在收到上下级或外单位来文时，秘书部门应当进行审核。审核的重点是：是否应由本单位办理；是否符合行文规则；内容是否符合国家法律法规及其他有关规定；涉及其他部门或地区职权范围的事项是否已协商、会签；文种使用、公务文书格式是否规范等。对于不符合规定的公务文书，经文秘部门负责人批准后，可以退回来文单位并说明理由。

4. 分发

分发是秘书按照机构内部业务分工，将经过登记的来文发往领导人阅批或转往有关部门、承办人员处理的工作环节。

在进行文件分发时，要注意处理以下情况：第一，要根据文件的重要程度确定是否随文件附"文件处理单"。一般来说，组织单位收到的文件有不同来源、不同性质、不同内容的区别，因此，文件的重要程度也有所不同。不是所有的文件都要随附"文件处理单"，如一般的便函、请柬，一般性的会议通知等都不必附"文件处理单"。第二，对署有领导人亲启的文件，即使是公务文件，也应直接转送领导者个人启封，秘书不能未经收件人允许私自开启。第三，对需要办理而无法确定办理部门的文件，应送文秘部门负责人进行处理，明确办理部门后再进行分发。

5. 拟办

拟办是指秘书按照来文的内容、性质和办理要求，对来文提出初步的处理意见，以供负责人批示后办理的工作环节。对于经审核符合国家规定、需要办理的来文，秘书要根据本单位的职权范围、组织机构、业务职能范围及文件内容的要求及时提出拟办意见。拟办意见要有针对性和可行性。拟办人员一般由文秘部门负责人或指定的业务能力较强的秘书负责。

6. 批办

批办是指由负责人（机构领导人或部门领导人）对文件及拟办意见审阅后提出的最终处理意见的收文处理环节。

批办要对拟办意见表态,如果不同意拟办意见,应对文件处理的原则、方法等提出纠正意见,必要时还应写明处理时限。批办意见应写在"文件处理单"的"批办意见"栏内,同时签署批办人姓名和批办日期。批办要准确、及时。批办环节虽然应随时由领导人完成,但秘书应对批办环节有所掌握,按文件处理要求对领导人的批办进行监督,以保证文件的批办质量和批办效率,同时,在领导批办完成后,秘书要及时将文件分送有关部门处理。如果是阅知件,应在批办结束后对文件进行传阅,并要求传阅人签署姓名和日期。

7. 承办

承办是相关业务部门或文秘部门根据批办意见对文件内容所针对的问题进行办理和解决的工作环节。它是公务文书处理的核心和关键环节。对于办理件而言,文件经领导人阅批后,所涉及的问题还没有得到有效的解决,必须将阅批后的文件及时发送到有关部门办理,将批办意见落到实处,让文件精神得到切实的贯彻执行。只有这样,才能真正实现制发公务文书的根本目的。

承办部门在收到文秘部门交办的公务文书后应及时办理,不得延误、推诿。紧急公务文书应当按时限要求办理,确有困难的,要及时予以说明。对不属于本部门职权范围或者不宜由本部门办理的,应当及时退回交办部门并说明理由。

文件办理完毕后,具体办理公务文书的人员应将办理结果填入"文件处理单"的"办理结果"栏内,并签署办理人姓名和办理日期,并简要写明办理方法。对于无须附"文件处理单"的一般性文件,办理完毕后,秘书也应及时注明文件的处理情况(这一环节也称为注办),注明文字可标于文件首页的右上方。

8. 催办

催办是指根据文件的承办时限和内容要求,对文件的承办情况进行督促检查的工作环节。催办的目的是对文件在组织内部的运行进行有效控制,防止文件积压和延误,以保证组织的工作效率。在实际工作中,催办贯穿收文处理过程的始终,从拟办直到承办等各环节,都需要秘书对文件的处理进行监督控制,只有这样,才能保证文件处理工作的效率,保证工作质量。

在催办过程中,秘书若发现问题,应及时采取有效措施进行处理,保证催办的效率和质量。催办工作结束后,秘书还要对催办时间、被催办人、简要情况等进行记录。

任务提示

学生利用所学秘书专业知识,通过图书馆、网络等方式收集相关信息。完成上述任务,最好通过以下方式进行:

(1)将班级学生分成若干小组,以小组为单位,进行收文处理演练。

(2)各小组成员必须有明确的分工,责任到人。

(3)该任务可以在文秘专业实训室进行。

(4)该任务需提前准备一些邮件、文件资料,以供学生进行演练。

任务实训

1. 实训目标

通过实训,学生需要掌握文件传阅的方式和要求。

2. 实训背景

××机械有限公司文件在传阅过程中存在传阅方式单一和管理不当的现象,影响了工作的正常进行。公司拟在近期对办公室人员进行培训,培训的重点是文件的传阅方式和要求。行政部经理吴良荣要求秘书小燕提供相关资料,并将文件传阅的方式和要求做成PPT。

3. 实训内容

假如你是秘书小燕,请你完成上述任务实训,并将收集好的资料和做好的PPT以电子邮件的形式发给行政部经理。

秘书灯塔

文件如林,保密为篱;严谨管理,安全之本。

任务二 发文处理

任务描述

××机械有限公司正在对人事管理制度进行修订,总经理办公室重新拟订了《员工奖励办法》。为进一步充实和完善此办法,总经理将秘书小尹叫到办公室,要求她马上写一份通知,发到总公司各部门和各分公司,告知有关事宜。小尹用记事本将总经理的话记录下来,回到自己办公室后便立即开始拟写通知。假如你是秘书小尹,请拟写通知并演示整个发文过程。

任务分析

发文处理是秘书的一项非常重要的工作。秘书要做好发文处理,必须熟练掌握发文处理的流程。在发文处理中,秘书应主要做好以下工作:

(1)草拟。

(2)审核。

(3)签发。

(4)复核。

(5)缮印。

(6)校对。

(7)用印。

(8)登记。

(9)分发。

任务准备

文件的发文程序包括草拟、审核、签发、复核、缮印、校对、用印、登记、分发等。

1.草拟

文件的草拟需要注意的内容有:

(1)文件草拟要符合国家的法律、法规及其他相关规定,且符合本商务组织的宗旨和原则。如提出新的规章制度等,要切实可行并加以说明。

(2)情况确实,观点明确,表述准确,结构严谨,条理清楚,字词规范,标点正确,篇幅力求简短。

(3)文件的文种应当根据行文目的、发文部门的职权和与主送单位或部门的行文关系确定。

(4)拟制紧急文件,应当体现紧急的原因,并根据实际需要确定紧急程度。

(5)人名、地名、数字、引文准确。引用相应文件应先引标题,后引发文字号。引用外文应当注明中文含义。日期应当写明具体的年、月、日。

(6)结构层次序数,第一层为"一、",第二层为"(一)",第三层为"1.",第四层为"(1)"。

(7)应当使用国家法定计量单位。

(8)文内使用非规范化简称,应当先用全称并注明简称。使用国际组织外文名称或其缩写形式,应当在第一次出现时注明准确的中文译名。

(9)文件中的数字,除成文日期、部分结构层次序数和在词、词组、惯用语、缩略语、具有修辞色彩语句中作为词素的数字必须使用汉字外,应当使用阿拉伯数字。

2.审核

审核是指文件送负责人签发前,应当由办公室进行审核。审核的重点是:是否确需行文;行文方式是否妥当;是否符合行文规则和拟制文件的有关要求;文件格式是否符合本组织文件管理的规定等。

3.签发

以本部门或者单位名义制发的上行文,由主要负责人或主持工作的负责人签发;以本单位名义制发的下行文或平行文,由主要负责人或主要负责人授权的其他负责人签发。

4.复核

公文正式印制前,文秘部门应当进行复核。复核的重点是:审批、签发手续是否完备;附件材料是否齐全;格式是否统一、规范等。经复核需要对文稿进行实质性修改的,应按程序复审。

5.缮印

缮印是指对文件进行誊抄缮写和打字、油印、电脑打印以及复印机复印等处理。文件在缮印时应做到:文字准确,字迹工整清晰;符合规定体式,页面美观大方;不随意改动原稿;装订齐整牢固;注意保密。

文件缮印应该以定稿为依据,以签发批准的份数为准,不能随意增减。缮印应建立登记制度,登记文书名称、送文单位、印文数量、印制时间、印制人姓名等项目。

6.校对

校对是指根据定稿对文件校样进行核对校正。校对的内容主要包括:校订清样上的错字、漏字、多字;规范字体、字号;检查版式、标题是否端正,页码是否连贯,行距、字距是否匀称,版面是否美观;检查引文、人名、地名、数据、计量单位、专业术语是否有误;检查版式是否与文种格式统一,有无需要调整和改版之处。

校对方法主要有四种:看校、对校、读校、折校。四种文书校对方法各有利弊,秘书应根据文书的篇幅、清晰程度、时间缓急、人员情况及个人习惯进行选择,保证文件准确无误。

(1)看校。看校是只看校样不看原稿的校对。

(2)对校。对校是用校样对照原稿进行校对。

(3)读校。读校是两个人一起校对,由一人朗读原稿,另一人同步核对校样并修正差异。

(4)折校。折校是把校样放在桌上,把原稿折起来,使靠边一行的文字与校样上的文字靠近,两手拇指与食指夹住原稿,逐字、逐句、逐个标点符号对照。

校对的要求:

(1)把握原则,仔细校对。

(2)认真仔细、一丝不苟。对易忽略或易出现错误的地方,如数据、计量单位、专业术语等,注意反复仔细校对。

(3)校对文稿时应正确使用校对符号。

(4)校对一般要进行一校、二校、三校三个校次。

7.用印

用印是指在缮印好的文本落款处加盖发文组织印章的工作环节。用印是发文处理程序中的一个重要环节。以单位名义制发的公务文书,加盖单位印章;以部门名义制发的公务文书,则应加盖部门印章;以单位领导人名义制发的公务文书,则应加盖该领导人的职务签名章。

8.登记

登记就是对拟发出文件的主要信息进行文字记载的环节。登记的目的是便于日后对发出的文件进行统计、查找和管理。

登记的内容一般包括发文字号、文件标题、发往组织、签收及清退情况等。登记表中的登记项目也可根据发文的实际需要酌情增减。其中,发文字号即秘书发文的顺序号,可按年度流水编排,也可按文种流水编排,或按发往单位流水编排,一般较小的单位常常使用第一种方法。

9.分发

分发是指对需要发出的文件进行封装和发送的工作环节。这是发文处理程序的最后环节。

（1）封装。文件的正本印制好以后，要按照发放范围将文件封装。封装前，文秘部门应对需封装的文件进行认真清点、核查，对照"发文登记簿"清点文件份数、页数，并检查附件、印章等有无遗漏，待准确无误后根据发出组织的不同分别封装。封装前还要准确地书写封皮，要求字迹工整、地址详细清楚、收文组织名称规范。封装时要认真细致，封口要严密结实。

（2）发送。文件封装后，要尽快发出，及时送达收文单位。现行的文件发送方式有邮政传递、专人传递和机要传递等，发出文件时应根据需要选用适当的发送方式。机要传递是将文件交由机要机构，由机要机构派专人送达收文组织的一种文件传递方式。机要传递一般适用于无一定时限要求的文件传递。发往外地的文件可以采用邮政传递的方式，对于发往本地且较重要的文件，可以设专人对文件进行传递。在现代办公条件下，传真传递、网上传递等新型文件传递方式也被广泛使用。需要注意的是，采用前三种传统传递方式时，要注意索要和保存回执；利用新型传递方式时要注意文件的保密性和接收回件的保存。

任务提示

学生利用所学秘书专业知识，通过图书馆、网络等方式收集相关信息。完成上述任务，最好通过以下方式进行：

（1）将班级学生分成若干小组，以小组为单位，进行发文处理。

（2）各小组成员必须有明确的分工，责任到人。

（3）该任务可以在文秘专业实训室进行。

（4）该任务需提前准备发文所需的信封、各种表格等物品。

任务实训

1.实训目标

通过实训，学生需要掌握文书审核的方法。

2.实训背景

公司拟在近期对办公室人员进行培训，培训的重点是如何对文书进行审核。行政部经理吴良荣要求秘书小燕提供相关资料，并将文书审核的方法做成PPT。

3.实训内容

假如你是秘书小燕，请你完成上述任务实训，将收集好的资料和做好的PPT以电子邮件的形式发给行政部经理。

秘书灯塔

流程严谨，信息畅行；发文有矩，效率自显。

项目十八
档案管理

知识目标：

- 掌握归档文件收集和整理的方法、步骤。
- 掌握档案分类与鉴定的方法。
- 掌握档案利用的方法。

能力目标：

- 能够进行归档文件的收集和整理。
- 能够掌握档案分类与鉴定的方法。
- 能够掌握档案利用的方法。

素质目标：

- 培养严谨细致的档案收集和整理素质，确保文件完整有序。
- 培养科学准确的档案分类与鉴定素质，提升档案管理的效率与质量。
- 培养积极主动的档案利用素质，促进档案信息资源的有效开发和利用。

任务一　归档文件的收集与整理

任务描述

　　小尹是文秘专业毕业的学生,她应聘到××机械有限公司做办公室秘书。办公室主任要小尹负责公司的文书和档案工作。小尹非常认真负责,平时文件的收发和管理都非常规范到位,还抽空熟悉公司以前的档案。工作第二年,小尹主动向办公室主任请示:"主任,公司去年的文件该整理归档了,这是我根据公司往年归档文件整理的情况做的归档文书的分类方案,请您看一下。"说着,把一份《公司归档文件分类方案》交给主任。主任认真看了小尹的分类方案,同意就按这个分类方案整理去年的文件并归档。

任务分析

　　归档文件的收集和整理是秘书的一项经常性工作。归档文件是指立档单位在其职能活动中形成的、办理完毕、应作为文书档案保存的各种纸质和电子文件材料。归档文件的收集和整理工作包括以下内容:
　　(1)归档文件的范围。
　　(2)归档文件整理的基本原则。
　　(3)归档文件整理的质量要求。
　　(4)归档文件整理的改革。
　　(5)归档文件整理的部门。
　　(6)归档文件整理的步骤。

任务准备

(一)文件归档的范围

　　各组织在工作活动中不断产生的文件,处理完毕以后,经由文书部门或文件工作人员整理,定期移交给档案室集中保存,这一过程称为归档。《中华人民共和国档案法》和各类组织的公文处理办法就归档范围作出了明确规定。一个机关的文件材料归档范围主要包括以下几种。

1.机关文件材料归档范围

　　(1)反映本机关主要职能活动和基本历史面貌的,对本机关工作、国家建设和历史研究具有利用价值的文件材料。
　　(2)机关工作活动中形成的在维护国家、集体和公民权益等方面具有凭证价值的文件材料。

（3）本机关需要贯彻执行的上级机关、同级机关的文件材料；下级机关报送的重要文件材料。

（4）其他对本机关工作具有参考价值的文件材料。

2.机关文件材料不归档范围

在一个机关中，有些文件是不需要归档的，它们主要是：

（1）上级机关的文件材料中，普发性不需本机关处理的文件材料，任免、奖惩非本机关工作人员的文件材料，供工作参考的抄件等。

（2）本机关文件材料中的重份文件，无查考利用价值的事务性、临时性文件，一般性文件的历次修改稿、各次校对稿，无特殊保存价值的信封，不需办理的一般性人民来信、电话记录，机关内部互相抄送的文件材料，本机关负责人兼任外单位职务形成的与本机关无关的文件材料，有关工作参考的文件材料。

（3）同级机关的文件材料中，不需贯彻执行的文件材料，不需办理的抄送文件材料。

（4）下级机关的文件材料中，供参阅的简报、情况反映，抄报或越级抄报的文件材料。

（二）归档文件整理的基本原则

归档文件整理的基本原则是遵循文件形成的规律，保持文件之间的有机联系，区分文件的不同价值，便于保管和利用。

1.遵循文件形成的自然规律

所谓自然规律，就是文件形成的起因、先后顺序、前后衔接以及一系列固有的程序和手续，也就是文件产生的自然过程。整理文件时，应当按照文件的形成规律，以能反映出组织工作活动的真实历史面貌、反映出各项决策的执行和各项工作的发展情况为目的，使整理后的档案成为系统的历史记录。

2.保持文件之间的有机联系

所谓有机联系，就是反映在文件之间可以将它们归为一类的共同特征。我们把文件收集齐全，按照其形成的自然规律，保持它们之间的有机联系，正确分类整理，就能反映出组织工作活动的真实面貌和组织的主要业务工作情况。

3.区分文件的不同价值

组织工作活动中形成的文件很多，虽然都是历史记录，但它们的记录具有的价值不同。

4.便于保管和利用

进行文件整理归档的根本目的就是便于保管和利用。文件整理归档时，除了要保持完整、系统外，还要考虑保管和利用的方便。

此外，随着信息技术的飞速发展，归档文件整理还应符合文档一体化管理要求，便于计算机管理或计算机辅助管理，同时理应保证纸质文件和电子文件整理协调统一。

（三）归档文件整理的质量要求

（1）整理归档的文件应齐全完整。

（2）整理归档的文件要符合档案保护的要求。

（3）整理归档的文件的保管期限应界定准确。

(四)归档文件整理的改革

1.以"件"取代"卷"

根据档案整理"简化整理,深化检索"的宗旨,对传统的归档文件整理方法——"立卷"进行改革,推进文件分级整理,即以"件"为单位进行整理取代以"卷"为单位进行整理。这种文书整理方式的优点是:

(1)以客观标准取代主观标准。

(2)更加符合文件整理的基本原则。

(3)使文件整理更简便易行和具有确定性。

(4)有利于整理手段的现代化。

2.以"案盒"取代"案卷"

整理的文件以"案盒"取代"案卷",看起来只是形式,实质上具有重要意义。

(1)方便归档文件的借阅与查找。

(2)方便归档文件的复制与保密。

(3)简化了装订手续。

(4)使文书工作与档案工作统一起来。

(五)整理归档文件的部门

我国实行文书部门整理归档文书的制度,即由组织文书部门或业务部门的专职或兼职的文书工作人员负责归档文书整理工作。

一般来说,文件整理归档应以本组织形成的文件为重点,原则上哪一级形成的文件就由哪一级组织整理归档,其具体分工如下:

(1)上级党政机关发来的文件,由本级党政机关的办公部门或秘书部门整理归档。如国务院的文件由省、市人民政府和县人民政府办公厅(室)整理归档。

(2)上级主管部门的文件,由本级主管部门整理归档。如中共中央宣传部的文件由省、市委宣传部整理归档。

(3)本级的文件,哪个部门形成的,就由哪个部门整理归档。

(4)上级党政领导机关的会议文件,由党政领导机关办公部门或秘书部门整理归档。

(5)本级党政领导机关召开的会议形成的文件,由本级党政机关办公部门或秘书部门整理归档。

(6)以党政领导机关名义派出检查组、调查组形成的文件材料,由党政机关办公部门或秘书部门整理归档。几个部门组成的联合调查组、检查组形成的文件材料,由主办部门整理归档。

(7)以本组织本单位名义在报纸上发布的文件,不另行文,由本组织办公部门或秘书部门将原稿和剪下来的报纸一并整理归档。

(8)临时机构形成的文件,由临时机构整理归档。临时机构撤销时,将全部档案整理好,移交主管组织档案室。

(9)下级文件以哪个组织名义批复和处理的,就由哪个组织整理归档。

(10)同级组织单位之间互相发送的文件,凡经本组织办理并产生发文的,应同本组织文件一起整理归档。

(六)归档文件整理的步骤

归档文件整理的步骤主要包括平时整理、系统整理和归档三个环节。

1.平时整理

平时整理即组织的文书部门把组织在一年工作中逐步形成的应当归档的文件整理工作放在平时有计划地进行,也称为初步整理。也就是说,文书人员依据文件的分类方案将已经处理完毕的文件材料,以"件"为单位进行装订,并按有关类目随时归整,装入档案盒,到年终或第二年年初再严格按归档的要求进行调整。平时整理的目的,就在于把文件整理的基础工作放到日常来做,使平时能有计划地收集文件,分门别类地进行管理,为年终的整理归档奠定基础。同时,也便于平时工作中查阅利用。

平时文件整理要注意两点:

(1)及时收集已经处理完毕的文件材料。文书人员在日常工作中要养成及时将处理完毕的文件归整的习惯,并应积极主动地经常催促承办人清退办理完毕的文件。对外发文应在文件发出时,同时将定稿和1~2份存本归整。收到的文件可以结合催办工作,及时清退归整。组织内部使用的文件、会议文件、有关人员外出带回的文件等,要及时进行登记和收集,避免归整文件不全。对承办人清退和借还的文件,要建立简便易行的手续,既保证交接手续清楚,又不要烦琐费事。

(2)定期检查。在平时归整过程中,文书人员还应定期进行检查,通过检查熟悉归整的情况,纠正把文件归错类别的现象。如发现有的类别内文件数量已经很多,预计可能还会产生相当数量的文件时,可增添一定数量的档案盒并根据条目编写新号。

2.系统整理

平时整理主要是文书部门对组织工作活动中不断形成的文件材料所进行的日常管理工作,为归档打下初步基础。当一年的工作终了,为了便于移交及日后对档案文件的管理和利用,还必须在平时整理的基础上,进一步系统整理与编制目录。

(1)确定档案盒内归档文件。

确定档案盒内归档文件是指在平时整理的基础上,详细检查每个档案盒内积累的文件,按照文件整理归档的原则和要求进行调整,并进行档案盒内文件的排列、编号,最后确定档案盒内归档文件。

①检查调整。确定档案盒内归档文件前要做好检查调整工作。主要是检查归类的文件是否齐全,剔除重份的、不需要归档的和没有保存价值的文件;检查该档案盒内的文件是否符合保管期限;检查归类是否合理,是否将相同事由的文件集中排列;检查是否以"件"为单位;检查盒内文件数量是否适宜等。如果发现不合理的地方,就要进行调整和补充。例如,定稿和正本是否装订在一起,请示和该文批复是否作为一件归类等。

在检查调整时要正确理解"件"的含义,《归档文件整理规则》要求文件的正文与附件、正本与底稿、转发文与被转发文、原件与复制件、正本与翻译本、中文本与外文本等应视为一件。因为它们之间彼此紧密联系,作为一件是不影响今后的检索利用的。这里要注意不能将同一事由的文件作为一件,其余作为附件来处理,这种做法必然给将来的检索利用带来麻烦。另外,来文或去文与复文,如果在第二年检查调整之时还没有收到复文,也可将来文或去文单独作为一件,并在"备考表"中说明"暂未收到复文";简报、周报等可一期为一件;会议文件较多也可每份为一件;会议纪要、会议记录原则上一次会议为一件,采用会议记录本(册)的也可一本(册)为一件;重要文件(如规章、制度等)须保留历次修改稿的,其正本为一件,历次修改稿(包括定稿)为一件。

以件为单位装订时,正文在前,附件在后;正本在前,定稿在后;转发文在前,被转发文在后;原件在前,复制件在后;不同文字的文本,无特殊规定的,汉文文本在前,少数民族文字文本在后;中文本在前,外文本在后;来文与复文作为一件时,复文在前,来文在后。有文件处理单或发文稿纸的,文件处理单在前,收文在后;正本在前,发文稿纸和定稿在后。

②档案盒内归档文件的排列。归档文件的排列是指在分类方案的最低一级类目即条款和条目内,根据一定的方法确定归档文件先后次序,并以"件"为单位进行排列的过程。归档文件的排列方法有以下四种:

一是按事由结合时间排列。文件排列一般应将相同事由的文件排列在一起,然后将相同事由的各"件"结合时间进行排列,即时间早的排在前,时间晚的排在后。这里的"时间"主要是指文件形成的时间,有些文件也可依据文件的处理时间,如工作计划等。

二是按事由结合重要程度排列。首先将相同事由的文件排列在一起,再把主要职能活动或重要活动形成的文件排列在前,其他工作形成的文件排列在后,或将综合性工作形成的文件排在前面,具体业务性工作形成的文件排在后面。

三是按事由具有的共同属性分别集中排列。例如,成套的文件如会议文件、统一报表等,应将会议文件依次排列在一起,各种统一报表集中在一起,然后结合时间或重要程度进行排列。不可将成套文件同其他文件混排在一起,但某份文件内表格除外。再如,一个事由几个作者,可先按作者,再按时间排列;一个事由几个地区,可先按地区,再按时间排列等。

四是短期保管的文件可按办理完毕后归档的先后顺序排列。

③档案盒内归档文件的编号。档案盒内归档文件经过系统排列后,应依分类方案和排列顺序逐件编号,以固定位置,统计数量,便于保存文件和查找利用。归档文件编号方法是在文件首页上端的空白位置加盖归档章。归档章的位置不限于首页右上角,首页上端空白处都可以,但在整个档案盒内归档文件的位置应一致。

归档章设置的必备项目包括全宗号、年度、保管期限、室编件号、馆编件号。必备项目编号必须填写,设置的选择项目根据情况填写。选择项目包括机构(问题)。只采用"年度—保管期限"两级分类的单位,可以不填写机构(问题)名称。归档章样式见表18.1。

表18.1　归档章样式

(全宗号)	(年度)	(室编件号)
＊(机构或问题)	(保管期限)	(馆编件号)

注:"＊"栏为选择项目。

归档章各项目的填写方法如下：全宗号，填写同级国家综合档案馆给立档单位编制的代号，用4位数字或者字母与数字的结合标识，按照 DA/T13-1994 编制。年度，填写文件形成的年度，以4位数字标注公元纪年，如"2013"。保管期限标注"永久""定期"，或使用其简称"永""定"或代码。室编件号，填写文件在同一保管期限内的排列顺序号。一般组织同一年度里、同一机构（问题）、同一保管期限下从"1"开始逐件编流水号。永久保管文件较少的组织，永久和长期保管的档案可以从"1"开始混编成一个流水号，按进馆要求编写。按组织机构分类的，填写形成或承办该文件的组织机构全称，如机构名称太长，可使用机构内部规范的简称。按问题分类的，直接填写问题的类名。

（2）填写档案盒事项。

①填写档案盒内归档文件目录表。在档案盒内文件排列完毕后，归档文件应依据分类方案和室编件号顺序编制归档文件目录，用于介绍档案盒内归档文件的成分和内容。归档文件应逐件编目，内容一般包括件号、责任者、文号、题名、日期、密级、页数和备注等项目。件号，即每件编一个号，填写室编件号；来文与复文作为一件，只对复文进行编号。责任者，填写文件的署名者或发文组织，责任者名称过长，可写通用的简称。文号，填写制发组织的发文字号，文号一般由组织代字、年度（用六角括号"〔〕"括入）、顺序号三部分组成。题名，填写文件标题，对于原无标题的文件，应根据内容补拟后填写，自拟标题外加方括号"〔〕"，以示同其他文件标题的区别。日期，即文件的形成时间，以国际标准日期表示法标注年月日，如20240306，此号的含义即为2024年3月6日。密级，文件密级按文件实际标注情况填写。没有密级的，不用标识。页数，填写每一份文件的总页数，文件中有图文的为一页，空白页不计数。备注，填写文件的变化和要说明的情况及问题。

这里要说明的是，归档文件目录推荐由系统生成或使用电子表格进行编制。目录表格采用A4幅面，页面宜横向设置。归档文件目录统一制作完成后，除保存电子版本外，还应打印装订成册，一般一年一本，并编制封面。目录封面可视需要设置全宗名称（立档单位名称）、年度、保管期限、机构（问题）等项目。档案盒内应存放本档案盒的文件目录，并置于档案盒归档文件最前面，以方便查找。同时另备一份，同其他档案盒内目录按"件"号顺次装订成总目录，以供文件的检索利用。检索项目为全宗号—年度—机构（问题）—保管期限—件号。

②填写备考表。档案盒的备考表放在档案盒内归档文件最后，说明档案盒内归档文件的状况，如该档案盒内归档文件缺损、移出、补充、销毁以及其他需要说明的问题等，并填写登记日期及归档文件整理完毕的日期、整理人、检查人。整理人，即负责整理文件的人员姓名；检查人，即负责检查归档文件整理质量的人员姓名。备考表由整理人填写。

③填写档案盒封面、盒脊。调整后的归档文件按档案室编件号顺序装入档案盒，并需要填写档案盒封面、盒脊。档案盒的外形尺寸为310毫米×220毫米（长×宽），盒脊厚度可视情况制作，厚度一般为20毫米、30毫米、40毫米。档案盒采用的材料必须经久、耐用，一般采用无酸纸制作。

档案盒一般根据摆放方式的不同，在盒脊或底边设置全宗号、年度、保管期限、起止件号、盒号等。起止件号填写盒内第一件文件号和最后一件文件号,中间用"—"号连接;盒号即档案盒的排列顺序号,在档案归档移交时填写,或之后由档案室填写。

3.归档

文件经过整理后,形成了系统的档案盒,这时应向组织档案室进行移交。归档就是指文书部门将系统整理后的档案盒向档案室进行移交,以便集中保管。移交时要注意办理好移交手续。

国家档案局发布的《机关档案工作业务建设规范》和《机关文件材料归档范围和文书档案保管期限规定》具体规定了文件的归档制度,主要包括归档范围、归档时间及档案盒质量要求。

(1)归档范围。归档范围即文件整理的范围,凡属整理归档范围的文件,一律归档;不属于文件整理归档范围的文件,不需归档。不归档的文件可按制度销毁。

(2)归档时间。文书部门或相关的业务部门,一般应在第二年的上半年向档案室移交全部档案盒档案。对一些专门性的文书或驻地比较分散的个别业务单位的文书,为便于日常查找和利用,也可根据实际情况商定适当的归档时间。

(3)归档质量要求。应归档的文件材料收集齐全、完整,按照文件之间的有机联系和保存价值,科学地整理归档。归档的档案盒应符合文书整理归档的各项质量要求。

(4)归档手续。文书处理部门或业务部门向档案部门移交档案时,应编制移交目录,至少一式两份;交接双方应根据移交目录详细清点档案盒,经认真核对后,交接双方如确认无误,即可履行签字手续,必要时,移交单位需编写归档文件简要说明。

此外,文书人员可参考《归档文件整理规则》了解归档电子文件的方法和要求。

任务提示

学生利用所学秘书专业知识,通过图书馆、网络等方式收集相关信息。完成上述任务,最好通过以下方式进行:

(1)将班级学生分成若干小组,以小组为单位,进行归档文件的收集与整理。

(2)各小组成员必须有明确的分工,责任到人。

(3)该任务可以在文秘专业实训室进行。

任务实训

(一)实训1:确定归档范围

1.实训目标
通过实训,学生需要掌握文件的归档范围。

2.实训背景
小尹在××机械有限公司工作了很长时间,近来公司新聘了一个秘书小李,办公室主任让小李学习管理公司的档案,并让小尹对她进行指导。又到了一年一度的归档时间,小尹让小李先熟悉公司文件的归档范围,知道哪些文件应该存档,哪些文件用过之后应该销毁。

3.实训内容

按照实际情况演练划分文件的归档范围。

(二)实训2:归档的步骤

1.实训目标

通过实训,学生需要熟悉并掌握归档文件整理的步骤。

2.实训背景

小尹是××机械有限公司的办公室秘书,负责公司的档案管理工作。对于公司往来文件的管理,小尹非常认真负责,对办公室工作中形成的、办理完毕的、具有参考利用价值的管理性文件、会议文件、重要文件(包括历次修改稿)、电话记录、电报、公司内部简报等,都认真细致地进行了登记、收集、定期归档。由于小尹管理认真、细致、科学,熟悉文件归档的制度和方法步骤,因此到了一年一度文件归档的时候,她和两个同事没有花费太多精力就将文件整理归档并移交给档案室。

3.实训内容

按照实际情况演练文件归档的步骤。

秘书灯塔

文件如果是海洋,科学归档就是航标。条理清晰,精准定位,信息提取顺畅无阻。

任务二 档案的分类与价值鉴定

任务描述

××机械有限公司在年末进行文件归档鉴定时,鉴定人员对一些文件的保存价值产生了不同的看法和争论。有的人认为,直属上级部门是本公司的直接领导,因此,归档应该主要保留上级部门发给本公司的文件,本公司的文件不需要重点保存,下属公司的文件则更没有保存的价值。而有的人则认为,凡是本公司的文件都是重要的,都需要永久保存,外来的文件则可以少保存或不保存。还有鉴定人员提出,凡是对本公司没有参考利用价值的文件都应剔除,作为准备销毁的文件。为了统一鉴定人员的认识,秘书小尹找来《机关文件材料归档范围和文书档案保管期限规定》等文件和一些资料,供大家在鉴定过程中作为标准掌握。有了文件的指导,这些鉴定人员对档案价值的判断有了依据,认识得到了统一,最终圆满完成了鉴定任务。

任务分析

档案的科学分类和价值鉴定,对于档案的保管有重要的意义。档案的分类和鉴定包含以下内容:

(1)档案分类的基本要求。

(2)档案分类的方法。

(3)档案价值鉴定的原则。

(4)档案价值鉴定的方法。

(5)档案价值鉴定的步骤。

任务准备

(一)档案分类

对档案进行科学的分类,无论对正常的立卷归档,还是对以后档案的管理都有着重要的意义。一般来说,各组织文书部门要根据组织工作活动的规律,在研究组织的工作性质、职权范围、内部组织机构及分工情况的基础上,预测下年度可能形成的文件,按照文件整理的原则,拟制出归档文件的类别和条目。

1.档案分类的基本要求

(1)分类应符合组织的客观实际。档案的分类要根据每一份组织文件的形成规律,选择合适的分类方法,合理地设置类目,准确地归类;分类的结果应该符合文件的客观状况,维护组织的历史面貌。

(2)分类应遵守逻辑规则。分类作为一种管理方法,必须遵守逻辑规则。逻辑规则在档案分类方面的具体体现:①所设置类别的总和必须覆盖全部档案。②档案分类可以是多层次的,但是每一个层次所采用的分类方法必须一致,不允许运用多种方法,而不同层次之间的分类方法可以不同。③同层次各类别之间的界限必须分明,在概念上不能互相交叉、包容。

(3)分类应该注重实用性。档案分类还应考虑便于保管、检索和利用的要求,从现实需要出发,确定分类策略,选择分类方法。

2.档案分类的方法

档案分类的方法主要有以下三种。

(1)常用分类法。

①年度分类法。年度分类法就是以形成文件的自然年度或专门年度和处理的时间为标准进行分类。这种方法分类客观、明确,操作简便易行;符合现行的组织按年度归档的制度,文件归类时界限清楚;便于反映组织历年工作的特点和发展变化的历史情况。

采用年度分类法对普通文件进行归类操作时,应该掌握准确判定文件日期所属年度的方法。常见的情况和判定方法有以下几种:

第一,标有不同年度的文件的归类。有些文件上标有属于不同年度的几个日期,在这种情况下,需要根据文件的特点,选择一个最能说明文件时间特点的日期归类。一般按照以下规则处理:文件的制发日期与收到日期属于不同年度时,一般归入收到日期所在年度;内部文件和一般的发文,应以写成日期为准。

文件本身存在几个日期,如制发日期、批准日期、生效日期等,属于不同年度时,应根据文件的性质准确归类:一般文件以制发日期(落款)为准;法律法规性文件一般以批准、通过或生效日期为准。

指示、命令等指令性文件,以签署日期(即落款日期)为准。

计划、总结、预算、决算、统计报表等文件,其内容所针对的时间与制发时间属于不同年度时,应归入内容所针对的年度中。例如:××××年的工作计划,制发于前一年12月,则这份文件应该归入内容所针对的年度。

如果计划、总结、预算、决算、统计报表类文件的内容涉及若干年度(跨年度)时,跨年度的计划可放入开始的年度,跨年度的总结可放入最后的年度。例如:××公司20××—20××年发展规划应该归入第一年度;××公司20××—20××年项目总结应该归入最后年度。

关系密切、不可分散的一组文件的形成日期属于不同年度(跨年度)时,一个案件所形成的一组文件、请示和批复等,一般将其归入关系最为密切的年度或结案年度。

几份文件作为一件时,"件"的日期应以装订时排在前面的文件的日期为准。比如:正本与定稿为一件,以正本为准;正文与附件为一件,以正文为准等。

第二,按专业年度形成的文件的归类。专业年度是某些行业、部门在专门工作中使用的与自然年度的起止时间不一致的年度,在这种情况下,如果所有的工作都按照专业年度运行,那么,文件也按照专业年度分类、归类。如果专业工作按专业年度运行,而日常行政工作按自然年度运行,且文件统一管理,则应将专业年度与自然年度结合在一起进行归类。

第三,无具体时间的文件的归类。由于各种原因,一些文件上的日期特别是年度没有标明,给文件按年度归类带来困难。对此,应该采取多种方法判定文件的准确日期。通常,分析文件的内容、格式、标记、制成材料等都是行之有效的方法;同时,将日期不明的文件与标明日期的文件进行比较对照,也可以帮助人们判定文件的所属年度。如果经过考证仍不能确定其所属年度,则应将其归入可能性最大的相关年度中。

②保管期限分类法。保管期限分类法就是根据划定的不同保管期限对档案进行分类。

档案的保管期限要根据《机关文件材料归档范围和文书档案保管期限规定》来判断。在每个期限内根据预测形成文件的数量,准备一定数量的档案盒。归档文件一般先按保管期限分开整理,然后再考虑其他分类。

③组织机构分类法。按组织机构分类,就是按组织内部各个机构的名称进行分类,可直接采用各个组织内部机构的名称作为类名。每类可以编制一定的条目,如果每类形成的文件不多,也可不编条目。

组织机构分类法适用于组织设立一定数量的内部机构,且内部机构比较稳定;内部机构之间的文件界限清楚,便于识别和区分。如果组织内部机构数量太少或内部机构不稳定,内部机构的文件残缺不全,或混淆在一起难以识别、区分,就不适于采用组织机构分类法。

④问题分类法。问题分类法即按组织的工作、管理活动的性质和任务进行分类,以文件内容所涉及的主题为标准,将文件分成各个类别。问题分类法又称事由分类法,是一种逻辑性质的分类方法,如综合类、人事类、公关类、技术类等。一个组织究竟应设置哪些分类,应根据组织的具体情况而定。问题分类法适用于组织内部机构变动频繁,职能分工界限不清;或内部机构数量很少,组织内部机构的档案混淆,难以区分;或文件数量少的情况。

运用问题分类法可以使同一内容的文件相对集中,便于按专题查找利用。但是,由于这种分类法的标准不像年度和机构那样清晰可见,而且档案人员的知识结构和认识能力也存在着差异,因此,在类目的设置和归类上不好把握。一般只有在不可能或不适宜按组织机构分类的情况下,才采用问题分类法。

(2)复式分类法。在实际工作中,往往不只使用一种分类方法,而是选用几个级次,将几种分类法结合起来使用,这种划分方法就叫作复式分类法。按照《归档文件整理规则》提出的年度、机构(问题)、保管期限三种分类方法,可以组合成以下复式分类法,即年度—机构—保管期限分类法;保管期限—年度—机构分类法;年度—问题—保管期限分类法;保管期限—年度—问题分类法;问题—年度—保管期限分类法;年度—保管期限分类法;保管期限—年度分类法。

(3)企业档案分类的基本方法。

①确定分类层次。在不同性质和规模的企业,其档案的分类层次是有差异的。同一企业不同门类的归档文件材料,其分类层次也有所区别。因此,企业档案的分类体系应该条理清晰、标识规范,并保持相对稳定,分类层次不宜过多。

②一级类目。在国家档案局1991年颁布的《工业企业档案分类试行规则》中,工业企业档案的分类设置十个一级类目,即党群工作类、行政管理类、经营管理类、生产技术管理类、产品类、科学技术研究类、基本建设类、设备仪器类、会计档案类、干部职工档案类。

③二级及二级以下类目设置的基本方法。一般可以按照职能结合问题、性质(或专业)结合对象、形式结合性质来设置。

第一,职能结合问题的方法适用于党群工作、行政管理、经营管理、生产技术管理四大类。

第二,性质(或专业)结合对象的方法适用于产品、科学技术研究、基本建设、仪器设备四大类。

第三,形式结合性质的方法适用于会计档案和干部职工档案。

归档文件整理分类方案一般应与本组织档案室的分类相适应,否则,不便于归档后档案室对档案的编制整理。目前,文书部门与档案部门实行共同整理归档或者由档案部门指导整理归档,使档案部门与文书部门密切合作,这种做法使文书档案的整理归档统一,值得提倡。《归档文件整理规则》的目的也是使文书部门和档案部门联系更加紧密,减少互不衔接的现象,克服文书部门整理归档的档案不符合要求,档案部门又要重新整理的情况,杜绝无效劳动。

（二）档案的保管期限鉴定

档案的价值是指其有无保存利用的价值，主要体现在两个方面：是否有保存价值和保存价值的期限。无保存价值的文件材料属于应销毁的，而有保存价值的文件材料还需进一步鉴定其价值的大小。价值越大的文件材料，保存时间越长；价值相对小的文件材料，保存时间较短。有价值的文件材料的保存期限分为永久、定期两种。

1.档案价值鉴定工作的原则

（1）以国家和人民的整体利益为出发点。

（2）全面的观点。①通过全面分析文件的各方面因素，综合判定文件的价值。②全面把握文件之间的联系。③全面预测社会对文件的利用需要。

（3）历史的观点。

（4）发展的观点。

（5）效益的观点。

2.鉴定档案价值的方法

归档文件材料的价值越大，其保存时间越长。归档文件材料的价值取决于两个方面，即文件的属性特征和本组织及社会利用文件的需要。

（1）文书的属性特征。

文书的属性包括文书的来源、内容、形式特征等，它们是从文书本身来分析、确定文书价值的标准。

①文书的来源特征。文书的来源是指文书的形成者。运用文书的来源特征鉴定文书的价值，应注意分析以下几方面的情况：

第一，分析本组织文书与外组织文书的关系。在鉴定文书时，应注意区分不同的作者。一般情况下，应该主要保存本组织制成的文书。对于外来文书，则应具体分析来文组织与本组织的关系，以及来文内容与本组织职能活动的关系。

第二，分析本组织制成文书的作者的职能。在本组织制成的文书中，领导人、决策机构、综合性办公机构、主要业务职能机构、人事机构、外事机构制发的文书能够比较直接地反映本组织的主要职能活动和基本情况，因而具有长久保存价值的比例比较高；而一般行政事务性机构、后勤机构及某些辅助性机构所制发的文书中具有长久保存价值的比例则比较低。

②档案的内容特征。文书的内容是指档案所记载的事实、现象、数据、思想、经验、结论等，它是决定文书价值最重要、最本质的因素。根据文书的内容判断其价值，主要从以下三个方面入手：第一，内容的重要性；第二，内容的独特性；第三，内容的时效性。

③档案的形式特征。文书的形式是指文种（文书名称）、形成时间、载体形态和记录方式等。在某种情况下，文书的形式也会影响其价值：第一，文书的文种；第二，文书的作者；第三，文书的形成时间；第四，文书的稿本；第五，文书的外观类型。

④相关文书的保管状况特征，主要包括文书的完整程度和文书内容的可替代程度。

（2）本组织和社会利用文书的需要。

①利用需求的社会性。要站在社会总体利用文书需求的高度上，分析本组织、社会

各方面及个人利用文书的需要,对社会利用文书的潜在需要进行科学预测,不能仅根据本组织或本组织领导的利用要求来判定文书的价值。

②利用需求的广泛性。要全面考察文书的利用范围,避免以个别人的利用需要来判定文书的价值。由于档案价值的过渡性与转移性,档案的价值不可能一直被本组织利用。因此,档案的利用需求会发生变异,且其变异呈多角度、多层面、多领域、多范围趋势。只要是对这些角度、层面、领域、范围具有利用需要的文书,都具有较高的价值。

③利用需求的长久性。要根据人们对文书利用需求时间的长短来判定文书的价值高低。人们对文书的利用需求时间越长,其价值越高,保管期限应当越长。

在工作中,要根据鉴定文书价值的原则,直接鉴定、全面分析文书,对照本组织文书归档和不归档范围,判定每一份文书是否应当归档;对照本组织档案保管期限表,判定应当归档的文书和档案的保管期限。特别要注重文书的社会价值、历史价值和科研价值,全面考察和鉴定档案的价值。

(3)鉴定文书价值的基本方法。

鉴定文书价值的基本方法就是直接地、具体地审查分析文书内容,判定文书的价值,通常把这种方法称为直接鉴定法。它包括以下两点含义:第一,鉴定人员必须直接审查文书材料,根据文书的具体情况直接判定其价值。第二,鉴定人员要逐件、逐页地审查文书材料,要从文书的作者、内容、文种、时间、可靠程度、完整程度等各方面进行考察,然后根据鉴定原则和标准判定其保管期限。不能仅根据文件的题名、文种、卷内文件目录、案卷题名或案卷目录等去确定档案的价值。

在鉴定文书时,以下情况需要加以注意:①如果在鉴定时对一些文件是否保留存有疑义,不要匆忙下结论。一般应掌握以下原则:保存从宽,销毁从严;孤本从宽,复本从严;本组织文件从宽,外组织文件从严。②对于介于永久、定期之间两可的文件,可采取"就高不就低"的处理方法。③在具有密切联系的一组文件中,如果只有一两件文件的保存价值较短,而其他文件均具有较长久的保存价值,则可合并立卷,从长保管。

3.鉴定档案价值的步骤

(1)分析档案价值。

分析档案价值主要包括:①重点分析文书的题名。②分析文书的提要。③分析文书的段落标题。④分析文书的内容。⑤分析文书的形式。

(2)全面审核并判定档案的价值。

要根据鉴定档案价值的原则判定文书的价值,不能仅简单地对照归档范围和档案保管期限表。归档范围和档案保管期限表中的各项条款,并不能完全概括出文书的所有特点,也不可能概括出未来出现的新型文书,包括新内容信息、新形式特征的文书。因此,在对照归档范围和档案保管期限表时,还应当根据鉴定价值的原则,用全面的、历史的、发展的眼光,分析和判定档案的价值。对照归档范围和档案保管期限表是鉴定档案价值的基本方法。

(3)剔除并销毁无保存价值的档案。

通过鉴定,剔除应予以销毁的文书,编制《档案销毁清册》,办理相应的销毁手续。无保存价值的文书一般无须立卷,应按规定进行销毁。其中一些重份文件,可不予销毁,用来编制专题资料卷、重要文件资料卷等档案资料。

(4)确定归档文件材料的保管期限。

应根据"文书保管期限表"和本组织编制的"归档范围和保管期限表",按永久、定期(30年)、定期(10年)三个级别,确定归档文件材料的相应保管期限。

4.文书档案保管期限

(1)永久保管。凡是反映本组织主要职能活动和基本历史面貌的,在本组织工作和国家经济建设、文化建设、科学研究中需要长远利用的档案,应列为永久保管。主要包括:本组织制订的法规政策性文件材料;本组织召开重要会议、举办重大活动等形成的主要文件材料;本组织职能活动中形成的重要业务文件材料;本组织关于重要问题的请示与上级组织的批复、批示,重要的报告、总结、综合统计报表等;本组织机构演变、人事任免等文件材料;本组织房屋买卖、土地征用,重要的合同协议、资产登记等凭证性文件材料;上级组织制发的属于本组织主管业务的重要文件材料;同级组织、下级组织关于重要业务问题的来函、请示与本组织的复函、批复等文件材料。

(2)定期保管。凡是反映本单位一般工作活动、在相当长或较短时间内本组织需要查阅的各种文件材料,应列为定期保管。主要包括:本组织职能活动中形成的一般性业务文件材料;本组织召开会议、举办活动等形成的一般性文件材料;本组织人事管理工作形成的一般性文件材料;本组织一般性事务管理文件材料;本组织关于一般性问题的请示与上级组织的批复、批示,一般性工作报告、总结、统计报表等;上级组织制发的属于本组织主管业务的一般性文件材料;上级组织和同级组织制发的非本组织主管业务但要贯彻执行的文件材料;同级组织、下级组织关于一般性业务问题的来函、请示与本组织的复函、批复等文件材料;下级组织报送的年度或年度以上计划、总结、统计、重要专题报告等文件材料。

任务提示

学生利用所学秘书专业知识,通过图书馆、网络等方式收集对档案进行分类和鉴定的相关信息。完成上述任务,最好通过以下方式进行:

(1)将班级学生分成若干小组,以小组为单位,对档案进行分类和鉴定。

(2)各小组成员必须有明确的分工,责任到人。

(3)该任务可以在文秘专业实训室进行。

(4)该任务需要事先准备一定数目的文件。

(5)学生需要提前制作出完成任务所需的各种表格。

任务实训

(一)实训1:鉴定档案的价值

1.实训目标

通过本实训,学生需要熟悉并掌握如何鉴定档案的价值和如何正确地销毁档案。

2.实训背景

宏达公司要在年末对公司文件进行归档鉴定,档案员王晨按照《机关文件材料归档范围和文书档案保管期限规定》等文件的要求,对公司档案价值进行了正确的鉴定。最后经过鉴定,有一批档案保管期满,不再有保存价值,王晨和同事按照销毁档案的规范程序对这批档案予以了销毁。

3.实训内容

请按照实际情况,演示档案鉴定和档案销毁的过程。

(二)实训2:档案的分类

1.实训目标

通过本实训,学生需要了解档案分类的一般方法。

2.实训背景

每年的上半年是公司文件归档的时间。每到这个时候,小尹和同事都会将各部门的文件收集齐全,再根据归档制度对需要归档的文件进行分类。

3.实训内容

按照实际情况演练对各种归档文件进行分类。

秘书灯塔

有序归类,如织历史之网;网罗细节,留存珍贵记忆。

任务三 档案的利用

任务描述

××机械有限公司与某公司因某项业务出现了纠纷,现需查找7年前与该公司签订的一份合同以解决纠纷,秘书小尹需在短时间内从众多的档案中快速准确地找到7年前的这份合同,她和同事该怎么办呢?

任务分析

档案利用是档案工作的根本目的。要做好档案利用工作,秘书需要掌握以下几项内容:

(1)档案利用工作的意义。

(2)档案利用工作的方式与途径。

任务准备

档案利用工作是指公司档案室向利用者提供档案材料以满足其利用的需求,即向利用者提供服务的工作。提供利用工作体现了档案工作的根本目的,它是发挥各组织档案信息在企业经营、商务活动中创造效益的重要手段。这项工作做得如何,既是衡量秘书服务理念和业务素质的重要标志,也是展示企业管理水平和员工风貌的"窗口"。秘书只有非常熟悉档案情况,才能提高提供利用服务的质量,也只有了解公司员工的信息需求,才能有针对性地提供利用服务。

(一)档案利用工作的意义

(1)提供利用是档案工作的根本目的和中心任务。

(2)利用工作对整个档案工作的发展有决定性影响。

(二)档案利用工作的方式和途径

1.开设阅览室,直接提供档案原件或复制件借阅

阅览室是组织专门为利用者设置的阅览档案材料的场所。设置阅览室是由档案的特点决定的。档案材料往往只有一份,有的还有一定机密性。因此,就档案部门的普遍情况而言,它一般不宜像图书一样外借(在档案馆这个特点表现得尤为明显)。相反,借阅者在阅览室查阅档案还有许多优点:首先,便于保护档案材料的物质安全,不仅可避免档案丢失,而且能减少档案的辗转、磨损,从而延长其"寿命";其次,便于及时周转,提高档案利用率;最后,有利于维护党、国家和一个机构内部机密的安全。

2.档案外借

这里的档案外借,是指按照一定的制度和手续,将档案携带出档案馆或档案室阅览使用。

3.制发档案复制本

根据档案原件制发各种复制本,是档案馆(室)开展利用工作的一种重要方式。以往在企业、科研部门的科技档案利用服务中,这项工作通常又被称为复制供应。复制供应包括内供复制和外供复制。其中,外供复制是实现科技档案有偿交流的一个途径。档案复制本分为副本和摘录两种。副本,反映档案原件的所有组成部分;摘录,只反映档案原件的某些部分。复制方法主要有复印、手抄、打字、印刷和摄影等。

4.出具档案证明

档案证明是档案馆(室)向申请询问、核查某种事实在本馆(室)所藏档案中有关记载的利用者出具的书面证明材料。在社会生活中,有些组织、团体或个人,为处理和解决问题,往往需要档案馆(室)提供证明材料。例如,公安、司法、检察部门在审理案件过程中需要证明材料,公证组织或个人在确认工龄、学历、财产方面需要证明材料等。

5.提供咨询服务

这种服务形式是档案馆(室)工作人员以档案为依据,以自己所掌握的业务知识和专业技术知识为基础,对查询者提出的问题进行解答,或指导利用者获得有关某一方面档案的线索。利用工作开展得好,档案馆(室)会接纳到各种情况的咨询业务:有一般性咨询,也有专门性咨询;有事实性咨询,也有知识性咨询;有专题研究性咨询,也有情报性咨询。

6.印发目录

这种方式多用于科技档案的利用服务工作,是将档案部门编制的档案目录印制分发到有关部门。它包括内部印发(向内部各机构和下属单位印发)和外部交流两种,其目的是交流情况、互通信息。

7.举办档案展览

档案展览就是根据某种需要,按照一定主题系统地陈列档案材料。

8.提供档案电子服务

由于办公自动化的进一步扩展和深化,特别是电子计算机和通信技术结合形成了信息技术产业,过去的文字、图表、图形、影像、科技文件材料等各种档案形式都可以采用电子档案的形式进行处理和利用。同时,在国家的倡导下,政府各部门、各企事业单位在开展网络办公、电子办公等工作中形成了大量电子文件,随着这类档案在各级档案部门中的增多,电子化服务将会在今后得到越来越广泛的运用。

9.综合档案内容,编写参考资料

档案参考资料是档案馆(室)依据一定题目和所存档案综合而成的一种可供人们参考的档案材料加工品。档案参考资料不同于档案原件和复制件,它已改变了档案原来的形式,具有问题集中、内容准确、文字精练、概括性强的特点。档案参考资料也不同于档案检索工具,它不仅能起到一定的介绍和报道档案情况的作用,更重要的是可以直接为利用者提供有实际内容的档案材料。参考资料的最大优点在于利用者不必翻阅大批档案,便可简单明了地得到所需的材料。

常用参考资料包括大事记、组织沿革、文件汇编、基础数字汇编、会议简介、科技成果简介、企业年鉴和员工手册等。

(1)大事记。大事记就是把一个组织、一个地区、一个时期、一项活动所发生的重大事件,按时间顺序的先后,用简明的文字记载下来的书面材料。

(2)组织沿革。组织沿革又称组织机构沿革,是以文字或图表形式,系统地记述和反映某一独立组织(包括党政组织、社会团体、企事业单位)自身发展演变情况的参考资料和工具。

(3)文件汇编。文件汇编又称现行文件汇编。顾名思义,它汇编的都是正在发挥效

力的现行文件,可以说是现行文件汇集的统称。

(4)基础数字汇编。基础数字汇编是以数字的形式反映一个组织或组织某一方面工作、基本情况的参考资料,又称基本情况统计表。

(5)会议简介。会议简介是简明扼要地记述会议过程和基本情况的参考资料。各种重要会议都可以编写会议简介,如人民代表大会、政协会、团代会、职代会、全体委员会,或 常委会、行政办公会、经理办公会,或一些重要的工作会议、专业会议和学术会议等。

(6)科技成果简介。科技成果简介是科技档案的编研成果之一,是指科研及设计部门对获得成果的科研设计项目的档案资料,扼要摘录其内容,汇集编印成册的一种参考资料。其内容一般包括项目名称、项目内容、投资费用、主要技术经济指标或主要技术参数、经济效益、应用推广情况、鉴定评审情况、获奖情况、转让方式和费用等。

(7)企业年鉴。企业年鉴作为年鉴的一种,是以企业年度发展情况为主要记述内容,也是一种新类型的年度企业史。它是系统记录和汇集企业一年间生产、经营、基本建设、科学研究等大事的有关文献、照片、统计数据等的综合性参考资料。一年编制一个卷册,年年记录汇集,以反映企业在体制创新、管理创新、技术创新等方面的新动态、新经验和新成果。

(8)员工手册。员工手册是企业将制订的基本政策、经营思想及员工应遵守的劳动纪律等汇集成册,向广大员工推介、宣传,希望员工了解企业的基本运作状况,并遵守有关纪律或制度。它是介绍企业情况、企业文化、组织结构、企业发展并汇集公司各项规章制度的手册。一本好的员工手册既是企业人事制度的汇编,又是企业员工的培训教材,反映的是企业形象和企业文化,是企业所有员工的行为准则。企业只有在发展的同时,塑造具有自身特色的员工,才能真正做到既创造产品又造就人才。

任务提示

学生利用所学秘书专业知识,通过档案实验室、学校档案室等途径收集相关信息。完成上述任务,最好通过以下方式进行:

(1)将班级学生分成若干小组,以小组为单位,进行档案利用工作的演练。

(2)各小组成员必须有明确的分工,责任到人。

(3)该任务可以在文秘专业实训室进行。

任务实训

(一)实训1:档案的查找利用

1.实训目标

通过实训,学生需要掌握手动和应用档案管理软件查找档案的方法,为档案利用者提供服务,实现档案管理的最终目的。

2.实训背景

××机械有限公司职工张某5年前通过人才市场招聘,担任总经理办公室助理一职。后来出于种种原因,张某跳槽到A公司,A公司为了了解张某在××机械有限公司的表现,以及张某的经历等,给××机械有限公司发来一份询问函,询问张某的情况。公司总经理吴宝华让秘书小尹查找5年前张某进公司时的档案,以及张某在公司5年的奖惩状况,给A公司一个回复函。

3.实训内容

按照实际情况,演练档案的查找利用方法。

(二)实训2:档案的阅览服务

1.实训目标

通过实训,学生需要掌握如何提供档案的阅览服务。

2.实训背景

随着××机械有限公司业务量的激增,许多员工积极钻研业务,经常来找秘书小尹借阅档案。可是公司没有专门的阅览室,这造成了很大的不便。小尹考虑到这种情况,更考虑到公司员工对档案信息的利用需求,就征得公司领导的同意,专门筹建了档案阅览室。在明确了制度、配齐了相应设备后,档案阅览室便投入了使用。小尹也非常热情负责地为大家提供服务。从此,公司员工可以更加方便地借阅档案,查找信息。小尹的工作得到了大家的一致肯定。

3.实训内容

按照实际情况,演练档案的借阅服务。

秘书灯塔

档案如矿,挖掘有道。巧用方法,开启宝藏。

参考文献

[1] 吴良勤,樊旭敏.新编秘书职业概论[M].北京:北京大学出版社,2012.

[2] 杨锋.秘书工作案例与分析[M].2版.广州:暨南大学出版社,2016.

[3] 毕雨亭.秘书实务[M].北京:清华大学出版社,2017.

[4] 陈琳.商务秘书项目教程[M].2版.北京:机械工业出版社,2017.

[5] 王守福.秘书学概论[M].北京:北京师范大学出版社,2017.

[6] 张大成.秘书工作实务[M].2版.北京:中国人民大学出版社,2018.

[7] 胡利民,崔美荣.秘书的秘书:秘书实践一本通[M].北京:中国言实出版社,2018.

[8] 张丽珂.商务秘书实务[M].2版.北京:中国人民大学出版社,2018.

[9] 王琦.秘书信息工作与档案管理[M].2版.北京:中国人民大学出版社,2019.

[10] 向阳.新编商务秘书实务[M].3版.北京:电子工业出版社,2021.

[11] 张小文.老秘书工作笔记[M].北京:人民邮电出版社,2022.

[12] 谢思.会议组织与服务[M].北京:社会科学文献出版社,2023.